Peter Joachim · Hartmut Seifert

Neue Technik und Arbeitszeitgestaltung

Sozialverträgliche Technikgestaltung Band 25

Herausgeber: Der Minister für Arbeit, Gesundheit und Soziales des Landes Nordrhein-Westfalen

Die Schriftenreihe „Sozialverträgliche Technikgestaltung" veröffentlicht Ergebnisse, Erfahrungen und Perspektiven des vom Minister für Arbeit, Gesundheit und Soziales des Landes Nordrhein-Westfalen initiierten Programms „Mensch und Technik – Sozialverträgliche Technikgestaltung". Dieses Programm ist ein Bestandteil der „Initiative Zukunftstechnologien" des Landes, die seit 1984 der Förderung, Erforschung und sozialen Gestaltung von Zukunftstechnologien dient.

Der technische Wandel im Feld der Mikroelektronik und der modernen Informations- und Kommunikationstechnologien hat sich weiter beschleunigt. Die ökonomischen, sozialen und politischen Folgen durchdringen alle Teilbereiche der Gesellschaft. Neben positiven Entwicklungen zeichnen sich Gefahren ab, etwa eine wachsende technologische Arbeitslosigkeit und eine sozialunverträgliche Durchdringung der Gesellschaft mit elektronischen Medien und elektronischer Informationsverarbeitung. Aber es bestehen Chancen, die Entwicklung zu steuern. Dazu bedarf es einer breiten öffentlichen Diskussion auf der Grundlage besserer Kenntnisse über die Problemzusammenhänge und Gestaltungsalternativen. Die Interessen aller vom technischen Wandel Betroffenen müssen angemessen berücksichtigt werden, die technische Entwicklung muß dem Sozialstaatspostulat verpflichtet bleiben. Es geht um sozialverträgliche Technikgestaltung.

Die Schriftenreihe „Sozialverträgliche Technikgestaltung" ist ein Angebot des Ministers für Arbeit, Gesundheit und Soziales, Erkenntnisse und Einsichten zur Diskussion zu stellen. Es entspricht der Natur eines Diskussionsforums, daß die Beiträge die Meinung der Autoren wiedergeben. Sie stimmen nicht unbedingt mit der Auffassung des Herausgebers überein.

Peter Joachim · Hartmut Seifert

Neue Technik
und Arbeitszeitgestaltung

Westdeutscher Verlag

Die Deutsche Bibliothek – CIP-Einheitaufnahme

Joachim, Peter:
Neue Technik und Arbeitszeitgestaltung / Peter Joachim;
Hartmut Seifert. – Opladen: Westdt. Verl., 1991
(Sozialverträgliche Technikgestaltung; Bd. 25)
ISBN 978-3-531-12302-8   ISBN 978-3-322-94151-0 (eBook)
DOI 10.1007/978-3-322-94151-0
NE: Seifert, Hartmut:; GT

Der Westdeutsche Verlag ist ein Unternehmen der Verlagsgruppe Bertelsmann International.

Umschlaggestaltung: Hansen Werbeagentur GmbH, Köln

Gedruckt auf säurefreiem Papier

ISBN 978-3-531-12302-8

VORWORT

Der vorliegende Projektbericht ist das Ergebnis einer Kooperation zwischen zwei Forschungsinstituten, dem Forschungsinstitut der Friedrich – Ebert – Stiftung (FES) und dem Wirtschafts – und Sozialwissenschaftlichen Institut des DGB (WSI). Ohne diese Zusammenarbeit wäre es sicherlich nicht dazu gekommen, den Zusammenhang von Technikeinsatz und Arbeitszeitgestaltung zu thematisieren und die zuvor eher isolierten Forschungsperspektiven aus den beteiligten Instituten zusammenzuführen. Auf der einen Seite hatte die vorrangig auf ökonomische und soziale Aspekte zentrierte Befassung mit Fragen der Abeitszeitgestaltung stets darunter gelitten, daß der Einfluß der Technikentwicklung wie umgekehrt auch die Rückwirkungen der sozialen Anforderungen an die Arbeitszeitgestaltung auf die Technikgestaltung stets unberücksichtigt blieben. Und ebenso hatte die Auseinandersetzung mit der Technikentwicklung den Zusammenhang zur Arbeitszeitgestaltung ausgeblendet.

Diese hier versuchte Verknüpfung beider Forschungsperspektiven wäre nicht ohne die Förderung durch das Ministerium für Arbeit, Gesundheit und Soziales des Landes NRW zustande gekommen, das das Projekt im Rahmen des Programms "Mensch und Technik – Sozialverträgliche Technikgestaltung" finanziert hat. Hierfür danken wir dem Ministerium. Dank sagen möchten wir ebenso dem Projektträger "Rhein – Ruhr – Institut für Sozialforschung und Politikberatung" (RISP), das als betreuende Instanz das Projekt mit hilfreichen Anregungen unterstützt hat.

Das Projekt in seinem empirischen Teil wäre kaum durchführbar gewesen, wenn uns nicht die beiden Gewerkschaften Textil – und Bekleidung sowie Medien den Zugang zum betrieblichen Feld erschlossen hätten. Unser besonderer Dank gilt auch allen Gesprächspartnern in den untersuchten Betrieben und den beteiligten Gewerkschaften. Sie haben uns nicht nur geduldig zur Verfügung gestanden. Sie haben auch wesentlichen Anteil an der empirischen Basis unserer Berichtes.

Ohne das engagierte Bearbeiten und Gestalten der stellenweise chaotischen Textvorlage durch die Kolleginnen Helga Faasch, Angelika Krauß, Ilona Reuter, Inge Reuter, Monika Schwacke und Margret Wiggeshoff hätten die Autoren schwerlich ihre Ergebnisse vorlegen können. Verbleibende Fehler im Text gehen zu Lasten der Verfasser.

Bonn und Düsseldorf, Juni 1989

INHALTSVERZEICHNIS

VERZEICHNIS DER TABELLEN

VERZEICHNIS DER ÜBERSICHTEN

KURZFASSUNG

Das Projekt hat sich zwei zentrale Aufgaben gestellt. Zum einen geht es darum, theoretisch begründete und empirisch gestützte Antworten auf die Fragen zu geben, welche betrieblichen und außerbetrieblichen Faktoren maßgeblich für die Organisation der Arbeitszeit im Zusammenhang mit dem Einsatz Neuer Technik sind. Zum anderen soll ausgeleuchtet werden, ob bzw. wo es Schnittpunkte der auf Gestaltungsfragen von Arbeitszeitstruktur und Technikeinsatz gerichteten Interessen der Arbeitnehmer und Arbeitgeber gibt, die sozialverträglichen Lösungen, von denen beide Seiten profitieren, zugänglich sind.

Den Hintergrund für diese doppelte Aufgabenstellung bildet der gesellschaftliche Konflikt über die weitere Gestaltung der Arbeitszeit.

Sowohl Gewerkschaften als auch Arbeitgeberverbände drängen auf eine Neubestimmung der Arbeitszeitstrukturen. Dabei klaffen die jeweiligen Ziele weit auseinander. Während die Arbeitgeberseite eine weitere Flexibilisierung der Arbeitszeit anstrebt, um Arbeits und Kapitalkosten einzusparen, geht es den Gewerkschaften um Arbeitszeiten, die die Arbeitsbelastungen verringern, das Beschäftigungsniveau erhöhen und die individuelle sowie gesellschaftliche Wohlfahrt steigern. Es fällt schwer, Schnittmengen zwischen den beiden konkurrierenden Arbeitszeitkonzepten auszumachen und zu zeigen, wo Konvergenzen in Sicht sind, und wie Arbeitszeitmuster aussehen, die tendenzielle Annäherung versprechen.

Gewisse Hoffnungen, wie sich diese beiden wenig versöhnlich gegenüberstehenden Arbeitszeitkonzepte durch einen Brückenschlag verbinden lassen, setzen in der arbeitszeitpolitischen Diskussion auf die Gestaltungspotentiale, die mit dem Einsatz Neuer Technik einhergehen sollen. Vor allem durch das rasche Vordringen der Mikroprozessortechnik werde sich die Funktionsverteilung zwischen Mensch und Maschine gründlich verändern. Es wird davon ausgegangen, daß die Abhängigkeit von Maschine und Mensch in der Führer und Bedienerrolle abnimmt. Dies soll zum einen überall dort, wo die Beziehungen im MenschMensch und MenschMaschineSystem auf den Austausch von Daten, Texten, Sprache und Bildern reduzierbar sind, den Spielraum vergrößern, diese Beziehungen durch den Einsatz von Telekommunikationstechnologien (in einer ersten Stufe) räumlich zu entkoppeln. Zum anderen sollen dann, wenn die Informationen speicherbar sind, in einer zweiten Stufe Möglichkeiten entstehen, die Beziehungen im MenschMaschineSystem auch zeitlich zu entkoppeln. Unter diesen

Vorzeichen wird für den einzelnen Arbeitnehmer ein größeres Maß an Wahlmöglichkeiten sowohl im Hinblick auf die Dauer als auch die Lage der Arbeitszeit in Aussicht gestellt.

Gegenüber der These, daß der Einsatz der Mikroelektronik bereits als solcher oder auch erst im Kontext neuer Produktionskonzepte in der Industrie dem einzelnen Arbeitnehmer ein größeres Maß an Verantwortung, Planung und Kontrolle der eigenen Arbeitsbedingungen zubillige, liegt dieser Studie die *zentrale Hypothese* zugrunde, daß die jeweiligen Arbeitszeitsysteme und Pro-duktionskonzepte weniger vom Stand der Technik als von ökonomischen Kalkülen abhängen und diese die betriebliche Verwendung Neuer Technik in einer Weise, die rigide arbeits(zeit)organisatorische Lösungen bzw. "fremdbestimmten" Zeiteinsatz der Arbeitskräfte (fehlende Autonomie) eher verallgemeinern als abbauen helfen, nahelegen. Weiterhin wird davon ausge-gangen, daß es niemals Technik oder technische Entwicklung allein ist, son-dern stets ihre Verschränkung mit wirtschaftlichen, arbeitsorganisatorischen, sozialen, politischen und kulturellen Interessen, die bestimmte arbeitszeitpoliti-sche Muster hervorbringt. Die jeweilige Organisation der zeitlichen Nutzung menschlicher Arbeitskraft und technischer Hilfsmittel ist das Resultat sozialer Strategien einzelner oder zumeist kollektiver Akteure mit spezifischen Interes-senlagen, Zielsetzungen und Machtmitteln.

Daraus läßt sich als *zweite Hypothese* ableiten, daß die gegenwärtigen und künftigen Muster der Arbeitszeitgestaltung in keinem wechselseitigen Determi-nationsverhältnis mit Technik allgemein oder speziell mit mikroelektronischer Informations- und Kommunikationstechnik stehen, sondern mit ihr und mit anderen sozioökonomischen Faktoren auf der Beschaffungs-, Ausstattungs- und Absatzseite (z.B. Art und Menge der intern und extern verfügbaren Arbeitskräfte; Kapazitäten der aufeinander bezogenen Produktionsstufen; un-abweisbare Marktanforderungen an die Produktqualität; Modus der industriel-len Beziehungen) nur lose über gewisse Affinitätsgrade verkoppelt sind.

Ausgehend von diesen beiden Hypothesen leiten sich für diese Untersuchung folgende Teilaufgaben ab. Es sind die für die Arbeitszeit- und Technik-gestaltung maßgeblichen Einflußgrößen herauszuarbeiten, die für Varianzen hauptsächlich verantwortlichen Faktoren zu benennen. Vor allem aber muß der noch äußerst vage Begriff der *Sozialverträglichkeit* gegenstandsadäquat *operationalisiert* werden. Weiter ist ein *theoretisch-analytischer Bezugsrahmen* vonnöten, mit dem sich der Untersuchungsbereich strukturieren läßt sowie die in seinen einzelnen Dimensionen wirksamen Kräfte geordnet werden können.

Ausgangspunkt für die Entwicklung von *Kriterien sozialverträglicher Arbeits –
zeitgestaltung* sind die gesellschaftlichen und individuellen Ziele und
Ansprüche, die in der arbeitszeitpolitischen Diskussion aus der Perspektive
der Arbeitnehmer abgeleitet und gegenüber der zukünftigen Arbeitszeitgestal –
tung mit dem Ziel geltend gemacht werden, die Arbeits – und Lebensbedin –
gungen zu verbessern. Die Sozialverträglichkeit der Arbeitszeit läßt sich vor
allem durch folgende Kriterienkomplexe erfassen:

– Beschäftigungssicherheit
– Einkommen
– Gesundheitliche Aspekte
– Lebensgemeinschaftliche Beziehungen
– Soziale Teilhabe
– Autonomiegrad.

Zunächst werden die wechselseitigen Bezüge zwischen diesen Kriterien her –
ausgearbeitet. Dabei wird aufgezeigt, welche Zielkonflikte sich ergeben können
und welche gleichgerichteten und übereinstimmenden Wirkungszusammen –
hänge existieren. In einem zweiten Schritt wird das Konzept der
sozialverträglichen Arbeitszeitgestaltung auf verschiedene, im Rahmen der
empirischen Untersuchungen vorgefundene Arbeitszeitformen bezogen.
Angesichts der methodischen Schwierigkeiten, einen quantifizierbaren Maßstab
bilden zu können, mit dessen Hilfe sich der Grad der Sozialverträglichkeit
einzelner Arbeitszeitprofile messen und unterscheiden läßt, wird hilfsweise die
Normalarbeitszeit als Richtschnur herangezogen.

Als Ergebnis läßt sich festhalten, daß Nacht – und Wochenendarbeit auf der
Sozialverträglichkeitsskala deutlich ungünstiger rangieren als die Normal –
arbeitszeit. Von den Prüfkriterien fällt nur der Einkommensindikator und mit
Abstrichen auch der Beschäftigungsindikator besser als bei der Normalar –
beitszeit aus; die übrigen Indikatoren schneiden dagegen deutlich schlechter
ab. Etwas weniger ungünstig werden die Zwei – Schichtsysteme bewertet. Da
in aller Regel weder monetäre noch zeitliche Kompensationen geleistet
werden, erzielt aber keiner der Indikatoren eine bessere Beurteilung als die
Normalarbeitszeit.

Ebenfalls ungünstiger unter dem Gesichtspunkt der Sozialverträglichkeit sind
variable Arbeitszeitformen zu beurteilen, bei denen die Entscheidungsautono –
mie ausschließlich oder weitgehend beim Betrieb liegt. Demgegenüber bietet
eine gleichmäßige Normalarbeitszeit für den Arbeitnehmer einen gewissen

Schutzraum, da der beliebige betriebliche Zugriff auf die Zeitgestaltung ausgeschlossen ist.

In der arbeitszeitpolitischen Diskussion bislang viel zu wenig beachtet ist der Umstand geblieben, daß in den monetären Kompensationen, die für ungünstig gelegene und deshalb belastende Arbeitszeiten gezahlt werden, ein nicht unerhebliches Potential zur Verbesserung der Sozialverträglichkeit steckt. Eine Umwandlung der monetären Zuschläge in zeitliche Kompensationen würde vor allem erhebliche Beschäftigungseffekte auslösen und gleichzeitig auch bei den übrigen Kriterien zu wesentlichen Verbesserungen führen. Eine konsequente Anwendung des Prinzips der zeitlichen Kompensation würde eine zusätzliche Nachfrage nach nahezu zwei Millionen Arbeitskräften stimulieren. Zielkonflikte ergeben sich allein gegenüber dem Einkommenskriterium.

Ein zweiter Schwerpunkt dieser Untersuchung geht der Frage nach, welche betrieblichen und außerbetrieblichen Faktoren maßgeblich für die Organisation der Zeit im Zusammenhang mit dem Einsatz Neuer Technik sind. Dazu wird auf vorgängige Ansätze zurückgegriffen, die in modifizierter Form mit eigenen Überlegungen zu einem *Analysekonzept* um die beiden Achsen "Produktionsprozeß" einerseits und "Produktionskonzept" andererseits herum verbunden werden. Für jede der beiden Achsen werden die gegenstandsadäquaten Dimensionen bestimmt. Auf der Achse des Produktionsprozesses kreisen sie um die Kategorien Technisierung, Organisierung und Informatisierung. Auf der Achse der Produktionskonzepte verläuft die Unterscheidung zwischen standardisierten Produkten mit Preiskonkurrenz und Spezialanfertigungen mit Qualitätskonkurrenz und einer weiteren Differenzierung nach dem Produktionsvolumen (niedrig/hoch). Die für die Arbeitszeitorganisation und den Technikeinsatz als maßgeblich anzusehenden Einflußgrößen erfahren mit Hilfe dieses analytischen Konzeptes eine Strukturierung.

Exemplarisch für drei Wirtschaftszweige, das Textil, das Bekleidungs und das Druckgewerbe, werden in einem ersten Schritt auf *Branchenebene* verschiedene Indikatoren sowohl zur wirtschaftlichen Entwicklung und Struktur als auch zur Arbeitszeit sowie zum Technikeinsatz in Beziehung gesetzt. In einem zweiten Schritt werden sie durch *betriebliche Fallbeispiele* ergänzt und vertieft.

Auf *Branchenebene* lassen sich zwischen den *ökonomischen Indikatoren* der Kapitalintensität und Arbeitsproduktivität, den Innovationsaktivitäten der Unternehmen sowie der Arbeitszeitstruktur Unterschiede, aber auch Parallelitäten ausmachen. Dabei sind die Unterschiede zwischen dem Bekleidungsgewerbe einerseits und dem Druck – sowie Textilgewerbe andererseits ausgeprägter als diejenigen zwischen dem Druck – und dem Textilgewerbe.

Auffallend ist das geringe Niveau der Kapitalintensität und Arbeitsproduktivität im Bekleidungsgewerbe. Hiermit korrespondieren die eher zurückhaltenden Innovationsaktivitäten. Moderne Techniken fassen im Bekleidungsgewerbe nur sehr allmählich Fuß, obwohl sich Wertschöpfung und Beschäftigung seit geraumer Zeit negativ entwickeln. So wie die Indikatoren Produktivität und Technikeinsatz diesem Wirtschaftszweig einen Platz am unteren Ende der Rangskala zuweisen, so trifft dies auch für die Betriebsnutzungszeiten zu. Trotz des mächtigen internationalen Wettbewerbsdrucks scheint die Dauer der Betriebsnutzungszeiten wegen des vergleichsweise sehr geringen Kapitalein – satzes pro Arbeitsplatz nur eine untergeordnete Rolle zu spielen. Der internationale Wettbewerbsdruck überträgt sich offensichtlich weniger über die Kapitalkosten als über die Arbeitskosten, was sich in dem niedrigen Lohn – niveau widerspiegelt.

In einem gewissen Kontrast zu diesem Bild stehen die beiden anderen Wirt – schaftszweige. Kapitalintensität und Arbeitsproduktivität liegen auf einem deut – lich höheren Niveau. Gegenüber modernen Techniken scheint die Innovati – onsbereitschaft im Druckgewerbe jedoch größer zu sein als in der Textilindustrie. Auffallend ist in diesem Zusammenhang der seit einigen Jahren sinkende Kapitalkoeffizient im Textilgewerbe. Es sieht so aus, als ob der technische Fortschritt in diesem Wirtschaftszweig kapitalsparende Wirkung habe. Sollte dieses Bild einigermaßen zutreffend sein, dann bleibt die Frage offen, warum die Textilindustrie nicht zu den innovationsfreudigen Wirt – schaftszweigen gehört.

Bei den Betriebsnutzungszeiten liegt die Textilindustrie allerdings wieder vorn. Eine Interpretation für diesen Tatbestand könnte sein, daß im Textilgewerbe, einem seit Jahren schrumpfenden Wirtschaftszweig, der internationale Konkurrenzdruck sehr viel stärker zu spüren ist als in der Druckindustrie und daß dieser Faktor im Zusammenspiel mit der hohen Kapitalintensität eine entscheidende Rolle für die außergewöhnlich langen Betriebsnutzungszeiten spielt.

Die Eindrücke, die man beim Blick auf einige ökonomische Kennziffern der drei Branchen gewinnt, stimmen mit jenen der anschließenden, mehr tech – nisch interessierten Betrachtung überein. Denn in der Tat zeigt sich auch unter *technisch orientiertem Blickwinkel* die Bekleidungsindustrie unter den Vergleichsbranchen als Nachzügler bei der Adaption Neuer Technik. Die Ur –

sachen dafür sind in erster Linie in Problemen der Bekleidungsmontage zu suchen. Sie liegen zum einen in der Dreidimensionalität der Materialbearbeitung bei geringen Toleranzen des Nähvorgangs und hohen Maschinenfrequenzen in Verbindung mit der Stabilisierungsproblematik des Materials. Zum anderen äußern sie sich in den daraus und aus der vorherr- schenden Strategie der permanenten Lohnkostenreduzierung folgenden Be- sonderheit der technisch-organisatorischen Binnenstruktur dieses Zweiges. Hochgradig arbeitsteilig organisiert, hat die Bekleidungsindustrie für viele ihrer Spezialtätigkeiten auch Spezialmaschinen konzipiert und angewandt. Diese "Atomisierung" ihrer Tätigkeits- und Technikstruktur stellt sich einem umfas- senden Zugriff rechnergesteuerter Aktivitäten auf die Branche in den Weg.

Die aus dem Verhalten ökonomischer Variabler abgeleitete These, daß Neue Technik das Druckgewerbe in stärkerem Maße erfaßt habe als die Textilindustrie und insbesondere als die Bekleidungsindustrie, gewinnt beim Nachzeichnen der branchenspezifisch technisch-organisatorischen Entwick- lungslinien an Überzeugungskraft. Nicht ganz so verspätet wie hinsichtlich der Bekleidungsindustrie, so doch aber später als im Durchschnitt der meisten Branchen der Industrie, fand die Informations- und Kommunikationselektronik Eingang in die Textilindustrie. Auf der Grundlage der weitgehend ausgereiften Mechanik der textilindustriellen Kernprozesse zeichnen sich im konventionellen Bereich der Rationalisierung technische Grenzen ab. Hauptansatzpunkt von unternehmerischen Rationalisierungsstrategien wird künftig deshalb die Integration der separaten Produktionsstufen mittels Neuer Technik sein.

Die Integration von bislang separaten betrieblichen Teilprozessen zu selbsttä- tigen Abläufen erfordert freilich die Automatisierung der einzelnen Fertigungs- stufen selbst, bevor sie zu einem technisch autonomen Ganzen zusammen- gefaßt werden können. Abgesehen davon, daß ein solches automatisches Aggregationssystem eher auf starre als auf bewegliche technisch- organisatorische Strukturen hinausläuft und daß hochspezialisierte Produktion dem gegenwärtig vorherrschenden Paradigma der Produktionsflexibilisierung zuwiderläuft, steckt die kommunikations- und informationselektronische Erschließung und Durchdringung der einzelnen textilindustriellen Fertigungs- stufen noch in den Anfängen. Dabei ergeben sich in den Teilprozessen unterschiedliche Widerstände bzw. Möglichkeiten in bezug auf das stets viru- lente Ziel der Rationalisierung auf seiten des Kapitals. Während etwa beim Ringspinnen ein Garnabriß durch einen automatischen Anknoter behoben werden kann, steht beim Weben eine entsprechende technisch autonome Lösung des Problems der Kett- und Schußfadenbrüche noch aus. Bevor an eine technische Überbrückung der Schnittstelle vom Spinnen zum Weben überhaupt gedacht werden kann, ist eine Vereinheitlichung der technischen Niveaus beider Teilprozesse notwendig, die bislang aber gerade an den diskrepanten Prozeßmerkmalen, wie z.B. an den Diskrepanzen des Materialdurchsatzes und der Meßwerterfaßbarkeit und der darauf bezogenen Verarbeitungskapazität scheitert.

Vom traditionellen produktionstechnischen Ideal der menschenleeren Fabrik ist zumindest die Weberei noch weit entfernt, während es im Spinnereibereich schon seit einiger Zeit faktisch realisierbar ist. Hierzulande freilich ist es in seiner reinen Form noch nicht erreicht worden.

Vollstufige Textilbetriebe werden das technisch – ökonomische Mißverhältnis in der Leistungsfähigkeit der Prozeßschritte in absehbarer Zeit nicht beseitigen können und sich nicht zuletzt deshalb verstärkt Neuer Technik zur Erfassung und Verarbeitung aller arbeits – und produktionsrelevanter Daten mit dem längerfristig angelegten Ziel ihrer Vernetzung zu einem selbstregulierenden System der Fertigung bedienen.

Im Hinblick auf den Einsatz von Kommunikations – und Informationselektronik ist die gegenwärtige und absehbare Branchensituation zu kennzeichnen als das Vordringen von Betriebsdatenerfassungssystemen auf den verschiedenen Fertigungsstufen und ihrer allmählichen Durchdringung mit mikroelektronisch gestützter Automationstechnik. Eine Lösung des drängenden Branchenproblems der Vorwärts – und Rückwärtsintegration der Teilprozesse im Sinne eines übergreifenden, technisch weitgehend autonomen Ablaufsystems als eine der letzten Rationalisierungsreserven dieses altindustriellen Wirtschaftszweiges ist freilich noch nicht in Sicht.

Im Vergleich mit dem verspäteten Einzug der Neuen Technik in die Textilindustrie und der relativ geringen und dabei diffusen Ausbreitung von Informations – und Kommunikationselektronik in den bekleidungsindustriellen Produktionsstufen gehört die Druckindustrie zum Kreis der frühen und bereichsspezifisch intensiven Anwender. Drucktechnische Kernbereiche der einzelnen Verfahren einerseits und Vorstufen andererseits wenden allerdings in unterschiedlichem Ausmaß Mikroelektronik an. Wenn sie auch Zugang gefunden hat zu den meisten Stufen des Vervielfältigungsprozesses und seinen vor – und nachgelagerten Verknüpfungen sowie zu den damit verbundenen Überwachungs – und Steuerungsarbeiten in bezug auf die Produktionsqualität und Ablaufkontinuität, so liegt das Hauptanwendungsgebiet von Neuer Technik beim Zeitungs – , Zeitschriften – und Werbedruck doch im Bereich der Satzherstellung und der Bildreproduktion.

Nach der rechnergestützten Verarbeitung von Bildern gehört nunmehr auch die Textverarbeitung auf mikroelektronischer Grundlage zum technischen Standard der drucktechnischen Massenproduktion. Durch Geräte – und Programm – Verbund sowie Integration von Reproduktions – und Satztechnik (Bild und Text) ist der formatgesteuerte Ganzseitenumbruch möglich gewor – den.

Gemessen an den Umwälzungen auf den vorgelagerten Stufen des Vervielfältigungsprozesses im Zuge des Einsatzes von Informations – und Kommunikationselektronik hat Neue Technik auf den Druckvorgang selbst wie auf die Weiterverarbeitung deutlich geringeren Einfluß. Als Komponente von Meß –, Steuer – und Regelsystemen dient Mikroelektronik im drucktechni – schen Kernbereich und in der Weiterverarbeitung in erster Linie der Prozeß – optimierung. Auf diesen beiden Produktionsstufen kann Neue Technik nicht – wie das etwa bei der Textherstellung mit dem Übergang von "heißer" zu "kalter" Satztechnik der Fall ist – die auf mechanischen Regeln ablaufenden Teilprozesse (Drucken, Schneiden, Falzen usw.) bzw. die auf menschlichen Eingriffen beruhenden Arbeitsgänge (z.B. die "Entsorgung" älterer Rotations – maschinen) durch ein völlig neues technisches Prinzip ersetzen.

Die Eindrücke, die der grobe Überblick der Anwendungsbereiche und Anwendungsbreite von Informations – und Kommunikationselektronik in der Bekleidungsindustrie, in der Textilindustrie und in der Druckindustrie aus technischer Perspektive vermittelt, decken sich im großen und ganzen also mit jenen, die die vorgeschaltete branchenspezifische Beobachtung sozio – ökonomischer Kennziffern hinsichtlich des Einsatzes von Neuer Technik hin – terlassen hat: Einsatzstand und Einsatzpotential der Mikroelektronik unterliegen in der Bekleidungsbranche besonderer Beschränkung, in der Druckindustrie ist der Einsatzstand anscheinend etwas höher als in der Textilindustrie, wobei die Anwendung von Mikroelektronik im Druckgewerbe auf den Vorstufenbereich konzentriert, in der Textilindustrie etwas breiter über die einzelnen Fertigungsstufen gestreut ist. In beiden letztgenannten Wirtschaftszweigen ist das gegenwärtig und mittelfristig am leichtesten aktivierbare Einsatzpotential durch Strategien der Optimierung der Teilprozesse mittels Meß –, Steuer – und Regelelektronik erschließbar.

Nur unter Vorbehalten ist es möglich, diese Aussagen mit arbeitszeitorgani – satorischen Variationen zwischen den Branchen auf einen generellen Nenner zu bringen. Deshalb werden im zweiten empirischen Untersuchungsschritt die auf der Branchenebene sich darbietenden Phänomene an *betrieblichen Fallbeispielen* reflektiert.

Unter *ökonomisch – organisatorischem Blickwinkel* zeigt sich, daß die Dauer der Betriebsnutzungszeiten innerhalb eines Betriebs zwischen einzelnen Pro – duktionsabteilungen sehr differenziert gestaffelt sein kann, wobei die einzelnen Stufen eng mit der jeweiligen Kapitalausstattung der Arbeitsplätze korrespon – dieren. Allerdings ist der Einfluß der Kapitalintensität nicht ungebrochen. Andere Faktoren wie die jeweilige Absatzlage oder die relative Verhand – lungsposition einzelner Arbeitnehmergruppen können modifizierenden Einfluß haben.

Bei den variablen Arbeitszeitformen der Überstundenarbeit, der Teilarbeitszeit und der Urlaubsgestaltung, lassen sich aus ökonomischer Perspektive zwischen den Branchen, zwischen einzelnen Betrieben und sogar zwischen einzelnen Betriebsteilen deutliche Unterschiede im Ausmaß und beim arbeits – zeitstrategischen Einsatz erkennen. Generell ist festzuhalten, daß variable Arbeitszeitmuster in erster Linie auf marktstrategische Aspekte zurückzuführen sind und weniger oder gar nicht mit anderen wirtschaftlichen Faktoren wie etwa der Kapitalausstattung der Arbeitsplätze in Verbindung zu bringen sind. Wie Beispiele aus dem Bekleidungsbereich belegen, unterliegt eine Produkti – onsorientierung auf Märkte mit eher konsumorientierter Qualitätskonkurrenz in sehr viel stärkerem Maße einer schwankenden Nachfrage, als dies bei stan – dardisierten Gütern mit Preiskonkurrenz der Fall ist. Dieses Bild kann sich aber ändern, wie Fälle aus dem Textilbereich zur Evidenz bringen, wenn die Absatzorientierung durch die Nachfragemacht einflußreicher Großabnehmer unter just – in – time – ähnliche Bedingungen gerät. Angesichts derartiger Beziehungen kann ein eher geglätteter Produktionsablauf sich in einen schwankenden Rhythmus mit wechselndem Arbeitsbedarf verwandeln.

Erweitert man analog dem Vorgehen bei der Branchenbetrachtung die öko – nomische Sicht und fragt danach, ob es für die auf Betriebsebene vorfind – baren Arbeitszeitformen *zwingende technische Gründe* gibt, so trifft man im Spektrum der primären Untersuchungseinheiten dieser Studie auf nur einen einzigen solchen Fall. Dabei handelt es sich um die Herstellung von Garnen, Geweben und Folien aus Granulaten im kontinuierlichen Betrieb der Produk – tionsmittel an allen 168 Stunden der Woche aufgrund der technisch – physikalischen Verhaltensweisen der Vorprodukte im Extrusionsprozeß. Freilich wird auch in diesem Einzelfall der technische Aspekt von ökonomischen Gesichtspunkten insofern überlagert, als eine Unterbrechung des Extrusions – prozesses z.B. an den Wochenenden technisch grundsätzlich möglich, aber dann unausweichlich mit einem zwei- bis dreitägigen Reinigungs-, Einrichte- und Einfahraufwand an den Anlagen verknüpft wäre. Es liegt auf der Hand, daß die Betriebsleitung aus Kostengründen Prozeßunterbrechungen unter diesen Randbedingungen zu vermeiden trachtet.

Es ist dies der einzige Prozeß, der im Untersuchungsfeld überwiegend tech- nische Gründe für die Entkoppelung von Arbeitszeit und Betriebszeit aufweist. Daß die textil- und überdies die druckindustrielle Produktion in erheblichem Umfang auf entkoppelte Nutzungszeiten von Arbeitskräften und Produktions- mitteln mit in und zwischen den Betrieben variierenden Erscheinungsformen beruht, hat überhaupt kaum etwas mit technischen, aber sehr viel mit ertrags-, absatz-, investitions- und finanzwirtschaftlichen Kalkülen zu tun. Im Pressedruck kommen zusätzlich Marktanforderungen hinsichtlich der Nachrichtenaktualität ins Spiel mit entkoppelten Arbeits- und Betriebszeiten.

Der größere Teil der Ausführungen zur Tauglichkeit technisch argumentieren- der Deutungen der verschiedenen Formen entkoppelter Arbeits- und Betriebsnutzungszeiten läßt sich im Prinzip auch auf die variablen Arbeitszeit- formen in den Betrieben (Überstunden, extern vorgehaltene Abrufbereitschaft, Betriebsurlaub und Teilzeitarbeit) beziehen. Das bedeutet nicht, das Bestehen von Verbindungen zwischen bestimmten Formen variabler Arbeitszeit einerseits und Technikeinsatz andererseits überhaupt zu bestreiten. Doch die aufgefun- denen Relationen werden gewöhnlich nicht von technikimmanenten Triebkräf- ten regiert. Sie ergeben sich fast immer aus einem Zusammenspiel von Regeln technischer Effizienz, betriebswirtschaftlicher Berechnungen und marktökonomischer Überlegungen. Damit ist gesagt, daß es keinen inneren Zusammenhang, keine einseitige Abhängigkeit von zeitlicher und technischer Struktur bei den Variabilisierungsvarianten gibt, sondern stets ökonomische Rationalisierungskriterien als intervenierende Variable auf den Plan treten. Technische Neuerungen und Arbeitszeitvariabilisierungen unterbleiben, wenn sie sich unter Kostengesichtspunkten nicht rechtfertigen lassen. Was aber unter Kostenaspekten als technisch effizient und als arbeitszeitorganisatorisch rational anzusehen ist, ist ein Problem, das unterschiedliche Lösungen zuläßt.

Im Anschluß an die Erörterungen über das Gewicht ökonomischer und tech- nischer Größen bei der Strukturierung der unterschiedlichen Arbeitszeitformen und die Hauptergebnisse der Analyse praktisch wendend werden Überlegun- gen angestellt, wie sich der *Grad der Sozialverträglichkeit* steigern läßt.

Bei *gegebener Technik* bieten sich im Grundsatz *vier Wege* an. Am weitesten reicht der Vorschlag, die bei der Sozialverträglichkeitsprüfung bereits ungün‐ stig eingestuften Arbeitszeiten im Nacht‐ und Wochenendbereich sehr eng auf rein technische und versorgungsmäßige Gründe zu beschränken. Dies hätte allerdings zur Folge, daß überall dort, wo aus ökonomischen Gründen bereits nachts oder am Wochenende gearbeitet wird, die Kapitalnutzungs‐ kosten steigen, sich die Ertragslage verschlechtert und der Druck auf die Löhne zunimmt.

Ein zweiter Vorschlag mit Schwerpunkt auf den ökonomischen Bereich ist, den Preis für sozial wenig verträgliche Arbeitszeiten heraufzusetzen. Dies könnte allerdings bei den Arbeitnehmern zu einer verstärkten Nachfrage nach derartigen Arbeitszeiten führen. Außerdem ist dieser Weg belastungsindifferent.

Eine dritte Alternative zielt darauf, die individuelle Dauer und/oder Häufigkeit sozial unverträglicher Arbeitszeiten zu verringern (Begrenzung der Zahl der Nacht‐ bzw. Wochenendschichten, Höchstaltersgrenzen, Rückkehrrechte zur Normalarbeitszeit, Befreiung bestimmter Personengruppen von Nacht‐ und Wochenendarbeit). Allerdings ist in Rechnung zu stellen, daß in dem Maße, wie sich die individuelle Betroffenheit verringert, gleichzeitig die Zahl der Arbeitnehmer zunimmt, die zu derartigen Zeiten arbeiten müssen, zumindest solange das Gesamtvolumen von Nacht‐ und Wochenendarbeit konstant bleibt.

Viertens sind – aus ökonomischer Perspektive – schließlich im Rahmen kollektivvertraglicher Regelungen die arbeitszeitlichen Dispositionsmöglichkeiten für den einzelnen Arbeitnehmer zu erweitern.

Mit Blick auf den *technisch‐organisatorischen Handlungsspielraum* wird erwartet, daß mittel‐ und langfristig sich Tendenzen ausbreiten, in erweiterten Wirtschaftlichkeitskategorien zu denken und neben monetären Aufwands‐ und Ertragsgrößen auch soziale Kosten‐ und Nutzenfaktoren in Rechnung zu stellen. Gilt nach noch heute vorherrschender Sicht ein Prozeß erst dann als "beherrscht", wenn er technisch autonom, d.h. mit einem Minimum an menschlichen Eingriffen abgewickelt werden kann, so ist zumindest vorstellbar, daß die Bewältigung neuer Markt‐ und Produktionsanforderungen (Stichworte: Kundennähe, rasche Änderung der Nachfrage, flexibel speziali‐ sierte Fertigung) die Restitution menschlicher Arbeit als strategisches Flexibili‐ tätspotential begünstigt und sich daraus auch Zugriffsmöglichkeiten auf die technischen und zeitorganisatorischen Arbeitsabläufe im Sinne offener Systeme ergeben. Prinzipiell bewegen sich alle Lösungen zwischen beiden Extremen:

Einerseits hin auf eine mit zunehmender Integration der Produktionsprozesse ebenfalls zunehmende Arbeitsteilung mit der Folge starrer, aufeinander bezogener und untereinander verketteter Prozeßschritte und entsprechend geringem Handlungsspielraum für die sachliche und zeitliche Arbeitsgestaltung durch die einzelne Arbeitskraft; andererseits durch rechnergestützte Vernetzung in Richtung auf eine Neukonzipierung der Produktionsabläufe unter "ganzheitlichen" Gesichtspunkten, nämlich Abbau von Arbeitsteilung, berufliche und zeitliche Autonomie usw. Die erste Lösung repräsentiert den eher technikorientierten, die zweite Lösung den eher anthropozentrischen Produktionstyp.

I. EINFÜHRUNG

1. PROBLEMSTELLUNG UND UNTERSUCHUNGSZIEL

1.1 Zur arbeitszeitpolitischen Ausgangslage

Seit Ende der 70er Jahre gehört die Gestaltung der Arbeitszeit zu den zentralen gesellschaftlichen Konfliktbereichen. Auseinandersetzungen um die Arbeitszeit sind sicherlich kein grundsätzlich neues Phänomen. Sie kennzeichnen
die industrielle Entwicklung von Beginn an. Neben Fragen der Einkommens-
verteilung gehören die Arbeitsbedingungen zu den ständigen Reibungspunkten
zwischen Arbeit und Kapital. Die Geschichte der industriellen Beziehungen ist
auch eine Geschichte der Arbeitszeitpolitik. Dies überrascht nicht, denn Dauer,
Lage und Verteilung der Arbeitszeit sind sowohl für die Betriebe wie auch die
Beschäftigten elementare Größen für den wirtschaftlichen Erfolg einerseits und
für Einkommen, Arbeitsbedingungen und Möglichkeiten der Lebensgestaltung
andererseits.

Neu an der aktuellen Kontroverse ist freilich der Umstand, daß keine der
beiden gesellschaftlichen Gruppen mit entscheidendem Einfluß auf die Gestaltung des Arbeitszeitarrangements am derzeitigen arbeitszeitpolitischen
Status quo festhalten mag. Sowohl Gewerkschaften wie auch Arbeitgeberverbände drängen auf eine Neubestimmung des gegebenen Arbeitszeitarrangements. Dabei geht es nicht nur um eine schrittweise Fortsetzung des arbeitszeitpolitischen Kurses, der für die letzten Jahrzehnte bestimmend war. In
der Vergangenheit hatte das industrielle "Normalarbeitsverhältnis", wie es sich
in den Grundzügen nach 1918 herausgebildet hatte, stets einen im Grundsatz
nie in Frage gestellten Fixpunkt dargestellt. Arbeitszeitpolitische Innovationen
bestanden im Prinzip darin, daß sie das Normalarbeitsverhältnis in der
Grundstruktur unverändert beließen und es lediglich auf einem neuen Niveau
fortschrieben. So ist die zentrale arbeitszeitpolitische Errungenschaft der 50er
und 60er Jahre in der Verkürzung der tariflichen Wochenarbeitszeit von 48
auf 40 Stunden zu sehen. In den nachfolgenden Jahren stand die Ausweitung des Erholungsurlaubs auf mittlerweile sechs Wochen im Vordergrund.
Arbeitszeitpolitische Veränderungen beschränkten sich vorrangig auf die Dauer

der Arbeitszeit. Stufenweise Kürzungen der Arbeitszeit erfolgten in aller Regel linear. Die beiden übrigen Dimensionen, Lage und Verteilung der Arbeitszeit, waren nicht Gegenstand arbeitszeitpolitischer Kontroversen. Keine der beiden Arbeitsmarktparteien reklamierte tarifpolitischen Handlungsbedarf.

Kennzeichnend für die Entwicklung der Arbeitszeit in der Vergangenheit ist, daß sie einem im großen und ganzen einheitlichen Muster folgte. Es verlief relativ stetig und war für die überwiegende Mehrheit der Arbeitnehmer ver-bindlich (vgl. Schudlich 1987, S. 118). Wegen des hohen Grades an Nor-mierung und Standardisierung erscheint es gerechtfertigt, von "Normalarbeitszeit" zu sprechen. Dieses über Jahrzehnte gesellschaftspolitisch allseits weitgehend akzeptierte Muster ist seit einigen Jahren aufgekündigt und steht im Grundsatz zur Disposition. Wie es aussieht, wird sich zukünftige Ar-beitszeitpolitik· von dem Leitbild der überkommenden Normalarbeitszeit lösen und nach neuen Fixpunkten suchen. Für den anstehenden bzw. sich teilweise bereits vollziehenden Paradigmenwechsel sprechen sehr unterschiedliche ge-sellschaftliche und wirtschaftliche Gründe. Einerseits haben die Betriebe in der Ressource Zeit neue Ansatzpunkte entdeckt, mit deren Hilfe sich die Produktivität steigern und Kosten senken lassen. Andererseits wird den Ar-beitnehmern und den Gewerkschaften mehr und mehr bewußt, daß Wohlstand und Lebensqualität nicht nur von der Höhe des Einkommens, sondern auch von einer sozialverträglichen Arbeitszeitgestaltung abhängen. Wie zahlreiche Untersuchungen gut belegt haben (vgl. z.B. Landenberger 1986), werden die bestehenden Arbeitszeitstrukturen von den Arbeitnehmern keineswegs als op-timal bewertet. Obwohl die individuelle Arbeitszeit in den letzten Jahrzehnten ständig zurückgegangen ist und zwischen 1960 und 1988 um etwa 520 Stunden oder 65 Arbeitstage pro Jahr abgenommen hat[1], hat sich der Zeitnotstand kaum abgemildert. Viele Arbeitnehmer empfinden die täglich bzw. wöchentlich geleistete Arbeitszeit immer noch als zu lang, die frei verfügbare Zeit als zu knapp, immer mehr Arbeitnehmer leiden unter den Belastungen ungünstiger Arbeitszeitlagen, und sie schätzen die Möglichkeiten, den Arbeitszeitrhythmus selbst festlegen zu können, als viel zu eng ein.

---

1) Bei diesen Werten handelt es sich nicht allein um tarifliche Arbeitszeitänderungen, sondern um die Gesamtheit aller Arbeitszeitkomponenten, also einschließlich Teil-zeiteffekt, Ausfallstunden durch Arbeitskämpfe oder Krankheit usw.

Für Veränderungen der gegebenen Arbeitszeiten sprechen schließlich beschäftigungspolitische Gründe. Die seit mehr als einem Jahrzehnt andau - ernde Beschäftigungskrise hat sich gegenüber wirtschaftspolitischen Lösungs - versuchen als äußerst resistent erwiesen. Obwohl die wirtschaftliche Entwick - lung seit 1982 einigermaßen floriert, hat sich die Zahl der Arbeitslosen bei etwa 2 Millionen eingenistet; grundlegende Besserung ist auch für die nächsten Jahre nicht in Sicht. An diesem pessimistischen Bild können auch die insgesamt eher hoffnungsfrohen Wirtschaftsaussichten kaum etwas ändern.

Angesichts der prekären Arbeitsmarktlage halten die Gewerkschaften an ihren Forderungen nach weiterer Verkürzung der Arbeitszeit und in erster Linie der Wochenarbeitszeit fest. Gleichzeitig haben sie ihr arbeitszeitpolitisches Konzept erweitert. Die in der Vergangenheit etwas zu kurz gekommene Gestaltung der Lage und der Verteilung der Arbeitszeit rückt in den Vordergrund. Ein Ziel dabei ist, das Ausmaß der wegen entweder ungünstiger Lagen (Nacht - und Wochenendarbeit) oder wegen erratischer, die private Lebensplanung er - schwerender Verteilungsmuster (wie im Extremfall bei kapazitätsorientierten variablen Arbeitszeiten) belastend wirkender Arbeitszeitformen abzubauen. Zweitens sollen kollektivvertragliche Regelungen den Spielraum für Abwei - chungen von der Normalarbeitszeit erweitern, um gruppenspezifisch unter - schiedlichen Anforderungen an die Arbeitszeit besser zu entsprechen. Und drittens geht es darum, regelungspolitische Versäumnisse der Vergangenheit nachzuholen und bislang kollektivvertraglich unregulierte Arbeitszeitformen in die tarifvertragliche Gestaltung einzubeziehen.

Gerade für die intensivere Befassung mit von der Normalarbeitszeit abwei - chenden Arbeitszeitformen gibt es akuten Handlungsbedarf. Denn kennzeich - nend für die arbeitszeitpolitische Landschaft ist ein stetiger Bedeutungszu - wachs kollektivvertraglich nicht geregelter Arbeitszeitformen. An der Spitze stehen Teilzeitarbeit und Gleitzeitsysteme, die sich relativ schneller ausbreiten als die Gesamtbeschäftigung wächst und auch nicht durch Phasen stagnie - render oder schrumpfender Beschäftigung zu stoppen sind. Sie unterhöhlen ebenso das Normalarbeitsverhältnis wie die gleichsam im Schatten kollektiv - vertraglicher Normsetzung vorwärts drängenden Formen der Schicht -, Nacht - und Wochenendarbeit. Dieser Prozeß vollzog sich zunächst nur all - mählich in kleineren Schritten, betraf teilweise nur einzelne Beschäftigten - gruppen und hatte eher insularen Charakter, als daß man von einer breiten Bewegung hätte reden können. Deshalb konnte er sich nahezu unbemerkt und ohne größere gesellschaftliche Kontroversen ausbreiten und in weiten Bereichen außerhalb kollektivvertraglicher Kontrolle, Steuerung und Normset - zung bleiben.

In dem Maße, wie dieser sich scheinbar naturwüchsig ausbreitende Prozeß Nachahmer gewinnt, zu einer breiten Bewegung wird und von den Arbeitge‐ berverbänden aufgegriffen, kanalisiert und auf die tarifpolitische Tagesordnung gesetzt wird, gerät er ins öffentliche Bewußtsein und wird zu einem zentralen arbeitszeitpolitischen Konflikt. Wenn die 1984 in der Metall‐ und in der Druckindustrie geführten Tarifkämpfe zu den härtesten sozialen Konflikten der letzten Jahrzehnte gehörten, dann hat dies sicherlich auch damit zu tun, daß die Arbeitgeberseite der gewerkschaftlichen Forderung nach kürzeren Arbeits‐ zeiten ein eigenes arbeitszeitpolitisches Konzept entgegenstellte. Mit ihrer Forderung nach vermehrter Arbeitszeitflexibilisierung brachte sich die Arbeit‐ geberseite nicht nur aus ihrer durch zunehmende politische Isolierung be‐ drohten Defensivposition (vgl. Seifert 1985, S. 75). Sie stellte vor allem das über Jahrzehnte gültige Muster der Normalarbeitszeit fundamental in Frage. Dieser seither nicht ausgeräumte Grundkonflikt überschattet zukünftige Ar‐ beitszeitpolitik. Im Grundsatz geht es um die Frage, ob die Arbeitszeit noch umfassender und systematischer nach dem Motto "time is money" ökonomi‐ schen Effizienzkriterien unterworfen wird, oder ob der Durchbruch zu einer sozialen Neuorganisation der Zeitgestaltung gelingt, die sich stärker als bis‐ lang an individuellen und gesellschaftlichen Zeitanforderungen und ‐bedürf‐ nissen orientiert.

Es ist sicherlich nicht unrealistisch, davon auszugehen, daß sich keine der beiden Positionen in ihrer Extremform durchsetzen wird. Diese Einschätzung beruht nicht nur auf dem Umstand, daß keine der beiden Marktparteien in der Lage ist, ausreichend Durchsetzungsmacht zu mobilisieren, um der an‐ deren Seite ihre Position bedingungslos und ohne Abstriche aufzuzwingen. Es dürfte auch an Bereitschaft fehlen, die eigenen Positionen ohne Berücksich‐ tigung auch anderer Faktoren möglichst ungebrochen zu verwirklichen. Für diese Einschätzung sprechen gute Gründe. Für die Arbeitgeber impliziert eine allein nach ökonomischen Effizienzkriterien organisierte Arbeitszeitstruktur, die nicht auch gewisse Interessen bzw. Teilinteressen der Arbeitnehmer aufgreift, das Risiko, suboptimal, wenn nicht gar kontraproduktiv zu sein. Auf jeden Fall dürfte es erhebliche Probleme bereiten, die von den neuen Arbeitszeitformen erwarteten Produktivitätspotentiale auch tatsächlich in vollem Ausmaß auszu‐ schöpfen. Dies dürfte umso schwieriger sein, je mehr sich neue Produkti‐ onskonzepte durchsetzen und je rigider gleichzeitig betriebswirtschaftliche Ko‐ stenkalküle die intendierte Arbeitszeitstruktur prägen. Kommt es auf breiter Front zu der bislang eher insular etablierten neuen Arbeitsorganisation, bei der berufliche Qualifikation, fachliche Souveränität und mehr Autonomie in der Arbeitsorganisation als produktive Potenzen begriffen und gefördert werden, dann dürften sich rigide und autonomiearme Arbeitszeitstrukturen als sperrig und nicht gerade produktivitätssteigernd erweisen. Die Durchsetzung von vermehrter Autonomie bei den Arbeitsinhalten und Arbeitsabläufen dürfte schwerfallen, so lange der Bereich der Arbeitszeitgestaltung ausgeklammert bleibt und weiterhin nach traditionellen Herrschaftsmodellen organisiert wird.

Ökonomische Effizienzkalküle gehen ferner auf Dauer nicht auf, wenn soziale und ökologische Folgeprobleme unbeachtet bleiben. Dauer und Verteilung von Arbeits- und Freizeit haben Einfluß auf Ressourceneinsatz, Flächenverbrauch, Infrastrukturausstattung usw. Und umgekehrt ist das Angebot an öffentlichen Gütern und Dienstleistungen (z.B. Kindergärten, Ganztagsschulen, öffentliche Verkehrsverbindungen usw.) eine wichtige Rahmenbedingung für die gesell-schaftliche Akzeptanz einzelner Arbeitszeitformen.

Auch die Gewerkschaften gehen nicht davon aus, daß die Gestaltung der Arbeitszeit aus den Zwängen ökonomischer Anforderungen zu befreien ist. Eine Arbeitszeitgestaltung, die ausschließlich bedürfnisorientierten Kriterien folgt, hätte erhebliche Abstriche bei der ökonomischen Effizienz in Kauf zu nehmen, völlig abgesehen von der Frage, ob wegen des teilweise hohen Grades ar-beitsteiliger Produktion eine ausschließliche Individualisierung der Arbeitszeit überhaupt möglich ist, ohne die Produktion weitgehend zu paralysieren, so-lange keine grundsätzliche Alternative in der Arbeitsorganisation in Sicht ist. Überdies hätte eine individualisierte Arbeitszeit stark anarchistische Züge. Ge-samtgesellschaftliche, soziale und politische Kriterien würden mißachtet und träten hinter Individualanforderungen zurück, was letztlich auf Kosten der individuellen Wohlfahrt gehen müßte.

Es scheint, als sei "die Abkehr vom Normalarbeitstag" (Schudlich 1987) un-aufhaltsam, der Trend zu einer Arbeitszeit nach Maß nicht mehr umkehrbar. Ungewiß ist allerdings, welche Kriterien als Maßvorlage für ein neues Ar-beitszeitarrangement sich durchsetzen werden und wer sie festlegt. Ungewiß ist auch, ob und in welchem Ausmaß die neuen Arbeitszeitstrukturen normiert und zumindest in grobem Rahmen standardisierte Züge tragen oder ob sie weitgehend variabel und für situative Veränderungen zugänglich sein werden. All diese Fragen sind offen. Die Arbeitszeitgestaltung bewegt sich in einem gesellschaftspolitisch hochgradig aufgeladenen Spannungsfeld, in dem ver-schiedene Anforderungs- und Gestaltungsdimensionen konkurrieren:

- betriebswirtschaftliche Effizienz
- volkswirtschaftliche Effizienz
- individuelle Zeitanforderungen und -präferenzen
- gesellschaftliche Zeitansprüche

– technische Änderungen.

Mit dem 1984 in der Metall– und in der Druckindustrie vereinbarten Tarif–kompromiß schien ein Lösungsweg gefunden, der diese verschiedenen ar–beitszeitpolitischen Anforderungen so auszubalancieren vermochte, daß weitere Arbeitszeitarrangements ohne kräftezehrende Arbeitskämpfe möglich schienen. Für einige Jahre hat die neue Tauschformel "kürzere gegen flexiblere Ar–beitszeiten" getragen. Es gibt aber begründete Zweifel, ob dieser Weg auf Dauer gangbar bleibt, da nicht ausgemacht ist, ob beide Arbeitsmarktparteien gleichermaßen von diesem Tauschmuster profitieren. Für die Arbeitgeberseite dürfte es kaum Probleme geben, sich mit dem seit 1984 gefundenen Junktim zu arrangieren. Unter Kostengesichtspunkten fällt für sie die Gesamtbilanz positiv aus. Die Kosten aus Lohnerhöhung und Arbeitszeitverkürzung waren auch bei den nachfolgenden Tarifvereinbarungen insgesamt nicht höher als der durch die Preissteigerungsrate und den Produktivitätsfortschritt gebildete Verteilungsspielraum. Die gleichzeitig erweiterten Möglichkeiten für flexible Ar–beitszeitgestaltung haben sogar kostensenkende Lösungen möglich gemacht. Solange sich an diesen Tauschbedingungen nichts ändert, gehören die Ar–beitgeber zu den Gewinnern und haben deshalb kaum Grund, sich gegen weitere Arbeitszeitverkürzungen zu sperren. Ob aber auch die Arbeitnehmer und die Gewerkschaften auf Dauer zu den Gewinnern zählen werden, ist dagegen weniger sicher. Für sie kann die Tauschformel – kürzere gegen flexiblere Arbeitszeiten – in dem Maße, wie kürzere Arbeitszeiten durch eine ungünstige Lage und Verteilung der Arbeitszeit erkauft werden, an Attraktivität verlieren. Wenn zwar die Dauer der Freizeit wächst, diese aber vermehrt in ungünstige Zeitbereiche abgedrängt wird und deshalb nur schwer und nur zu geringen Anteilen mit den privaten Zeitanforderungen in Einklang zu bringen ist, stellt sich die Frage, welchen Nutzwert die neuen Zeitarrangements ha–ben.

Weiter kompliziert hat sich die arbeitszeitpolitische Lage dadurch, daß die Gewerkschaften die unternehmerischen Flexibilisierungsforderungen mit einem eigenen Flexibilisierungskonzept gekontert haben, das sich an den Arbeits–zeitbedürfnissen der Arbeitnehmer orientiert.

Insofern ist die arbeitszeitpolitische Wegscheide sehr viel weniger eindeutig, als es die in den letzten Jahren praktizierte Tauschformel nahelegt. Die bei–den konkurrierenden Arbeitszeitkonzepte unterscheiden sich grundsätzlich. Während die Arbeitgeber durch flexible Arbeitszeiten Arbeits– und Kapital–kosten einsparen wollen, geht es den Gewerkschaften um eine Verringerung

von arbeitszeitbedingten Belastungen und um eine Steigerung des individuellen und gesellschaftlichen Zeitwohlstandes. Es fällt schwer, Schnittmengen
zwischen beiden Arbeitszeitkonzepten auszumachen und zu zeigen, wo
Konvergenzen in Sicht sind und welche Arbeitszeitmuster tendenzielle
Annäherung versprechen.

1.2 Erweitere Gestaltungsmöglichkeiten der Arbeitszeit durch Neue Technik?

Eine Möglichkeit, einen verbindlichen Brückenschlag zwischen diesen beiden
sich wenig versöhnlich gegenüberstehenden Arbeitszeitkonzepten herzustellen,
wird in den Gestaltungspotentialen gesehen, die mit dem Einsatz Neuer
Technik einhergehen. Sie sollen den Entwicklungsspielraum für eine
"präventive ˙Technikgestaltung" (Staudt 1986, S. 424) erweitern. Gemeint ist
damit eine aus Sicht der Betroffenen "weicher" zu gestaltende Technik, deren
Grundlagen durch die rasche Ausbreitung der Mikroelektronik sowie der modernen Informations- und Kommunikationstechnik geschaffen werden. Ihnen
werden neue Qualitäten zugesprochen, die "durchaus auch Wegbereiter sozialer Innovationen sein können" (Staudt 1986, S. 416).

Das grundlegend Neue der mikroprozessorgestützten Informations- und
Kommunikationselektronik wird vor allem darin gesehen, daß ihr - freilich
immer innerhalb enger Grenzen - intellektuelle Funktionen, die bis dahin der
menschlichen Arbeitskraft vorbehalten gewesen sind, in formalisierter Form
durch entsprechende Programmierung übertragen werden können und daß sie
durch die fortschreitende Integrationsdichte, Verbilligung und Miniaturisierung
"universell" einsetzbar sei, kurz: daß sie "Automation und Flexibilität zu
kompatiblen Größen werden läßt" (Kern, Schumann 1984, S. 16).

In der Tat war im Fertigungsbereich die Automatisierung bis in die 1950er
Jahre hinein der Herstellung von Groß- bis Massenserien vorbehalten, da
"die 'traditionelle' Elektronik noch nicht leistungsfähig, klein und wirtschaftlich
genug war" (Siemens AG o.J. (1985), S. 4). Oder aber die Automatisierung
der Fertigung von kleinen Serien oder gar der Einmalfertigung war mit Kosten
verbunden, denen bei marktbestimmten Produktionen keine entsprechenden
Erträge gegenüberstanden. Die Einführung der NC-Maschinen Ende der
1940er und Anfang der 1950er Jahre bei der Produktion von hochleistungs-
fähigem (Militär-)Fluggerät schlug zwar eine Bresche in die technischen,
nicht aber in die ökonomischen Barrieren, die sich vor einer breiten privat-

wirtschaftlichen Anwendung auftürmten. Erst die Verminderung des Preises für NC–Steuerungen "von anfänglich bis zu 200.000 DM auf etwa 20.000 DM Ende der 70er Jahre und um 5.000 DM für einfache Steuerungen 1988" (Specht 1988 c, S. 7) schaffe "die Voraussetzung dafür ..., daß die Mikroelektronik tatsächlich in den Alltag der Betriebe eindringen kann" (Kern, Schumann 1984, S. 16) und daß "das Bewußtsein für die qualitative Bedeutung menschlicher Arbeitsleistung und die Wertschätzung der besonderen Qualitäten lebendiger Arbeit" wieder steige (Kern, Schumann 1984, S. 19). Die "Entwicklung vereinfachter Mensch–Maschine–Kommunikation sowie die Einführung von Informationssystemen" würden die "Auflösung der strengen Bindung an Arbeitszeit, Arbeitsort und Arbeitsablauf aller nicht mit der unmittelbaren Maschinenführung und Maschinenüberwachung beschäftigten Personen" ermöglichen. Daher enthalte die "flexible Automatisierung ... alle Gestaltungsmöglichkeiten zur Einrichtung eines humanen und kreativen Arbeitsablaufs bei gleichzeitiger Steigerung der Produktivität" (Specht 1988 b, S. 7). Dazu gehöre die Option, "den Menschen von stupider Maschinenbedienung und monotonen Montage–, Bestückungs–, Informationsbe– und Informationsverarbeitungsaufgaben zu entlasten" (Kommission Zukunftsperspektiven 1983, S. 166). Ferner wird davon ausgegangen, daß die Abhängigkeit von Maschine und Mensch in der Führer– und Bedienerrolle abnimmt. Hierzu gehöre auch die weitere Arbeitsteilung im Handhabungsbereich aufgrund der Trennung von Ausführung und Regelung. Der hiermit einhergehende und durch die zunehmende Automatisierung weiter vorangetriebene arbeitsorganisatorische Wandel verspreche die Abhängigkeit der Arbeitskräfte vom Material–, Papier– und Informationsfluß aufzulösen und durch eine neue Qualität der Abhängigkeit vom Informationsfluß auf der Regelungs– und Steuerungsebene zu ersetzen. Dies soll zum einen überall dort, wo die Beziehungen im Mensch–Mensch– und Mensch–Maschine–System auf den Austausch von Daten, Texten, Sprache und Bildern reduzierbar sind, den Spielraum vergrößern, diese Be–ziehungen durch den Einsatz von Telekommunikationstechnologien (in einer ersten Stufe) räumlich zu entkoppeln. Zum anderen sollen dann, wenn die Informationen speicherbar sind, in einer zweiten Stufe Möglichkeiten entstehen, die Beziehungen im Mensch–Maschine–System auch zeitlich zu entkoppeln. "Damit fallen aber zugleich die letzten Koppelungsgrenzen, die konventionelle Arbeitsstrukturen determinierten und Ursache der heute praktizierten starren Orts– und Zeitreglementierung sind" (Staudt 1986, S. 419). Dieses Entkop–pelungspotential "eröffnet Optionen für flexible Arbeitszeitverhältnisse und die Individualisierung von Arbeitsstrukturen in einem Umfang, der bisher noch nicht vorstellbar war" (Staudt 1986, S. 421).

Dreh- und Angelpunkt für die durch Entkoppelung gekennzeichnete neue Funktionsverteilung zwischen Mensch und Maschine sei, so heißt es, die Mikroprozeßtechnik, die einfache Regelungs- und Steuerfunktionen selbst übernehme. Arbeitsorganisatorisch erlaube dies in einem größeren Umfang als bisher, "soziale und technische Organisation entsprechend den sozialen Bedürfnissen aufeinander abzustimmen" (Staudt 1986, S. 423). Damit verringerten sich die bisher von der Technik gesetzten organisatorischen Zwänge, die einer eigenständig organisierten und selbstverantwortlich nach den jeweiligen Lebensbedürfnissen disponierbaren Arbeitszeit bislang noch im Wege stünden (vgl. Staudt 1982; Kommission Zukunftsperspektiven 1983). Die nunmehr erreichbare Automation mittels Techniken höherer Elastizität soll von der Bindung der Produktion an die starren Arbeitszeitregelungen von Tarifverträgen, Arbeitszeitverordnungen und Geschäftszeiten befreien. Kurzum: Der bisherige Arbeitszeitbegriff wird unter diesen veränderten Umständen als reformbedürftig angesehen: "In der aufgrund der Aufhebung technisch-ökonomischer Sachzwänge qualitativ neuen Situation wird eine Individualisierung der Arbeitsverhältnisse möglich" (Staudt 1986, S. 429). Dem einzelnen Arbeitnehmer wird ein größeres Maß an Wahlmöglichkeiten sowohl bei der Dauer als auch bei der Lage der Arbeitszeit in Aussicht gestellt.

Unter diesen Vorzeichen verspricht die These vom technikgeförderten Dispositionsspielraum bei der Arbeitszeitgestaltung, daß es möglich sei, eine drohende arbeitszeitpolitische Konfrontation abzuwenden und die beiden konträren Arbeitszeitkonzepte in einer neuen Synthese produktiv aufgehen zu lassen. Wie die Perspektiven auf konfliktreduzierte arbeitszeitpolitische Lösungen einzuschätzen sind, die sowohl den ökonomischen Anforderungen der Betriebe als auch den sozialen und individuellen Bedürfnissen und Interessen der Arbeitnehmer entsprechen, steht und fällt mit der Einschätzung der These vom technikgeförderten Dispositionsspielraum der Arbeitszeitgestaltung.

Die These läßt sich auf die Formel bringen, daß nach der "Herrschaft der Mechanisierung" (Giedion 1987) mit ihren in vielerlei, so auch in arbeitszeitorganisatorischer Hinsicht wirksamen Zwängen zur Uniformität (Neifer 1988) nunmehr die mikroelektronisch gestützte Informations- und Kommunikationstechnik wenn schon nicht auf dieser "nächsthöheren Stufe der technologischen Entwicklung das Heil für die gesamte Menschheit" (Weizenbaum 1984, S. 121), dann doch zumindest für Teile der "industriellen Kernarbeiter" (Kern, Schumann 1984) arbeitszeitliche Gestaltungsoffenheit mit sich bringe.

Den mit der Mikroelektronik in Verbindung mit der Entwicklung neuer Werkstoffe und Fertigungsverfahren sowie mit Fortschritten in der Meß- und

Handhabungstechnik "durch mehr Elastizität und größere Funktionsbreite er-weiterten Zugriffshorizont technischer Systeme" könnten die Betriebe "in den noch funktionierenden Kernbereichen industrieller Produktion" für ihre Zielset-zung der Effizienzsteigerung nur dann breitflächig nutzen, wenn sie sich "neuer Produktionskonzepte" bedienen (Kern, Schumann 1984, S. 13-26).

In erster Linie den "modernen" Produktionsfacharbeitern, den Instandhal-tungsspezialisten und all jenen Arbeitskräften, die allmählich in solche Posi-tionen einrücken könnten, würden "durch die neuen Produktionskonzepte auch Offerten gemacht ... , weil nämlich Effizienz mit der Handlungskapazität der Arbeiter und nicht gegen große Teile ihrer persönlichen Möglichkeiten erzielt werden soll" (Kern, Schumann 1984, S. 20). Dieser Teil der Arbeitskräfte in den prosperierenden industriellen Kernsektoren könne sich in den betrieblichen Modernisierungsprozeß "einklinken" und "seinen Preis fürs Mitspielen", so auch "neue Arbeitszeitregelungen ohne schmerzhafte finanzielle Verluste" verlangen (Kern, Schumann 1984, S. 21).

Sieht man einmal von einem Erklärungskonzept ab, demzufolge "die soge-nannten neuen Techniken nicht für die Entstehung der hohen Arbeitslosigkeit in der Bundesrepublik verantwortlich", sondern "eher das Resultat einer zu geringen als einer zu forcierten Modernisierung der Volkswirtschaft" sind (Neifer 1986, S. 24), werden die mit der mikroprozessorgestützten Automati-onstechnik verbundenen Risiken für Quantität und Qualität der Beschäftigung im Branchenquerschnitt weder von den akademischen "Entdeckern" der "neuen Produktionskonzepte" (neben Kern, Schumann 1982, 1984 sind zu nennen Piore 1980 a; Piore 1980 b; Sabel 1982; Sorge u.a. 1982; Piore, Sabel 1985) noch von ihren Epigonen keineswegs verharmlost. Daß Neue Technik wie schon zuvor die "alte" auch in einer Weise genutzt werde, die eine weitere Dequalifizierung und Eliminierung der menschlichen Arbeitskraft im Produktionsprozeß bezweckt, gehört sozusagen zu den Randbedingungen des neuen Paradigmas. Diese Risiken seien aber nur die halbe Wahrheit. Es gebe "einen geradezu gegenläufigen Prozeß, *der aus dem Innern der tech-nologischen Entwicklung und Industrie selbst*" komme (Schmid 1985, S. 154). Die "Chancen, die sich aus neuen technologischen Entwicklungen und den bei höherer Arbeitsproduktivität möglichen Arbeitszeitverkürzungen für die Flexibilisierung der bisher überwiegend starren Arbeitszeiten ergeben" (Köppinger 1985, S. 45), "die Möglichkeiten, die die technologische Entwicklung sowie das Kalkül eines veränderten Managements eröffnet haben" (Schmid 1985, S. 156), ließen sich offensiv auch zum Vorteil gewisser Teile der industriellen Kernarbeiterschaft nutzen.

Das Postulat von der wiedergewonnenen Gestaltungsoffenheit bei der Ar-
beits(zeit)organisation durch Entwicklung der Mikroelektronik, die eine Abstimmung zwischen betriebswirtschaftlichen Kalkülen und Beschäftigungsinter-
essen erleichtere, ohne z.B. die Nächte oder die Sonntage wieder in die
Arbeitszeiten einzubeziehen" (Köppinger 1985, S. 43), bildet den Ausgangspunkt dieser Untersuchung. Selbstverständlich ist kaum einer der wissenschaftlichen Beiträge, die dem neuen Paradigma folgen, von solcher
Schlichtheit, wie es diese knappe Skizze des aktuellen Diskussionsstandes
nahelegen könnte. Doch an dieser Stelle geht es ja nicht darum, ein möglichst alle Nuancen und Akzente erfassendes Bild des Wissenschafts- und
Politikansatzes, der zum einen um den Begriff "neue Produktionskonzepte",
zum anderen um den der "Flexibilisierung der Arbeitszeiten" kreist, zu malen.
Vielmehr geht es darum, den "harten Kern" der theoretischen Annahmen über
die für die Arbeits(zeit)organisation grundlegenden Funktionszusammenhänge
des Betriebes und seiner gesellschaftlichen Umwelt freizulegen.

Dieser "harte Kern" theoretischer Annahmen besteht bei beiden Varianten des
Wissenschafts- und Politikansatzes darin, der produktionstechnischen Entwicklung im allgemeinen und der Mikroelektronik im besonderen eine über-
ragende Rolle bei der Arbeits(zeit)gestaltung zuzuweisen. Mit der Einführung
Neuer Technik geht den Beobachtungen oder Erwartungen der Vertreter des
Ansatzes zufolge die Chance eines Wandels der Produktionskonzepte, in dem
die Rigiditäten der tayloristischen Nutzungsformen menschlicher Arbeitskraft in
sachlicher, sozialer und zeitlicher Hinsicht zugunsten "kontrollierter Autonomie"
(Dupont, Sellin 1987, S. 1) der Arbeitskräfte über Arbeitsinhalte und Arbeitszeitverteilung abgestreift werden (können), einher. Wenn auch nicht bestritten
werden soll, daß ein solcher Wandel der Produktionskonzepte, der Züge einer
"gesteuerten" oder "kontrollierten" Autonomie trägt, stattfindet, so bleibt doch
erhebliche Skepsis hinsichtlich seiner bisweilen paradigmatisch hochstilisierten
Deutung als Bewegung in eine und nur eine Richtung, nämlich hin zur
Auflockerung rigider und Beseitigung belastender Arbeitszeitformen,
angebracht. Gegen diese Interpretation lassen sich, wenn man einmal davon
absehen will, daß sozioökonomische Prozesse überhaupt niemals
gleichgerichtet, sondern stets widersprüchlich ablaufen, vor allem zwei offen
auf der Hand liegende Einwände erheben.

Zum einen hat die Einführung Neuer Technik den Trend steigender
Kapitalintensität im Rationalisierungsprozeß nicht aufhalten können. Daß
mikroelektronische Bauelemente für Datenverarbeitungs-, Rechen-, Steuer-,
Meß- und Regelungsprozesse usw. leistungsfähiger, kleiner und billiger
geworden sind und insofern der Kreis der potentiellen Anwender und

Anwendungsgebiete eine beträchtliche Ausweitung erfahren hat, ist eine Sache. Eine ganz andere Sache aber ist der Investitionsaufwand für sonstige Produktionsanlagen, falle er nun im Verbund mit der betrieblichen Implementation neuer Informations- und Kommunikationstechnik oder unabhängig davon (z.B. als Ersatz technisch veralteter oder abgenutzter Maschinen) an; der Kapitalaufwand für die "traditionellen" Gewinnungs- und Verarbeitungs-, Bearbeitungs- und Kraftmaschinen, die ja mit dem Einsatz von Informations- und Kommunikationselektronik in Industriebetrieben keineswegs überflüssig, sondern auf die Funktionsweise der mikroelektronischen Peripherie hin konzipiert und instrumentalisiert werden, ist im säkularen Verlauf und verstärkt im Zuge zunehmenden Arbeitssicherheits-, Arbeitsschutz- und Umweltbewußtseins immer weiter angestiegen; eine Trendumkehr ist nicht in Sicht. Gleichzeitig hat seit Anfang der 70er Jahre der Rationalisierungsdruck zugenommen. Angesichts global nachlassender Wachstumsraten und zunehmender weltwirtschaftlicher Integration mit der Folge verschärfter Importkonkurrenz und anhaltender Exportabhängigkeit ist die Wettbewerbsfähigkeit der Unternehmen eng mit ihrer Fähigkeit zur Durchsetzung kostensenkender Arbeitszeitformen verknüpft. Dabei bietet sich u.a. die Entkoppelung von Arbeits- und Betriebszeiten mit vermehrter Schicht-, Nacht- und Wochenendarbeit an; dadurch lassen sich die Amortisationszeiten des in Produktionsanlagen gebundenen Kapitals ganz erheblich verkürzen und die Gefährdungen der Kapitalentwertung durch "technischen Fortschritt" verringern. Der zweite Einwand knüpft daran an und bezieht sich darauf, daß neben zeitökonomischen Entkoppelungsstrategien mit der informations- und kommunikationselektronischen Entwicklung flexible Fertigungs- und Logistiksysteme zur Verfügung stehen, die eine stärkere Verkoppelung betrieblicher Produktionsprozesse mit dem Marktgeschehen, eine marktnähere Organisation des Prozeßablaufs gestatten. Damit gerät auch der Arbeitseinsatz in größere Abhängigkeit von fluktuierenden Marktanforderungen; nicht die gesellschaftlich, kulturell, biologisch oder individuell-sozial begründeten oder erwünschten Rhythmen zwischen Arbeitszeit, Mußezeit und Schlafzeit, sondern Marktrhythmen entscheiden dann über Dauer und Lage der Arbeitszeit.

Gegenüber der These, daß der Einsatz der Mikroelektronik bereits als solcher oder auch erst im Kontext neuer Produktionskonzepte in der Industrie dem einzelnen Arbeitnehmer ein größeres Maß an Verantwortung, Planung und Kontrolle der eigenen Arbeitsbedingungen zubillige (vgl. McDerment 1987, S. 22-26), liegt dieser Studie deshalb die *zentrale Hypothese* zugrunde, daß die jeweiligen Arbeitszeitsysteme und Produktionskonzepte weniger vom Stand der Technik als von ökonomischen Kalkülen abhängen und diese die betriebliche Verwendung Neuer Technik in einer Weise, die rigide arbeits(zeit)organisatorische Lösungen bzw. "fremdbestimmten" Zeiteinsatz der Arbeitskräfte (fehlende Autonomie) eher verallgemeinern als abbauen helfen, nahelegen.

Weiterhin wird davon ausgegangen, daß es niemals Technik oder technische Entwicklung allein ist, sondern stets ihre Verschränkung mit wirtschaftlichen, arbeitsorganisatorischen, sozialen, politischen und kulturellen Interessen, die bestimmte arbeitszeitliche Muster hervorbringt. Die jeweilige Organisation der zeitlichen Nutzung menschlicher Arbeitskraft und technischer Hilfsmittel ist das Resultat sozialer Strategien einzelner oder zumeist kollektiver Akteure mit spezifischen Interessenlagen, Zielsetzungen und Machtmitteln. Sie ist prinzipiell veränderbar und wird tatsächlich auch immer wieder verändert. Das zeigt sich in den bereits oben genannten Veränderungen der Arbeitszeit, das zeigt sich aber auch an der Aushandlung von Regelungen über die Arbeitszeitgestaltung (Tarifverträge, Betriebsvereinbarungen) und an der Art und Weise ihrer Realisierung in der Praxis der Betriebe, in denen sich homogene Technik mit variater Arbeitszeitorganisation wie auch weitgehend übereinstimmende Arbeitszeitmuster mit heterogener Technik kombinieren.

Daraus läßt sich als *zweite Hypothese* ableiten, daß die gegenwärtigen und künftigen Muster der Arbeitszeitgestaltung in keinem wechselseitigen Determinationsverhältnis mit Technik allgemein oder speziell mit mikroelektronischer Informations und Kommunikationstechnik stehen, sondern mit ihr und mit anderen sozioökonomischen Faktoren auf der Beschaffungs, Ausstattungs und Absatzseite (z.B. Art und Menge der intern und extern verfügbaren Arbeitskräfte; Kapazitäten der aufeinander bezogenen Produktionsstufen; unabweisbare Marktanforderungen an die Produktqualität (Stichwort: Aktualitätserfordernis der Tagespresse; Modus der industriellen Beziehungen)) nur lose über gewisse Affinitätsgrade verkoppelt sind (vgl. Paracone 1987, S. 2732; Brödner 1987, S. 35). Weder erzwingen ein gegebenes Produkt und sein Markt ein ganz bestimmtes Fertigungsverfahren, noch determiniert Technik die Arbeitszeitorganisation oder einen bestimmten Grad der Arbeitsteilung. Die zweite Hypothese läuft darauf hinaus, daß zwischen Produktion, Technik und Arbeitszeitorganisation Raum für strategische Wahlhandlungen bleibt.

Während die erste Hypothese die Vorherrschaft des überkommenen "technozentrischen Produktionsideals", nämlich die "mannlose Fabrik, nun mit modernsten Mitteln der Computersteuerung" (Wobbe 1987, S. 6), fortschreibt unter dem Vorbehalt, daß die kapitalsparenden Effekte der auf Mikroelektronik

aufbauenden technischen Neuerungen weitaus geringer ausfallen, als im all –
gemeinen angenommen wird, schlägt sich in der zweiten Hypothese die hi –
storisch – konkrete Erfahrung nieder, daß das, was von Betrieb zu Betrieb als
rationale Arbeitszeit – und Betriebszeitorganisation angesehen wird, durchaus
Unterschiede aufweisen kann.

Die beiden Hypothesen leiten hin zur Hauptzielsetzung dieser Studie, die
darin besteht, Tragfähigkeit, Reichweite und Relevanz des Postulats von der
grundsätzlichen Gestaltungsoffenheit der Beziehungen von Arbeitszeit, Mikro –
elektronik und Produktionskonzept abzuschätzen, den Raum für strategische
Wahlhandlungen in bezug auf Arbeitszeit – und Technikgestaltung abzugren –
zen und Ansatzpunkte für praktisch – politische Maßnahmen zur Verbesserung
der Arbeitszeitbedingungen unter dem Gesichtspunkt der Sozialverträglichkeit
zu identifizieren. Um dieses Ziel zu erreichen, sind mehrere Teilaufgaben zu
lösen: Es sind die für die Arbeitszeit – und Technikgestaltung maßgeblichen
Einflußgrößen herauszuarbeiten, die für Varianzen hauptsächlich verantwortli –
chen Faktoren zu benennen. Vor allem aber muß der noch äußerst vage
Begriff der Sozialverträglichkeit gegenstandsadäquat operationalisiert werden.
Weiter ist ein theoretisch – analytischer Bezugsrahmen vonnöten, mit dem sich
der Untersuchungsbereich strukturieren läßt sowie die in seinen einzelnen
Dimensionen wirksamen Kräfte geordnet werden können. Beidem, der
Operationalisierung des Begriffs der Sozialverträglichkeit und der Konzeptuali –
sierung eines theoretisch – analytischen Bezugsrahmens, liegt die Anwendung
eines Verfahrens zugrunde, das man als schrittweise, zwischen theoretischer
und empirischer Analyse wechselnde Generierung von Hypothesen und Be –
funden bezeichnen kann. Damit sind Methodenprobleme angesprochen, auf
die noch näher eingegangen wird.

2. DIE BEDEUTUNG DES BEGRIFFS NEUE TECHNIK IN DIESER STUDIE

Unter Technik wird hier das Zustandebringen von Objekten (Werkzeuge, Ge –
räte, Kleidung, Bauten usw.) und Prozessen (Weben, Extrusion von Kunst –
stoffen usw.), die in dieser Form in der Natur nicht vorkommen, verstanden.
Rationale Technik beruht auf den Ergebnissen der theoretischen und ange –
wandten Naturwissenschaften. Eine Untermenge ist die Technologie in der
Bedeutung von Verfahrenstechnik zur Gewinnung und/oder Verarbeitung von

Roh- und Werkstoffen oder Informationen zu verwendbaren Objekten bzw. Daten.

Der Begriff Neue Technik wird hier auf die mikroelektronisch gestützte Informations- und Kommunikationstechnik im Produktionsbereich beschränkt. Nach herrschenden Verständnis umfaßt der Begriff Neue Technik neben der Informations- und Kommunikationstechnik die Umwelttechnik, Biotechnik, Gentechnik, Energietechnik, Werkstofftechnik und Raumfahrttechnik. Die Beschränkung auf die Informations- und Kommunikationstechnik ergibt sich aus dem Ansatzpunkt dieser Untersuchung, nämlich der Kritik an der These von der mit der Nutzung elektronischer Datenverarbeitungstechnik in der Produktion vorgeblich geradezu zwangsläufigen Erweiterung der Dispositionschancen der Arbeitskräfte über ihre Arbeitszeit.

3. INFORMATIONSBASIS, METHODEN UND UNTERSUCHUNGSSTRATEGIE

Das Projekt zielt – als Kurzformel ausgedrückt – ab auf theoretisch be-gründete und empirisch gestützte Antworten hinsichtlich der Fragen, welche betrieblichen und außerbetrieblichen Faktoren maßgeblich für die Organisation der Arbeitszeit im Zusammenhang mit dem Einsatz von Neuer Technik sind und ob bzw. wo es Schnittpunkte der auf Gestaltungsfragen von Arbeitszeit-struktur und Technikeinsatz gerichteten Interessen der Arbeitnehmer und Ar-beitgeber gibt, die sozialverträglichen Lösungen, von denen beide Seiten profitieren, zugänglich sind.

Zur Erreichung dieser Zielsetzung bedurfte es zunächst einmal der Untersu-chung bereits vorhandener Theorieansätze und Ergebnisse der sozialwissen-schaftlichen Arbeitszeit- und Technikforschung und der Sozialindikatorenfor-schung einschließlich ihrer disziplinären Verästelungen (z.B. Arbeitsmedizin).

Nun kann jedoch das Forschungsgebiet, auf dem sich diese Studie bewegt, zur Zeit weder in der Bundesrepublik noch in anderen Ländern als eindeutig abgegrenzter Gegenstandsbereich mit einer gegenstandsadäquaten Methodo-logie oder mit einem einheitlichen theoretischen Darstellungsprinzip der For-schungsresultate bezeichnet werden.

Es liegt zwar eine Fülle sozialwissenschaftlicher Literatur zu dem Thema Ar – beitszeit, Technik und – seit Mitte der 1980er Jahre – Sozialverträglichkeit vor. In ihr überwiegt jedoch die Auseinandersetzung mit jeweils einem Gesichtspunkt des hier zu behandelnden Komplexes. Beiträge, die eine Brücke schlagen zwischen der arbeitszeitstrukturellen und der technischen Entwicklungsdynamik und die zudem bezüglich ihrer verschiedenen Erscheinungsformen die Frage nach der Sozialakzeptanz stellen, sind sehr selten. Und die seltenen Beiträge repräsentieren zudem unterschiedliche disziplinäre Sichtweisen und ein divergierendes Ausmaß an darstellungsbedürftiger sozioökonomischer und – technischer Theorie. Was sich insgesamt darbietet, ist ein weitgehend unverbundenes Nebeneinander von Partialansätzen. Man ist also gezwungen, das breit gestreute separate Material zum Einsatz Neuer Technik, zu arbeitszeitspezifischen Fragen und zur Sozialverträglichkeit zusammenzutragen, zu sichten und in eine Form zu bringen.

Damit ist ein weiteres Problem verbunden. Antworten auf die Fragen, nach denen die Literatur auszuwerten war, wie etwa jene nach der Art der Beziehungen zwischen Arbeitszeitorganisation und Neuer Technik und deren Verhältnis zum gesellschaftlichen Umfeld; nach den Einflüssen, die die Relation steuern und wie mit einem Minimum an arbeits(zeit)organisatorischen Zwängen ein Maximum an technisch – ökonomischen Leistungen erzielt werden kann; unter welchen Bedingungen der Einsatz Neuer Technik zu sozial erwünschten oder inakzeptablen Arbeitszeitformen führt usw., setzen die Existenz von Theorien voraus, die auf der Grundlage eines allgemein akzeptierten Maßstabs für Sozialverträglichkeit den Komplex in einen Wirkungen und Ursachen von Veränderungen sowohl der Arbeitszeitstruktur als auch der Produktionstechnik übergreifenden Zusammenhang stellen. Doch davon kann im Hinblick auf den Gegenstandsbereich der vorliegenden Studie gar keine Rede sein. Die Auseinandersetzung mit ihm leidet notwendigerweise unter dieser Theorie – und Konzeptionsarmut.

Angesichts dieser Situation konnte für die Literaturauswahl nicht das Kriterium entscheidend sein, ob die Ansätze und Orientierungen der jeweiligen Beiträge mit den Vorgaben und Intentionen dieser Untersuchung übereinstimmen; das war, wie gesagt, ohnehin nur selten der Fall. Also mußten die verschiedenen sozialwissenschaftlichen Disziplinen danach abgesucht werden, ob und in welchem Umfang sie einen Beitrag zur Strukturierung des Problemfeldes und zur Lösung der Problemstellung leisten können. Da die Sichtung einer derartigen Literaturfülle mit einem unvertretbar hohen Zeit – und Kostenaufwand verbunden gewesen wäre, die Literaturauswahl aber auch nicht willkürlich getroffen werden durfte, wurde das Problem in folgender Weise gelöst: Die

seit Anfang der 1980er Jahre in sozialwissenschaftlichen Publikationen doku –
mentierten Diskussionen und Kontroversen zum Thema bzw. zu seinen ein –
zelnen thematischen Aspekten wurden in Verbindung mit Standardwerken zu
den einzelnen Sachgebieten oder zu einzelnen Fragen als aussagefähige In –
dikatoren für den Kenntnis – und Bewußtseinsstand angesehen.

Bei der Auswertung der Literatur wurden mit einem erweiterten Konzept
"wissenschaftlicher Forschungsprogramme" (vgl. Lakatos 1970) paradigmatische
Orientierung, Methodik, Gegenstandsbestimmung, zentrale Fragestellungen,
Grundannahmer, wichtige Ergebnisse und Erkenntnisziele erfaßt und be –
schrieben. Anschließend erfolgte eine Bewertung dieses Profils unter dem
Gesichtspunkt seiner wissenschaftlichen und praktisch – politischen Relevanz
für das Thema "Neue Technik und Arbeitszeitgestaltung". Erweitert um speziell
für dieses Projekt entwickelte Fragestellungen und Hypothesen stellte die so
gewonnene Systematik die Rohform der gegenstandsbezogenen
Operationalisierung des Sozialverträglichkeitsbegriffs wie auch des
theoretisch – analytischen Bezugsrahmens dar. Gestützt auf einige theoretische
Annahmen, die bereits in die Ausarbeitung der Rohform eingegangen waren
und einer Annäherung an funktionale Zusammenhänge zwischen den
Gegenstandskomponenten in Beziehung zu betriebstechnischen und –
ökonomischen Parametern, Produktionskonzepten, arbeitsindividuellen
Zeitpräferenzen, Marktprozessen, sozial und/oder individuell besonders
schutzwürdigen oder betroffenen Dimensionen dienten, konnten die empiri –
schen Arbeiten in Angriff genommen werden.

Zwischen der theoretischen und der empirischen Untersuchungsebene war
von vornherein ein Verhältnis wechselseitiger Anpassung angestrebt: Auszu –
sondern bzw. schärfer herauszuarbeiten waren jene Theorieelemente und
empirischen Sachverhalte, die sich im Fortgang der Untersuchung als wenig
bzw. als überaus bedeutsam für die Herausbildung typischer Arbeitszeit –
Technik – Konfigurationen mit jeweils unterschiedlichen Positionen im
Sozialverträglichkeitsspektrum herausstellen sollten.

In Marktökonomien ist in der Regel das kapitalistische Unternehmen der Ort,
wo die Erzeugung von Produktionsmitteln und ihre Anwendung durch Men –
schen organisiert wird. Deshalb wurden von Anfang an privatwirtschaftliche,
betrieblich organisierte Produktionsprozesse als für die empirische Analyse
relevante Untersuchungseinheiten festgelegt.

Betriebliche Fallbeispiele als Kernstück der empirischen Arbeiten waren aber
auch deshalb angezeigt, weil anders methodisch gesichertes Handlungs – und

Gestaltungswissen über die Sozialverträglichkeit der unter dem Einfluß der Anwendungsexpansion von mikroelektronischer Informations – und Kommuni – kationstechnik stehenden Arbeitszeitstrukturen schwerlich zu gewinnen ist. Auf höheren Aggregationsniveaus (Branchen, Sektoren) ergeben sowohl die ver – fügbaren statistischen Informationen als auch die qualitativ erschließbaren Erfahrungen, Beurteilungen und Erwartungen ein im allgemeinen chaotisches, in sich widersprüchliches Bild. Auf der Primärebene der privatwirtschaftlichen Unternehmen sind die arbeitszeitstrukturell relevanten Bezugsparameter hin – gegen leichter faßbar oder zumindest abfragbar.

Während die Wahl zugunsten betrieblicher Produktionsprozesse als empirische Bezugseinheiten durch ihre strategische Bedeutung für Bestand und Entwick – lung des Arbeitszeit – Technik – Komplexes nahegelegt, ja geradezu erzwungen wird, bleibt die Festlegung der konkreten Untersuchungseinheiten ein Ent – scheidungsproblem. Aufgrund der zugrunde gelegten Untersuchungshypothe – sen, nach denen der Einsatz Neuer Technik Arbeitszeitflexibilisierungen mit negativen, zumindest aber ambivalenten sozialen Folgen unter den Betroffenen begünstigt, betriebliche Arbeits(zeit)organisation und Technikgestaltung aber als Ergebnisse und Gegenstand sozialer Strategien von Akteuren mit unterschiedlichen Interessenlagen und Machtressourcen immer wieder Anfechtungen der einen oder anderen Seite ausgesetzt sind und dabei Ver – änderungen erfahren, richtete sich das empirische Interesse auf einen Ver – gleich von vier hinsichtlich Technikniveau und Arbeitszeitmuster unterschiedli – chen Formalstrukturen von Betrieben einer Branche:

– zwei oder mehr Untersuchungseinheiten weisen eine alles in allem über – einstimmende technische Ausstattung, aber unterschiedliche Arbeitszeitmu – ster auf (homogene Technik – heterogene Arbeitszeitregelung);

– zwei oder mehr Untersuchungseinheiten produzieren auf unterschiedlichem technischen Niveau, aber auf der Basis weitgehend übereinstimmender Arbeitszeitsysteme (heterogene Technik – homogene Arbeitszeitstruktur);

– zwei oder mehr Untersuchungseinheiten operieren im großen und ganzen auf gleicher technischer und arbeitszeitorganisatorischer Basis (homogene Technik – homogene Arbeitszeitsysteme);

– zwei oder mehr Untersuchungseinheiten fertigen auf unterschiedlichen technischen Ebenen und organisieren den zeitlichen Arbeitskräfteeinsatz in unterschiedlicher Weise (heterogene Technik – heterogene Arbeitszeitmu – ster).

Anhand dieser formalen Unterscheidung von vier Merkmalsausprägungen des Verhältnisses von Technikeinsatz und Arbeitszeitmodell ermöglicht ein Vergleich konkreter Betriebsfälle wenn schon nicht das Ausleuchten, so doch wenigstens das Aufhellen des Raumes arbeitszeitorganisatorischer und technikbezogener Entscheidungen und der in ihm und auf ihn wirkenden Kräfte, deren Bedeutung für die faktische Modellierung und potentielle Gestaltung von sozialen Ansprüchen in unterschiedlichem Ausmaß genügenden Einsatzzeiten und Verwendungsformen von Arbeitskräften und technischen Hilfsmitteln abgeschätzt werden kann.

Das Setzen der Randbedingungen einheitlicher Branchenzugehörigkeit der Vergleichsbetriebe eines Merkmalstyps soll ganz grobe Verzerrungen, die bei einer Gegenüberstellung von völlig unterschiedlichen Prozeßarten und Marktbedingungen auftreten (können), vermeiden helfen. Daß die Produktionsbedingungen, Bezugs- und Absatzverflechtungen von Betrieben derselben Branche weitaus unterschiedlicher sein können als diejenigen von Wirtschaftseinheiten unterschiedlicher Zweige, ist freilich ein Sachverhalt, der den Sinn eines solchen Versuchs der "Homogenisierung" von Untersuchungsbereichen stark relativiert.

Was die Bestimmung der Branchen angeht, wurde vorab festgelegt, daß es sich um solche handeln solle, die erstens in Nordrhein-Westfalen als der räumlichen Bezugsebene des Forschungsprogramms "Mensch und Technik" der Landesregierung, dem die vorliegende Studie zugeordnet ist, einiges Gewicht haben, daß die Wirtschaftszweige zweitens im Längsschnittvergleich charakteristische Unterschiede in der Kapitalintensität, im quantitativen Einsatz Neuer Technik, flexibler Fertigungssysteme und des just-in-time-Systems, im geschlechtsspezifischen Arbeitskräfteeinsatz und endlich in der Arbeitszeitorganisation aufweisen, drittens im Querschnittvergleich alle vier Merkmalstypen in bezug auf Homogenität/Heterogenität von Technikeinsatz und Arbeitszeitstruktur besetzen.

Die Entscheidung fiel - aufgrund der nach kursorischem Überblick des verfügbaren Materials über die Branchenverhältnisse vorhandenen Kenntnis und nach Rücksprache mit dem Auftraggeber - zugunsten der Druckindustrie, der Textilindustrie und der Bekleidungsindustrie. In einer Reihe von Explorationsgesprächen mit Mitgliedern von Bezirksleitungen der Gewerkschaft Textil-Bekleidung (GTB) sowie der Industriegewerkschaft Medien wurden Ziel und Konzept der Untersuchung vorgestellt und die Untersuchungseinheiten nach Maßgabe der genannten vier Merkmalsklassen bestimmt. Eine trennscharfe

Zuordnung der Untersuchungseinheiten zu jeweils einer der Merkmalsklassen war in keinem einzigen Fall möglich; es wurde als ausreichend angesehen, daß die ausgewählten Betriebe den Anforderungen näherungsweise entsprachen. Das Untersuchungsfeld umfaßt 13 Betriebe, die sich über die Branchen Textil, Bekleidung und Druck im Verhältnis 6 : 3 : 4 verteilen.

Analytischer Hintergrund der Feldarbeiten sind Strukturskizzen der Branchen anhand jener sozioökonomischer Indikatoren (Entwicklung und Struktur der Beschäftigung, Arbeitszeitprofil, Umsatzentwicklung, Kapitalintensität, Produktivität usw.), die zuvor im Zuge der Literaturanalyse und der explorativen Gespräche als bedeutsam für die zeitliche Nutzung der Arbeitskräfte und Betriebsmittel herausgearbeitet wurden. Diese Strukturskizzen dienten den betrieblichen Fallbeispielen als Folie insofern, als auf ihr die relative Position der einzelnen Untersuchungseinheiten zum Branchendurchschnitt "abgetragen" werden konnte. Darüber hinaus liefern sie erste Hinweise auf den hier thematisierten Zusammenhang von Arbeitszeit, Technikeinsatz und Ökonomie.

Instrumente der exemplarischen Betriebsfallbeispiele waren strukturierte Befragungen von Betriebsräten, freie Gespräche mit betrieblichen Leitungskadern, Prozeßbeobachtungen, Betriebsbegehungen und Inhaltsanalyse von Betriebsvereinbarungen. Geben die Dokumente über betriebliche Umsetzungen des tariflichen Rahmens Auskunft, so sind Betriebsräte und Manager als Träger des betrieblichen Handlungssystems und als Verantwortliche bzw. Beteiligte oder Betroffene in bezug auf die betrieblichen Arbeitszeitregeln und auf die betrieblichen Einsatz und Nutzungsformen von Technik die adäquaten Auskunftspersonen für die Rekonstruktion der Grundlagen von Entscheidungen über technische Neuerungen und/oder arbeitszeitliche Veränderungen. In den Interviews und Expertengesprächen ging es darum, die Entscheidungsgründe für die Einrichtung des jeweiligen ArbeitszeitTechnikSystems abzufragen, technische, arbeitszeitorganisatorische und arbeitszeitregelnde Alternativen zum jeweils installierten ArbeitszeitTechnikSystem zu erheben und informelle, die Betriebsvereinbarungen entweder beschränkende oder erweiternde Regelungen als Indikatoren für Konflikte bzw. Handlungsspielräume aufzuspüren.

Daß Expertengespräche die Hauptquelle der Informationsbeschaffung ausmachen, hat pragmatische Gründe: Nach allen Erfahrungen ist der Betriebszugang noch relativ einfach, wenn man sich auf die Expertenbefragung konzentriert, während die Zugangsbarrieren bei aufwendigeren empirischen Untersuchungsanlagen (z.B. Arbeitsplatzbeobachtungen, Belegschaftsbefragungen usw.) deutlich höher sind. Außerdem sind diese erheblich zeitintensiver.

Drückt sich bereits in der Auswahl der Branchen das vorrangige Erkenntnis-
interesse an den Verhältnissen in der Industrie aus, auf die hin ja auch das
Paradigma der neuen Produktionskonzepte bzw. der technikgeförderten Entkoppelung von Arbeits- und Betriebszeit zugunsten höherer Ar-
beits(zeit)autonomie orientiert ist, so erfolgt bei den Betriebsuntersuchungen
eine Beschränkung auf den Fertigungsbereich bzw. auf die gewerblichen Arbeitskräfte. Die tertiären betrieblichen Funktionsbereiche (z.B. Einkauf,
Verwaltung) bzw. die Gruppen der Angestellten bleiben außerhalb der
Betrachtung.

Methodisch handelt es sich bei dieser Untersuchung in erster Linie um eine
qualitative Studie, die sich fallweise, wenn es die Stringenz der Argumentation
erhöht und wenn der Zugriff keine Schwierigkeiten bereitet, quantitativer Informationen bedient.

Was die theoretische und praktisch-politische Tragfähigkeit betrifft, wird mit
der Arbeit insofern unsicheres Terrain betreten, als in ihr auf breiterer Basis
als bei bisher vorliegenden Beiträgen zum Thema der Brückenschlag zwischen sozialwissenschaftlicher Technik- und Arbeitszeitforschung versucht
wird. Dieser Versuch birgt damit die Gefahr der Einseitigkeit oder auch der
mangelnden Konkretheit der Betrachtungsweise; er erfordert überdies eine das
übliche Maß übersteigende Bereitschaft zum Irrtum. Wenn jedoch die im folgenden präsentierten Ergebnisse zu wissenschaftlichem und politischem Diskurs herausfordern können, wäre das bereits ein Beitrag zu einer der wesentlichen Zielsetzungen des Forschungsprogramms "Mensch und Technik -
Sozialverträgliche Technikgestaltung" der nordrhein-westfälischen Landesregierung: über Gestaltungsfragen auf diesem Gebiet öffentlich zu diskutieren.
Selbstverständlich ist mit der Präsentation der Studie die Hoffnung verbunden,
dieser Diskussion mehr als nur Angriffspunkte für Kritik am Analysekonzept
und an den Resultaten zu bieten, also auch einen positiven Beitrag zur Er-
hellung des Problemfeldes zu leisten.

II. THEORETISCH – ANALYTISCHER BEZUGSRAHMEN

1. KRITERIEN FÜR EINE SOZIALVERTRÄGLICHE ARBEITSZEITGESTALTUNG

1.1 Vorbemerkungen

Angesichts der Tatsache, daß – wie eingangs skizziert – die Frage der zukünftigen Arbeitszeitgestaltung äußerst kontrovers ist, gibt es gute Gründe, Kriterien zu entwickeln, die den Weg zu einer gesellschaftlich umfassenden Arbeitszeitpolitik weisen, die möglichst wenige der verschiedenen Anforderungen verletzt. Erstens haben unterschiedliche Arbeitszeitformen sehr unterschiedliche Auswirkungen auf die Arbeits – und Lebensbedingungen der Menschen. Zweitens werden unterschiedliche Ziele und Anforderungen an die Gestaltung der Arbeitszeit gerichtet. Drittens sind diese Ziele und Anforderungen teilweise interdependent. Teilweise ergänzen sich die Bezüge, teilweise stehen sie in Konkurrenzverhältnissen. Insofern ist stets zwischen einzelnen Zielen abzuwägen; es sind ausbalancierte Lösungen zu suchen; die Menge der konfliktorischen Überschneidungen ist möglichst kleinzuhalten. Viertens sind am arbeitszeitpolitischen Aushandlungs – und Gestaltungsprozeß verschiedene Akteure (Staat, Arbeitgeber, Gewerkschaften) mit jeweils unterschiedlichen Interessen beteiligt, deren bedingungslose Wahrnehmung im Extremfall zu Blockaden führen kann. Deshalb hängt die Funktionsfähigkeit einer Gesellschaft auch davon ab, inwieweit sie in der Lage ist, konsensuale Lösungen zu entwickeln. Realistisch und effizient sind Lösungen, die einzelne Anforderungen nicht von vornherein schon systematisch ausgrenzen. Wegen des hochgradig interessengeladenen Verhandlungsgegenstandes kann der zur Konsensfindung erforderliche gesellschaftliche Diskurs sicherlich erleichtert werden, wenn Kriterien zur Verfügung stehen, die eine Bewertung einzelner Arbeitszeitformen unter sehr unterschiedlichen Vorzeichen gestatten.

Vergleichsweise einfach lassen sich die kostenmäßigen Wirkungen einzelner Arbeitszeitformen abschätzen. Hierzu ist in den letzten Jahren eine breite Literatur entstanden. Schwieriger wird es anzugeben, welche Wirkungen die verschiedenen Arbeitszeitformen auf die Lebenslage und die Arbeitsbedingungen der jeweils betroffenen Arbeitnehmer und auf deren Familien haben, welche Arbeitszeitvarianten als sozialverträglich eingestuft werden können und welche nicht. Es mangelt nicht allein an akzeptierten Bewertungskriterien und – maßstäben. Es fehlt z.T. auch an gesicherten Erkenntnissen über die Wirkungszusammenhänge einzelner Arbeitszeitformen auf die individuelle Lebenslage sowie auf die gesellschaftlichen Funktionsanforderungen. Die Forschungslücken reichen noch weiter. Offen ist die Frage, wie der Begriff der Sozialverträglichkeit inhaltlich auf den Komplex der Arbeitszeitgestaltung zu beziehen ist. Hierfür liefert die bisherige Sozialverträglichkeitsanalyse, wie sie hauptsächlich im Zusammenhang mit der Energiediskussion entwickelt wurde, übertragbare Anhaltspunkte. Die allgemeine Vergleichbarkeit besteht vorrangig in der verbreiteten Erwartung, daß die selektive Bewertungsfunktion der Sozialverträglichkeitsprüfung in der Lage sei, ein möglichst konzentriertes Bewertungsraster zu liefern (vgl. v. Thienen 1988, S. 165).

Angesichts des gegenüber einzelnen Fragen sehr unterschiedlich entwickelten Erkenntnisstandes soll versucht werden, die bisherigen eher partialanalytischen Befunde und Zusammenhänge zusammenzutragen und in ein Konzept sozi – alverträglicher Arbeitszeitgestaltung zu integrieren. Dabei ist man vor allem mit folgenden Fragen konfrontiert:

– Wie ist der Zusammenhang von Arbeitszeit und Nicht – Arbeitszeit definiert und welche Dimensionen lassen sich unterscheiden?

– Welche Anforderungen/Ziele werden an die Arbeitszeitgestaltung gestellt, und umgekehrt: welche Auswirkungen haben die verschiedenen Arbeits – zeitformen in ökonomischer und gesellschaftlicher Hinsicht? Welche Kon – flikte und Widersprüche ergeben sich hieraus?

– Welche Kriterien sind geeignet, den Begriff der Sozialverträglichkeit im Hinblick auf die Arbeitszeitgestaltung zu erfassen?

– Wie lassen sich die Kriterien der Sozialverträglichkeit so operationalisieren, daß einzelne Arbeitszeitformen bewertbar werden?

– Wie sind einzelne Arbeitszeitformen und deren Veränderungen unter dem Aspekt der Sozialverträglichkeit zu beurteilen?

1.2 Zeit – Dimensionen

Wenn man der Frage nachgehen will, welche Auswirkungen die verschiedenen Formen der Arbeitszeit sowohl in ökonomischer wie auch
gesellschaftlicher Hinsicht haben, dann ist zunächst zweierlei zu klären. Erstens erfordert die hohe Komplexität der Zusammenhänge, daß man die Arbeitszeit in ihre verschiedenen Dimensionen zerlegt und bei der späteren
Analyse die differenzierte Betrachtung beibehält. Zweitens ist das Verhältnis
von Arbeitszeit und Nicht – Arbeitszeit näher zu bestimmen. Für die analytische Bestimmung des Sozialverträglichkeitsanspruchs reicht es nicht aus, den
Blick allein auf die Arbeitszeit zu konzentrieren; die Nicht – Arbeitszeit ist stets
ebenso angesprochen, da es sich um zwei sich ergänzende Zeit – Komponenten handelt.

Versucht man die verschiedenen Dimensionen der Arbeitszeit zu erfassen,
dann empfiehlt es sich, der in der Literatur eingebürgerten Unterscheidung
zwischen der *chronometrischen* und der *chronologischen Dimension* zu
folgen (vgl. Teriet 1976, S. 3).

- Die *chronometrische Dimension* beschreibt die Dauer der zu leistenden
  Arbeitszeit. Im Normalfall wird sie tarifvertraglich vereinbart. Man spricht
  von Normalarbeitszeit. Höchstgrenzen bestimmt die gesetzliche Arbeits-
  zeitordnung. Die Dauer der Arbeitszeit kann sich auf den Tag, die Woche
  oder größere Zeitabschnitte wie das Jahr bzw. Teilmengen des Jahres
  beziehen. Abweichungen sind sowohl nach oben im Rahmen von Über-
  stunden/Sonderschichten als auch nach unten im Rahmen von (zeitlich
  befristeter) Kurzarbeit und Teilzeitarbeit möglich. Letztere Arbeitszeitform
  wird überwiegend individualrechtlich geregelt.

- Die *chronologische Dimension* besteht aus den beiden Elementen *Lage*
  und *Verteilung* der Arbeitszeit. Die *Lage* fixiert, wann die Arbeitszeit im
  Zeitkontinuum zu leisten ist: im Tagesablauf (Tag – oder Nachtarbeit) oder
  im Verlaufe der Woche (Wochenende oder Werktage). Mit der *Verteilung*
  wird der Rhythmus erfaßt, in dem die Arbeitszeit in einem bestimmten
  Zeitraum abgeleistet wird. Dieser kann gleichmäßig oder ungleichmäßig
  sein und zwischen beiden Varianten wechseln. Die Verteilung der
  Arbeitszeit ist nicht unabhängig von den beiden anderen Ar-
  beitszeitdimensionen, der Lage und der Dauer. Beide Dimensionen zusammen bilden letztlich die Verteilung der Arbeitszeit. Dabei sind viele
  Kombinationsmöglichkeiten beider Dimensionen denkbar.

Eine Bewertung der Arbeitszeit (nach Kriterien der Sozialverträglichkeit) muß stets sämtliche Dimensionen gleichzeitig berücksichtigen. Eine solche ganzheitliche Betrachtung ist in der arbeitszeitpolitischen Debatte und Analyse nicht selbstverständlich. Wenn im Alltagsgebrauch von Arbeitszeit die Rede ist, dann wird hiermit meist nur die Dauer assoziiert. Angesichts der Mehrdimensionalität ist es begrifflich zutreffender, vom *Arbeitszeitprofil* zu sprechen.

Änderungen des Arbeitszeitprofils können ein- oder mehrdimensional sein, und ihre Wirkungen können in unterschiedliche Richtungen weisen. Sie können dabei in einem substitutiven Verhältnis zueinander stehen oder gleichge- richtet sein und sich ergänzen. So ist es z.B. durchaus möglich, daß der aus Arbeitszeitverkürzungen resultierende Zugewinn an Freizeit durch eine ungün- stigere Lage und/oder Verteilung der Arbeitszeit zunichte gemacht oder im Extremfall sogar überkompensiert wird. Im letzteren Fall würde sich der Nut- zen des Gesamt-Arbeitszeitprofils verschlechtern. Umgekehrt kann eine kür- zere Arbeitszeit die negativen Wirkungen von Schicht-, Nacht- und Wo- chenendarbeit wenn auch sicherlich nicht völlig kompensieren, so doch ab- mildern. Man sieht, insgesamt handelt es sich um ein sehr komplexes Zeitgefüge. Verschiedene Wirkungsvektoren werden durch Änderungen der einzelnen Zeit-Dimensionen beeinflußt, und es ist schwierig, die in sehr un- terschiedliche Richtungen weisenden Wirkungen abzuwägen und sie in Form eines Gesamtsaldos gegeneinander aufzurechnen.

Wie verhält sich nun das Arbeitszeitprofil zum Profil der Nicht-Arbeitszeit? Aus individueller Sicht, aber auch aus Sicht einer Volkswirtschaft mit gege- benem und nicht beliebig vermehrbarem Arbeitskräftepotential, stehen beide Zeit-Komponenten in einem komplementären Verhältnis. Beide zusammen bilden die dem einzelnen Arbeitnehmer während der Erwerbsphase zur Ver- fügung stehende Gesamtzeit. Sie ist als ein knappes Gut weder in grenzen- loser Menge vorhanden noch reproduzierbar und kann auch nicht aufge- schoben oder angespart werden. Es lassen sich zwar Arbeitszeitguthaben bilden, wie dies im Rahmen von Gleitzeitregelungen, Überstundenarbeit oder Bandbreitenmodellen zunehmend praktiziert wird. Durch den Freizeitausgleich gehen auf Dauer keine Freizeiteinheiten verloren, wenn zu einem bestimmten Zeitpunkt länger als üblich gearbeitet wird. Trotz dieser quantitativen Kom- pensation von Arbeit und Freizeit kann sich aber der Nutzwert der Freizeit ändern, da dieser nicht zu jedem Zeitpunkt gleich ist.

Die Frage, wie sich der Wert der Zeit bestimmen läßt, wird häufig mit Hilfe neoklassischer Nutzenfunktionen zu lösen versucht. Dabei wird die Zeit ähnlich wie andere knappe Güter behandelt, indem ihr ein Wert unterstellt wird, "der sich durch die Gesamtheit der in einer beliebigen Zeiteinheit möglichen produktiven und konsumtiven Tätigkeit ausdrücken läßt" (Ott 1966, S. 138). Dies ist sicherlich ein sehr einfaches Modell mit einem nur geringen Realitätsbezug. Zum einen wird die Nicht – Arbeitszeit ausschließlich als Konsumzeit definiert, obwohl sie neben dem Konsum noch weitere Funktionen zu erfüllen hat. Differenziertere Modelle der Zeitverwendung haben diesen Einwand berücksichtigt und unterscheiden die Nicht – Arbeitszeit in Konsumzeit, Freizeit und Suchzeit (vgl. Milde 1975, S. 484 ff). Die zuletzt genannte Form der Zeitverwendung beschreibt die Zeit, die notwendig ist, um Informationen über Preis und Qualität der Konsumgüter zu sammeln. Ein anderer Ansatz unterscheidet außerdem die Subsistenzzeit (vgl. Döhrn 1986, S. 111). Damit ist diejenige Zeit gemeint, die zur Erhaltung der Arbeitsfähigkeit erforderlich ist (Schlafen, Essen, Hygiene usw.); sie wird auf etwa 10 Stunden pro Tag beziffert.

Diese differenzierteren Modelle der Zeitverwendung verweisen auf ein zweites Problem im Zusammenhang von Arbeits – und Nicht – Arbeitszeit. In aller Regel ist die analytische Sichtweise eindimensional auf die Dauer der Zeit und ihre Verteilung auf die einzelnen Verwendungszwecke gerichtet. Da die Arbeitszeit – Freizeit – Profile wegen ihrer Mehrdimensionalität sehr viel komplizierter sind, gehen bei einer lediglich eindimensional auf die Dauer der Arbeitszeit bezogenen Betrachtungsweise wesentliche Momente der Zeitnutzung und ihrer analytischen Bewertung verloren. Unter Verwendungsgesichtspunkten ist die Zeit kein homogenes Gut, wie es erscheinen könnte, wenn lediglich chronometrische Aspekte betrachtet werden. Selbst wenn man von der einfachen Disaggregierung in Produktions – und Konsumzeit ausgeht, ist leicht nachvollziehbar, daß eine bestimmte Menge an Konsumzeit nicht in jeder zeitlichen Lage auch den gleichen Nutzwert besitzt.

Ein analoger Einwand bezieht sich drittens auf die in der ökonomischen Theorie der Zeitallokation implizit unterstellte Belastungshomogenität der Arbeitszeit. Geht man davon aus, daß bei gleicher Dauer der Arbeitszeit unterschiedliche Lagen unterschiedliche gesundheitliche, familiale u.a. Belastungen verursachen können, dann ergeben sich hieraus Konsequenzen für das Verhältnis von Arbeits – und Nicht – Arbeitszeit. So variiert z.B. die Dauer der Subsistenzzeiten bzw. der Reproduktionszeiten mit der jeweiligen Lage und Verteilung der Arbeitszeit bzw. mit den hieraus resultierenden Belastungen. Arbeitszeiten, die ständig oder im Wechselrhythmus in den Nachtbereich fallen und mit dem menschlichen Biorhythmus kollidieren, verursachen größere gesundheitliche Belastungen als eine Tagesarbeitszeit. Soll der Verschleiß der

Arbeitsfähigkeiten auch unter den Bedingungen der Nachtarbeit nicht größer sein als bei Arbeitszeiten, die mit dem Biorhythmus in etwa übereinstimmen, dann muß deren Regenerationszeit sicherlich erheblich länger ausfallen.

Wie diese Überlegungen verdeutlichen dürften, greifen die ökonomischen Modelle der Zeitallokation zu kurz, wenn sie den funktionalen Zusammenhang zwischen Arbeitszeit und Nicht – Arbeitszeit nur in Geldgrößen vermitteln. Hier kommen weitere, allerdings qualitative Parameter ins Spiel, die äußerst schwierig zu operationalisieren sind. Auf dieses Problem wird weiter unten noch zurückzukommen sein.

1.3 Anforderungen an Kriterien

In der mittlerweile sehr breiten Literatur über arbeitszeitpolitische Fragen sind Ausführungen über Kriterien der Sozialverträglichkeit vergleichsweise rar. Dies überrascht nicht. Jeder Versuch, den Begriff der Sozialverträglichkeit objektiv zu bestimmen und allgemeingültig zu bewerten, begibt sich in ein hochgradig durch gegenläufige gesellschaftliche Interessen aufgeladenes Handlungsfeld und dürfte deshalb zum Scheitern verurteilt sein. "Eine objektive Bestimmung und allgemeingültige Wertung des Begriffs Sozialverträglichkeit als Gemeinwohl für alle ist nicht möglich. Die Interessenstruktur der Gesellschaft verbietet eine solche Scheinlösung" (v. Alemann u.a. 1985, S. 350 f). Dies gilt in besonders hohem Maße für den Gestaltungsbereich der Arbeitszeit. Wie bereits oben ausgeführt, bewegt sich das gesellschaftliche Spannungsfeld zwischen dem Interesse der Unternehmen an einer Arbeitszeitgestaltung, die primär Kriterien der ökonomischen Effizienz Rechnung trägt, und den Interessen der Arbeit – nehmer an einer sozialen Neuorganisation der Zeit. Nur in einzelnen Teilbe – reichen wird man Schnittmengen bei den unterschiedlichen Zielen der Ar – beitszeitpolitik feststellen können. In anderen Bereichen bleiben Interessendi – vergenzen bestehen. Die Entscheidung, welche Prioritäten gesetzt werden und welche Zielaspekte auf der Strecke bleiben, ist an den politischen Prozeß der Interessenauseinandersetzung delegiert. Die Entscheidung für oder gegen bestimmte Arbeitszeitformen ist letztlich nur im Rahmen einer politischen Gü – terabwägung möglich (vgl. Grumbach, Hennig 1987, S. 386). Durch die Auflistung, Erörterung und Abwägung von Kriterien einer sozialverträglichen Arbeitszeitgestaltung kann jedoch versucht werden, die Transparenz über komplexe Wirkungszusammenhänge zu vergrößern, die Bezüge durchschau – barer zu machen und damit die notwendigen Voraussetzungen für einen öf –

fentlich kontrollierten Diskurs zu verbessern. Indem Maßstäbe zur Bewertung der verschiedenen Arbeitszeitformen und ihrer Veränderungen entwickelt werden, läßt sich nicht nur die öffentliche Auseinandersetzung transparenter gestalten, sondern auch der Prozeß der Kompromißbildung zwischen den Tarifvertragsparteien erleichtern – so jedenfalls die Erwartungen (vgl. Held, Schanz 1986, S. 39).

Bei dem Versuch, Kriterien zu entwickeln, die angeben, ob ein bestimmtes Arbeitszeitprofil als mehr oder als weniger sozialverträglich klassifiziert werden kann, wird an die Kerngedanken angeknüpft, die dem Konzept der sozialverträglichen Technikgestaltung zugrundeliegen. Sie gehen davon aus, "die Durchsetzungschancen derjenigen gesellschaftlichen Bedürfnisse und Interessen zu stärken, die von der technischen Entwicklung im Bereich der Informations und Kommunikationstechniken besonders betroffen sind und aufgrund struktureller Gegebenheiten keine angemessenen Möglichkeiten haben, sich gegen die einseitige Abwälzung der sozialen Kosten der technischen Entwicklung zur Wehr zu setzen" (v. Alemann u.a. 1985, S. 358). Der Begriff der Sozialverträglichkeit beinhaltet aber nicht nur eine Schutzfunktion. Sozialverträglichkeit impliziert ebenso auch einen Gestaltungsanspruch. Ihr Ziel ist eine sozial ausgewogene Interessenberücksichtigung. Gemeint ist "eine Steigerung des sozialen und ökologischen Nutzens von Technik und dessen gerechte bzw. gerechtere Verteilung" (v. Alemann u.a. 1985, S. 358).

Für die Kriterienbildung stellt sich die Frage, wie sich diese allgemeinen Postulate auf den Zusammenhang von Arbeitszeitgestaltung und Sozialverträglichkeit übertragen lassen. Welche Ziele hat ein arbeitszeitpolitisches Konzept zu erfüllen, das sowohl der Schutzfunktion als auch der Gestaltungsfunktion Rechnung zu tragen versucht? Ausgangspunkt sind sowohl gesellschaftliche Normen und Zielvorgaben als auch individuelle Anforderungen und Präferenzen, deren Realisierung mit Hilfe bestimmter Arbeitszeitformen möglich erscheint. Dabei begibt man sich in mehrerlei Hinsicht auf "glatten Boden". Zum einen kommt man nicht an dem Problem normativer Setzung vorbei. Wichtig ist deshalb, die jeweiligen Konsequenzen zu verdeutlichen, die sich aus den gesetzten Kriterien und deren Bewertungen ergeben. Die Bewertungsmaßstäbe für die einzelnen Kriterien sind offenzulegen. Ein zweites Problem in diesem Zusammenhang ist, daß die Bewertungsmaßstäbe der Kriterien einem gesellschaftlichen Wandel unterliegen können. Gerade bei dem äußerst komplexen Untersuchungsfeld Arbeitszeit kann man nicht von konstanten Präferenzstrukturen ausgehen (vgl. Wiesenthal, Heidenescher 1988, S. 24 ff.). Zahlreiche und in ihrer Bedeutung sich ständig wandelnde Faktoren wie Einkommen, Arbeitsbedingungen, wirtschaftlicher Strukturwandel, Wertewandel usw. legen auch einen Wandel der Arbeitszeitpräferenzen nahe. Sicherlich gilt dies nicht für sämtliche Arbeitszeitformen gleichermaßen. Die Offenheit für Verschiebungen in den arbeitszeitlichen Präferenzstrukturen läßt sich sichern, indem die wechselseitigen Bezüge zwischen den Kriterien dargelegt werden. Bei Neugewichtungen von Bewertungsmaßstäben einzelner Kriterien lassen sich dann relativ leicht die Auswirkungen auf die übrigen Kriterien nachvollziehen.

In die Kriterienbildung muß möglichst die Gesamtheit aller Einflußmöglichkeiten und Zielaspekte einbezogen werden, weil nur so die gesellschaftlichen und individuellen Folgen bestimmter Arbeitszeitformen und ihrer Veränderungen sichtbar werden. Dies darf allerdings nicht auf Kosten der Übersichtlichkeit gehen. Ansonsten droht der Kriterienkatalog schwer handhabbar zu werden. Es sind Schwerpunkte zu bilden, und dies beinhaltet stets normative Festlegungen und Bewertungen, die sich jedoch explizieren lassen. Bleibt man in der Spur, die mit dem Konzept der sozialverträglichen Technikgestaltung konturiert ist, dann liefert die Perspektive der Betroffenen eine Richtschnur, an der sich die Kriterienbildung orientieren kann. Unter diesen Vorzeichen sind die Kriterien für die Bewertung von Arbeitszeitformen aus dem Umstand abzuleiten, daß die Arbeitnehmer (als die unmittelbar von Arbeitszeiten Betroffenen) eine bestimmte Zeit zu arbeiten haben, während der sie ein möglichst hohes Einkommen zu erzielen und die Belastungen der Arbeitszeitbedingungen möglichst niedrig zu halten versuchen. Es handelt sich letztlich um eine Art Optimierungskalkül, das sich allerdings nicht auf eine monetäre Kosten-Nutzen-Analyse reduzieren läßt. Es geht um die allgemeinen Vor- und Nachteile verschiedener Arbeitszeiten für den einzelnen und die Gesellschaft. Dabei sind sowohl die direkten wie die indirekten als auch die kurz- und langfristigen Wirkungen zu berücksichtigen. Aufgrund der verschiedenen Wirkungsdimensionen sind gegenläufige Wirkungen möglich. Arbeitszeiten, die für den einzelnen vorteilhaft sein können, können aus gesellschaftlicher Sicht das genaue Gegenteil bedeuten und umgekehrt. Ähnliche Wirkungszusammenhänge können zwischen einzelnen Kriterien bestehen. Sie wirken nicht alle gleichgerichtet, teilweise sind sie gegenläufig. In einzelnen Fällen kann man von einer Art "trade-off" sprechen in dem Sinne, daß Arbeitszeitveränderungen ein bestimmtes Kriterium nur um den Preis von Abstrichen bei einem anderen Kriterium erfüllen (können). Dies setzt natürlich einen gewissen Grad an Trennschärfe zwischen den Kriterien voraus, was nicht immer leicht zu erfüllen ist. Außerdem müssen die Kriterien möglichst universell und auf möglichst alle Formen der Arbeitszeitgestaltung anwendbar sein.

Insgesamt sind dies sicherlich recht ambitionierte Anforderungen, die sämtlich in gleicher Güte einzulösen schwer fällt. Auch wenn bei einzelnen Kriterien oder bei einzelnen Anforderungen an Kriterien Abstriche wegen eines bislang noch insgesamt zu wenig abgesicherten Erkenntnisstandes hinzunehmen sind, läßt sich gleichwohl ein Kriterienkatalog entwickeln, der immerhin dem Anspruch eines Arbeitskonzeptes zu genügen hofft.

1.4 Vorliegende Ansätze

In der arbeitszeitpolitischen Literatur findet man zahlreiche Beiträge, die arbeitszeitpolitische Ziele definieren und begründen. Diese Aufgabe stellt sich jedem, der den arbeitszeitpolitischen status quo verändern will. Insofern überrascht, daß die Versuche, die zahlreichen Einzelforderungen in einer Übersicht zusammenzustellen, zu ordnen und zu bewerten, wider Erwarten zu den seltenen Ausnahmen gehören. Folgende Ansätze sind bekannt:

(a) Am engsten in bezug auf die Wirkungszusammenhänge und zugleich auch am speziellsten ist der Vorschlag von Rinderspacher (vgl. Rinderspacher 1988), der sich lediglich auf eine Arbeitszeitform, die Wochenendarbeit, bezieht. Die drei vorgeschlagenen Kriterien mischen Aspekte der Sozialverträglichkeit mit Elementen der Kulturverträglichkeit.

1. *Die alltagspraktische Dimension*: Sie umfaßt substitutive, regenerative und kommunikative Funktionen;

2. *Soziokulturelle Dimension*: Hierbei geht es um die allgemeine Anerkennung eines historisch entstandenen Zeitrhythmus', der bestimmte Zeitintervalle (Wochenende) heraushebt und Möglichkeiten bietet, sich mit einem bestimmten gesellschaftlichen Kulturkreis zu identifizieren;

3. *Dimension der "seelischen Erhebung" oder inneren Besinnung*: Diese Dimension ist noch schwerer faßbar als die beiden ersten: Am ehesten kann man sie auf einen Begriff bringen mit der Zeit, "innerhalb derer ein ZusichKommen möglich ist".

Ein Manko bleibt, daß ökonomische Aspekte überhaupt nicht in die Bewertung eingehen. Insofern erübrigt es sich auch, wechselseitige Bezüge zwischen einzelnen Kriterien bzw. Dimensionen weiter zu erörtern.

(b) Weiter gefaßt und von genereller Aussagefähigkeit sind die vier Kriterien, die Wiesenthal (vgl. Wiesenthal 1986) in die Diskussion gebracht hat.

1. *Gleichbehandlung*: Hiermit ist das Postulat gemeint, Arbeitszeiten mit unterschiedlicher Dauer nicht zu diskriminieren. Es geht unabhängig von der individuellen Arbeitszeitdauer um die strikte Gleichbehandlung bei allen unteilbaren Arbeitnehmerrechten (z.B. Kündigungsschutz, Qualifizierung, Urlaub usw.), um die anteilsmäßige Berücksichtigung bei allen entgeltproportionalen Ansprüchen (z.B. Überstundenzuschläge, be - triebliche Altersversorgung) sowie um die Ausweitung der Versicherungspflicht auch auf die Arbeitszeiten, die bislang unter die Schwellenwerte fallen.

2. *Individuelle Wahlfreiheit* Voraussetzungen der Sozialverträglichkeit sind, daß die Arbeitnehmer ihre persönlichen Zeitpläne in den Aushandlungsprozeß einbringen und auch angemessene Erfolgschancen einer Kompromißfindung besitzen. Umgekehrt bedeutet dies, daß Sozialverträglichkeit im Prinzip ausgeschlossen ist, so lange die Arbeitgeberseite weitreichende Verfügungsrechte über die Ar - beitszeitgestaltung besitzt. Eine weitere Voraussetzung ist die Wählbar - keit von variablen Arbeitszeiten einschließlich der Möglichkeit, zur Normalarbeitszeit zurückkehren zu können. Die Abwählbarkeit variabler Arbeitszeiten impliziert, daß kein Arbeitnehmer gegen seinen Wunsch zur Annahme nicht optimaler Arbeitszeiten gezwungen werden kann. Und schließlich sollten Grenzwerte für Mindest - bzw. Höchstarbeitszeiten einen Rahmen schaffen, der ein Mindesteinkommen garantiert und vor übermäßigen Belastungen schützt.

3. *Gemeinschaftliche Zeitmuster bewahren* Hiermit ist gemeint, innerhalb der Zeitstruktur gesellschaftliche Schutzzonen zu reservieren, an denen die Arbeit für möglichst viele Arbeitnehmer zum gleichen Zeitpunkt ruht. Das Ziel ist der Erhalt gemeinschaftlich nutzbarer Zeitabschnitte.

4. *Indirekte Vorteile ermöglichen*: Mit dieser etwas vagen Zielsetzung sind indirekte Effekte der Arbeitszeitpolitik eingeschlossen, die auf eine Steigerung der Zufriedenheit und Arbeitsfreude hinauslaufen können oder das kollektive Arbeitnehmerinteresse am Abbau der Arbeitslosigkeit einschließen.

Obwohl die hier entwickelten Kriterien universeller Art sind und sich nicht nur auf spezielle Formen der Arbeitszeitgestaltung beziehen lassen, leiden sie doch unter zwei Mängeln. Zum einen wird zu ökonomischen Kriterien allenfalls am Rande ein Bezug hergestellt. Es gibt lediglich Hinweise auf Aspekte des Einkommens und der Beschäftigungssicherung. Zum anderen wird darauf verzichtet, wechselseitige Bezüge zwischen den Kriterien weiter zu verfolgen.

(c) Einige der gegenüber Rinderspacher und Wiesenthal vorgebrachten Ein – wände finden in dem Kriterien – Vorschlag von Held und Schanz (vgl. Held, Schanz 1986) Berücksichtigung. Deren Katalog umfaßt insgesamt 25 Kriterien, die einen breiten ökonomischen wie gesellschaftspolitischen und individuellen Ziel – und Anforderungsbereich abdecken. Um gleichwohl ein gewisses Maß an Überschaubarkeit und Trennschärfe zu wahren, sind sie in 5 Gruppen zusammengefaßt, wobei die beiden ersten Kriterien weitge – hend identisch mit denen im Vorschlag von Wiesenthal sind und deshalb keiner näheren Erörterung bedürfen.

1. *Gleichberechtigung und Gleichbehandlung*;

2. *Individuelle Wahlfreiheit des Arbeitnehmers*;

3. *Gesellschaftsbezogene Kriterien*: Dieses Kriterium enthält die inhaltlichen Aspekte, wie sie im Kriterium 3 bei Wiesenthal und in den Kriterien bei Rinderspacher entwickelt sind. Zusätzlich ist jedoch das Ziel der Verringerung der Arbeitslosigkeit aufgenommen;

4. *Finanzielle und rechtliche Absicherung*: Unter dieser Kategorie sind Aspekte der finanziellen Existenzsicherung ebenso gefaßt wie soziale Sicherungsansprüche und kollektiver Regelungsschutz bzw. Gestaltungsmöglichkeiten für eine optimale Arbeitszeitgestaltung;

5. *Arbeitsmedizinische Kriterien*: Sie verweisen auf die gesundheitlichen Belastungen und Gefährdungen, die sich aus der Dauer, der Lage und der Verteilung der Arbeitszeit ergeben können.

Dieses Kriterienbündel deckt die wichtigsten Wirkungsaspekte der Arbeits – zeitgestaltung ab. Ferner werden wechselseitige Bezüge angedeutet. Es fehlen jedoch weitere inhaltliche Erörterungen, die aufzeigen, wo gleichgerichtete und wo gegenläufige Wirkungsmuster bestehen. Nicht immer ist die Unterscheidung der Arbeitszeit in ihre verschiedenen Dimensionen durchgehalten. Ergänzungen lassen sich an verschiedenen Stellen anbringen.

Ungeachtet dieser Kritikpunkte stellen die skizzierten Ansätze insgesamt eine gute Basis für die weiteren Erörterungen dar.

1.5 Ein erweiterter Ansatz

In Anlehnung an die zuvor diskutierten Vorschläge werden nun einige Krite-rienkomplexe vorgestellt, die jeweils mehrere Einzelaspekte umfassen. Dieses Vorgehen wird bevorzugt, um zum einen den Eindruck zu vermeiden, man könne Kriterien im Sinne einer Art Checkliste erstellen, mit deren Hilfe sich dann jede einzelne Arbeitszeitform in bezug auf den Grad der Sozialverträg-lichkeit überprüfen läßt. Gegen ein solches Vorgehen spricht die hohe Kom-plexität der Wirkungszusammenhänge bei der Arbeitszeitgestaltung. Um sie auch nur einigermaßen ausreichend zu erfassen, müßte man die Kriterien-komplexe in eine ziemlich große Zahl von Einzelkriterien auflösen. Dabei be-steht die Gefahr, daß ebenso an Übersichtlichkeit wie an Vielschichtigkeit bei den Zusammenhängen verloren geht. Zum anderen macht das Checkliste-Verfahren letztlich nur Sinn, wenn sich die Kriterien operationalisieren lassen. Auf die hiermit verbundenen Schwierigkeiten wird weiter unten im Zusam-menhang mit methodischen Fragen noch einzugehen sein.

Ausgangspunkt für die Entwicklung von Kriterien sozialverträglicher Arbeits-zeitgestaltung sind die gesellschaftlichen und individuellen Ziele und Ansprü-che, die in der arbeitszeitpolitischen Diskussion aus der Perspektive der Ar-beitnehmer abgeleitet und gegenüber der zukünftigen Arbeitszeitgestaltung geltend gemacht werden, um mit Hilfe der Arbeitszeitgestaltung die Arbeits-und Lebensbedingungen zu verbessern. Folgende Kriterienkomplexe stehen im Vordergrund:

- Beschäftigungssicherheit
- Einkommen
- Gesundheitliche Aspekte
- Lebensgemeinschaftliche Beziehungen
- Soziale Teilhabe
- Autonomiegrad.

Bei dem zuletzt genannten Kriterienkomplex handelt es sich um eine Art von Querschnitt- oder besser: Meta-Kriterium, das auf das Regelungsverfahren abzielt. Den Autonomiegrad der Arbeitnehmer bei der Arbeitszeitgestaltung zu erhöhen ist nicht nur ein eigenständiges Ziel, sondern auch wesentliche Voraussetzung, um andere Ziele, wie die soziale Teilhabe, lebensgemein – schaftliche Beziehungen usw., besser verwirklichen zu können.

1.5.1 Arbeitszeit und Beschäftigungssicherheit

Die Möglichkeit, einer Erwerbsarbeit nachgehen zu können, ist für die meisten Menschen aufgrund zu geringen oder fehlenden Eigentums an Kapital bzw. Produktionsmitteln eine zentrale existentielle Voraussetzung. Ohne Beschäfti – gungssicherheit gerät die individuelle Güterversorgung, die in einer nach den Prinzipien der Geld – und Tauschwirtschaft funktionierenden Gesellschaft auf den reibungslosen Verkauf der Ware Arbeitskraft angewiesen ist, schnell ins Stocken und wirft massive soziale Probleme auf. Nicht nur die individuelle Existenzsicherung ist gefährdet, wenn die angebotene Arbeitskraft keine Ver – wertungsmöglichkeiten und damit auch keine Einkommensquellen findet. Die Angebot – Nachfrage – Relationen spielen auch eine Rolle für die Entscheidung, zu welchen Bedingungen Arbeitskraft nachgefragt und beschäftigt wird. Es macht verhandlungsstrategisch einen Unterschied, ob es sich um eine Käufer – oder um eine Verkäufermarktsituation handelt. In einer Käufermarkt – situation, wie sie seit Mitte der 70er Jahre ungebrochen vorherrscht, lassen sich Fragen der Arbeitsbedingungen, hier der Arbeitszeitgestaltung, der Ent – lohnung oder der arbeitsrechtlichen Schutzpolitik usw. weniger gut nach Kriterien der Sozialverträglichkeit regeln als bei umgekehrten Knappheitsrela – tionen. Da der Arbeitsmarkt ein zentraler Zuteilungsmechanismus auch von Lebenschancen ist, lassen sich diese nur einlösen, wenn ausreichend Be – schäftigungsmöglichkeiten existieren und diese zu Bedingungen eingegangen werden können, die ein bestimmtes Niveau der Lebensqualität sichern.

In einer Situation, in der die Nachfrage nach Arbeit bei weitem nicht aus – reicht, um das insgesamt angebotene Arbeitsvolumen zu absorbieren, können Verkürzungen der Arbeitszeit in Richtung Ausgleich wirken. Die Wirkungszu – sammenhänge sind bekannt. Die Überlegung ist, das bei gegebener Ge – samtproduktion und Produktivitätsentwicklung benötigte Arbeitsvolumen auf mehr Personen zu verteilen, indem die Arbeitszeit pro Beschäftigten verringert wird. Mit dieser Politik der Arbeitsumverteilung haben die Gewerkschaften in den letzten Jahren versucht, die negativen Beschäftigungsfolgen eines trendmäßig schrumpfenden Arbeitsvolumens beschäftigungspolitisch aufzufan –

gen. So ist das Bruttosozialprodukt zwischen 1975 und 1987 jahresdurch-
schnittlich um real 2,2 vH gewachsen, während die Produktivität mit einer
Rate von 2,8 vH zugenommen hat. Das Arbeitsvolumen schrumpfte Jahr für
Jahr um 0,6 vH, und die Zahl der Erwerbstätigen konnte nur deshalb konstant gehalten werden, weil gleichzeitig die durchschnittliche Arbeitszeit je
Erwerbstätigen um die gleiche Rate, nämlich um 0,6 vH, abnahm. Bei einer
konstanten Arbeitszeit wäre ceteris paribus die Zahl der Erwerbstätigen um
0,6 vH oder gut 150.000 pro Jahr zurückgegangen.

Daß Arbeitszeitverkürzungen nicht nur den Abbau von Beschäftigungsverhält-
nissen verhindern, sondern den Arbeitsmarkt auch positiv beeinflussen können, ist aufgrund der jüngsten Erfahrungen weitgehend unstrittig (vgl. Seifert
1987 a). Allerdings sind folgende Wirkungszusammenhänge für die weitere
Diskussion über Kriterien der Sozialverträglichkeit zu beachten. Zum einen
sind Beschäftigungseffekte vor dem Hintergrund zu sehen, daß bei den
Arbeitszeitverkürzungen der letzten Jahre der verteilungsneutrale Spielraum
nicht überschritten wurde. Aufgrund der Arbeitszeitverkürzungen fielen die
Einkommenssteigerungen kleiner aus, als es ohne Arbeitszeitkomponente der
Fall gewesen wäre. Einkommens- und Arbeitszeitziele konkurrieren also
miteinander. Je größer bei gegebenem Verteilungsspielraum der
Einkommenszuwachs ausfällt, desto weniger Raum bleibt für Verkürzungen
der Arbeitszeit und umgekehrt. Zum anderen wurden die
Arbeitszeitverkürzungen auf Kosten einer vermehrten Flexibilität bei der zeitli-
chen Gestaltung erkauft. Durch den Tausch kürzere gegen flexiblere
Arbeitszeiten ist offen, in welche Richtung sich das Arbeitszeitprofil auf der
Sozialverträglichkeitsskala verschiebt. Der Grad der Sozialverträglichkeit nimmt
ab, wenn Lage und Verteilung der Arbeitszeit ungünstiger werden und die
Summe der hieraus resultierenden Wirkungen die positiven Effekte der
Arbeitszeitverkürzung übertrifft. Ein solches Junktim zwischen
Arbeitszeitverkürzung und -flexibilisierung ist zwar keine festgeschriebene
Zwangsläufigkeit. Angesichts der gesellschaftlichen Kräfteverhältnisse zum
Ende der 80er Jahre und angesichts der eingangs skizzierten
arbeitszeitpolitischen Interessenkonstellation zwischen Arbeit und Kapital ist es
jedoch nicht unrealistisch, davon auszugehen, daß Arbeitszeitverkürzungen in
den nächsten Jahren kaum an der Tauschformel kürzere gegen flexiblere
Arbeitszeiten vorbeikommen werden.

Im Unterschied zur Verkürzung der Arbeitszeit ist die Frage, inwieweit sich
Lage und Verteilung der Arbeitszeit auf Angebot und Nachfrage nach Arbeit
auswirken, weniger eindeutig geklärt.

Die Lage der Arbeitszeit ist im Zusammenhang mit der Diskussion über die Entkoppelung von Arbeits- und Betriebsnutzungszeiten angesprochen. Unter Entkoppelung wird hier die Ausweitung der Betriebsnutzungszeiten über die individuelle Arbeitszeit verstanden. Es wird argumentiert, die Ausdehnung von Schicht-, Nacht- und Wochenendarbeit würde für zusätzliche Impulse am Arbeitsmarkt sorgen (vgl. Muhrmann 1988). Ausgangspunkt für diese Überlegungen sind die weiterhin steigende Kapitalintensität, rückläufige innovationszeiträume und trendmäßig sinkende Normalarbeitszeiten Verlängerte Betriebsnutzungszeiten wirken kapitalsparend. Eine größere Fixkostendegression wird möglich. Dieser Effekt ist um so größer, je kapitalintensiver die Produktion ist. Zwar steigt mit intensiver Nutzung auch der Verschleiß des Produktionsapparates. "Da aber nur ein Teil der Kapitalgüter verschleißbedingt aus dem Kapitalbestand ausscheidet, der andere Teil aber im Zuge des technischen Fortschritts veraltet, bedeutet die intensivere Nutzung eine echte Kapitalersparnis. Außerdem ist die Reparatur technischer Defekte eher rentabel, so lange die technologische Veralterung nicht allzuweit vorangeschritten ist" (Gerstenberger u.a. 1988, S. 66 ff.).

Da sich die Betriebsnutzungszeiten intervallbedingt im allgemeinen nur sprunghaft durch die Einführung einer zusätzlichen Schicht oder zumindest einer zusätzlichen Teilzeitschicht oder eines zusätzlichen Arbeitstages (Samstag/Sonntag) ausweiten lassen, besteht die Gefahr, daß die Absatzmöglichkeiten hinter den Produktionsmöglichkeiten zurückbleiben, es sei denn, einzelnen Betrieben gelingt es aufgrund von Kostenvorteilen, einen größeren Teil der gegebenen Nachfrage zu Lasten konkurrierender Anbieter an sich zu ziehen. In den Fällen, in denen dies nicht möglich ist, werden die Betriebe versuchen, die Produktion auf die produktivsten Teile des Produktionspotentials zu konzentrieren und die weniger produktiven Anlagenbereiche, die häufig bereits abgeschrieben sind, stillegen. Damit steigt die betriebliche Durchschnittsproduktivität. Gleichzeitig wird die Kapitalnutzung intensiver.

Ob und in welchem Ausmaß die als Folge verlängerter Betriebsnutzungszeiten möglichen kapitalsparenden und produktivitätssteigernden Effekte auch zusätzliche Beschäftigungsnachfrage stimulieren, ist höchst ungewiß. Unstrittig ist, daß Ertragssteigerungen möglich sind. Ob dadurch zusätzliche Investitionen in Gang kommen und/oder die Güterproduktion ausgedehnt werden kann, ist umstritten und hängt von zahlreichen Faktoren ab. Mit positiven Wirkungen für den Arbeitsmarkt ist zu rechnen, wenn die Güterpreise entsprechend den Kostenreduzierungen fallen und die Preiselastizität der Nachfrage nicht starr ist. Ferner impliziert eine beschleunigte Produktivitätsentwicklung eine Ausweitung des Verteilungsspielraumes. Dies wiederum bietet die

Möglichkeit, entweder das Tempo der Arbeitszeitverkürzungen zu beschleunigen und/oder die Einkommen stärker zu steigern und damit die Güternachfrage anzukurbeln. So sind die für Nacht- und Wochenendarbeit gezahlten Lohnzuschläge nicht nur durch die höheren Belastungen begründet; sie werden auch durch die niedrigeren Kapitalkosten möglich. Das lehrbuchmäßige Funktionieren von Preis-Mengen-Relationen ist allerdings an sehr ideale Rahmenbedingungen geknüpft, die durch oligopolistische Marktstrukturen oder Wechselkursänderungen leicht eingeschränkt werden können. Auch strategische Unternehmenskalküle können gegen Preisreduzierungen und zugunsten von Investitionsstrategien sprechen. Gerade die Erfahrungen zwischen 1983 und 1988 lehren, daß eine grundlegend verbesserte einzelwirtschaftliche Rentabilität nicht in vollem Ausmaß den Produktionsmotor beschleunigen und einen dynamischen Beschäftigungsanstieg ´initiieren muß.

Im Prinzip ähnliche Wirkungszusammenhänge gelten für die Verteilung der Arbeitszeit. Ausgangspunkt in der beschäftigungspolitischen Diskussion ist die zeitoptimale Kombination der Leistungsfaktoren, die bei marktbedingten Produktionsschwankungen unter bestimmten Bedingungen Anpassungen der Arbeitszeit kostenmäßig vorteilhafter erscheinen läßt als eine verstetigte Produktion, die zu einem Teil auf Lager geht (vgl. Seifert 1987 b, S. 727 ff.). Durch eine genauere Synchronisierung der Arbeitszeit mit dem jeweils durch Auftragslage und Produktion vorgegebenen aktuellen Bedarf sollen Leerzeiten eingespart und zuschlagpflichtige Überstunden verringert werden (vgl. Kohlöffel 1988, S. 44).

Auch bei dieser Arbeitszeitvariante sind kostensparende und produktivitätssteigernde Effekte möglich. Ob dies wiederum zu vermehrter Güternachfrage, einer Belebung der Investitionstätigkeit und schließlich zu einer expandierenden Beschäftigungsnachfrage führt, ist ebenso unsicher wie im zuvor diskutierten Fall einer weiteren Entkoppelung von Arbeits- und Betriebsnutzungszeiten. Analog lassen sich die zuvor angestellten Überlegungen über den Zusammenhang von Produktivitätssteigerung und Verteilungszuwachs auf Formen variabler Arbeitszeitgestaltung übertragen. Im Unterschied zu Nacht- und Wochenendarbeit werden variable, von der Normalarbeitszeit abweichende Zeitmuster allerdings nicht mit Lohnzuschlägen vergütet, auch nicht, wenn dadurch zusätzliche Produktivitätssteigerungen entstehen.

Lage und Verteilung der Arbeitszeit beeinflussen schließlich auch das Verhalten auf der Angebotsseite des Arbeitsmarktes. Inwieweit Arbeitnehmer bereit und in der Lage sind, eine Erwerbstätigkeit aufzunehmen, hängt von verschiedenen Faktoren wie dem familialen Status, den hieraus sich ergebenden

Verpflichtungen oder von der gesundheitlichen Verfassung ab. Diese Zusammenhänge werden weiter unten im Rahmen der Diskussion der weiteren Sozialverträglichkeitskriterien noch näher beleuchtet.

Es bleibt festzuhalten: Arbeitszeitverkürzungen tragen dazu bei, die Zahl der Beschäftigungsmöglichkeiten zu erweitern. Für diejenigen, die auf den reibungslosen Verkauf ihrer Arbeitskraft angewiesen sind, dies aufgrund einer zu geringen Arbeitskräftenachfrage aber nicht können, haben Arbeitszeitverkürzungen beschäftigungspolitische Bedeutung. Dieser Zielaspekt verliert für diejenigen, die einen sicheren Arbeitsplatz haben, an Bedeutung. Für diese Personengruppe stehen andere Aspekte im Vordergrund, die teilweise deckungsgleich, teilweise aber auch gegenläufig sein können. Einerseits müssen sie bei tariflichen Arbeitszeitverkürzungen zwar auf ansonsten mögliche Einkommenszuwächse verzichten, andererseits gewinnen sie zusätzliche Freizeit, die Dauer belastender Arbeitszeiten wird geringer, und sie geraten wegen der veränderten Angebot-Nachfrage-Relationen in eine verhandlungsstrategisch vorteilhaftere Position. Der mit Arbeitszeitverkürzungen verbundene Verzicht auf Einkommenssteigerungen läßt sich abschwächen oder gar völlig kompensieren, wenn gleichzeitig die Arbeitszeit stärker flexibilisiert wird. Dies wiederum kann die Nutzensteigerung der verkürzten Arbeitszeit schmälern oder egalisieren oder gar überkompensieren.

1.5.2 Arbeitszeit und Einkommen

Wie bereits gesagt, sind die meisten Menschen zu ihrer Existenzsicherung auf Arbeitseinkommen angewiesen. Sie kommen nicht daran vorbei, einen bestimmten Teil ihrer Lebenszeit für Erwerbsarbeit in Form abhängiger Beschäftigung zu verwenden. Von dieser in aller Regel einzigen Einkommensquelle hängen auch die sozialen Transfereinkommen ab. Arbeitslosengeld und Altersruhegeld basieren auf vorangegangenem Erwerbseinkommen.

Die Höhe des Einkommens korreliert positiv mit der Arbeitszeit – genauer: mit der Dauer der Arbeitszeit. Bei konstantem Stundenlohnsatz besteht zwischen beiden Größen ein linearer Zusammenhang. Die Einkommenshöhe steigt bzw. sinkt proportional zur Dauer der Arbeitszeit, jedenfalls bis zu bestimmten Grenzwerten. Bei der darüber hinausgehenden Arbeitszeit steigt das Einkommen progressiv. Es werden Zuschläge gezahlt. Von wenigen Ausnahmen abgesehen sind diese Schwellen identisch mit der tariflichen Arbeitszeit. Hinter dem Zuschlagsprinzip steht der Gedanke, für die Beschäftigten einen Anreiz zu schaffen, eine längere Arbeitszeit als vereinbart zu leisten und dafür die Einbußen und Belastungen bei der Nicht–Arbeitszeit monetär abzugelten.

Seit einiger Zeit ist jedoch in der Praxis ein Wandel zu beobachten. Das Prinzip, Überstunden finanziell zu vergüten, wird mehr und mehr vom Prinzip abgelöst, für Überstunden einen Freizeitausgleich zu gewähren. An die Stelle der monetären Kompensation tritt die zeitliche. Mögliche Einkommenszu–wächse werden gegen Freizeit getauscht.

Ein weiterer Zusammenhang zwischen Arbeitszeit und Einkommen wird über die beiden Dimensionen Lage und Verteilung der Arbeitszeit hergestellt. In aller Regel gilt das Prinzip, von der Normalarbeitszeit abweichende ungünstige Lagen und Verteilungsmuster der Arbeitszeit mit Zuschlägen besonders zu entlohnen. Erschwerte Arbeitsbedingungen und/oder Einschränkungen im Nutzwert der nicht–arbeitsgebundenen Zeit werden monetär abgegolten. Unter diesen Vorzeichen kann die Höhe des Einkommens bei gleichem Lohnsatz für "normale" Arbeitszeiten und bei gleicher Dauer der Arbeitszeit je nach Lage und Verteilung der Arbeitszeit variieren. Eine Steigerung des Einkommens ist durch die Wahl einer mit Zuschlägen versehenen Arbeitszeitlage möglich. Umgekehrt kann die Dauer der Arbeitszeit reduziert werden, wenn dafür ihre Lage in Bereiche jenseits der als normal geltenden Zeiten verlagert wird.

In den einzelnen Tarifbereichen ist sehr unterschiedlich geregelt, für welche Arbeitszeiten welche Zuschläge gezahlt werden (vgl. WSI–Tarifarchiv 1987). Sowohl die Lage als auch die Anzahl der zuschlagpflichtigen Arbeitsstunden unterscheiden sich. Teilweise ist die Höhe der Zuschläge gestaffelt, wobei sowohl nach dem Kriterium regelmäßig/unregelmäßig als auch nach der Lage der Nachtarbeit oder nach dem Wochentag bzw. nach der gesellschaftlichen Bedeutung einzelner Feiertage differenziert wird.

Wichtig für den Umstand, daß bestimmte Lagen der Arbeitszeit oder auch eine bestimmte Dauer der Arbeitszeit mit einem höheren, durch Zuschläge aufgestockten Lohnsatz vergütet werden, ist die Existenz einer Normalar–beitszeit. Erst durch Bestimmung der Arbeitszeit nach normaler Dauer, nor–maler Lage und normalem Rhythmus lassen sich hiervon abweichende Formen identifizieren und als nicht–normal sowie als besonders begründungsnotwendig spezifizieren. Dabei sind definitorische Änderungen in unterschiedliche Richtungen möglich. Während die Samstagsarbeit als normale

Arbeitszeit galt, so lange die 48 – Stunden – Woche existierte, ist der Samstag mit der Einführung der 40 – Stunden – Woche, die sich auf 5 Tage von Montag bis Freitag verteilt, zu einer anormalen, allerdings in den meisten Tarifbereichen nicht zuschlagpflichtigen Arbeitszeitlage geworden. Mit der Ausdehnung der Betriebsnutzungszeiten in den Wochenendbereich wird versucht, den Samstag als Arbeitstag zu renormalisieren. Ähnliche Entwicklungsmuster lassen sich bei der Überstundenarbeit beobachten. Im Gefolge der sich ausbreitenden Gleitzeit – und Bandbreitenmodelle entstehen neue Möglichkeiten, die tägliche Normalarbeitszeit zu überschreiten, ohne daß hierfür Überstunden – Zuschläge gezahlt werden (vgl. Seifert 1987 b, S. 731 ff.). Angesichts dieser Entwicklungen ist es im Hinblick auf die Einkommenshöhe durchaus bedeutsam, daß ein möglichst eindeutig definiertes Normalarbeitszeitverhältnis existiert, das Abweichungen erkennbar, quantifizierbar und bewertbar werden läßt.

Wenn unterschiedliche Arbeitszeiten unterschiedlich vergütet werden, dann ist dies durch das Prinzip der Wirtschaftlichkeit gerechtfertigt, auf das die zeitliche Nutzung der Betriebsmittel einen starken Einfluß hat (vgl. Kohlöffel 1988, S. 41 ff.). Als Gestaltungsgrößen kommen dabei sowohl die Dauer als auch die Lage und die Verteilung der Arbeitszeit in Frage. Die individuelle Dauer der Arbeitszeit spielt eine Rolle für die Nutzungsdauer des eingesetzten Sachkapitals und beeinflußt damit die Höhe der Kapitalstückkosten. Der gleiche Zusammenhang läßt sich für die Lage der Arbeitszeit herstellen. Die Aneinanderreihung unterschiedlicher Arbeitszeitlagen macht es möglich, die Betriebsmittel länger als die individuelle Arbeitszeit zu nutzen. Die dadurch möglichen Kostensenkungen verbessern die Wirtschaftlichkeit der Produktion und gestatten höhere Einkommen pro Stunde, als dies bei Normalarbeitszeit der Fall wäre. Aus der betrieblichen Praxis sind Einzelfälle bekannt, bei denen eine 24 – stündige Wochenarbeitszeit im Rahmen von zwei Zwölf – Stunden – Schichten in der gleichen Höhe entlohnt wird wie eine 40 – stündige Wechselschichtarbeit von Montag bis Freitag (vgl. Pruss 1983, S. 328).

Wie man sieht, haben sowohl Dauer als auch Lage der Arbeitszeit Einfluß auf die Höhe des Einkommens. Und umgekehrt ist eine bestimmte Arbeitszeit notwendig, wenn ein gewünschtes Einkommen erzielt werden soll. Mit der Festlegung von Einkommenshöhe und Arbeitszeit ist auch die Relation von Arbeitszeit und Nicht – Arbeitszeit bestimmt. Unter dem Aspekt der Einkommensentstehung stehen Einkommen und arbeitsfreie Zeit in einem substitutiven Verhältnis zueinander. Je höher das Einkommen ist, desto geringer wird die nicht – arbeitsgebundene Zeit. Diese Regel ist zu modifizieren, wenn die zweite Dimension der Arbeitszeit, die Lage, ins Spiel kommt. Im Hinblick auf die Einkommenshöhe können Dauer und Lage der Arbeitszeit in einem substitutiven Verhältnis stehen. So kann das Einkommen auch bei abneh – mender Dauer der Arbeitszeit konstant bleiben oder gar steigen, wenn gleichzeitig die Lage verändert wird und hierfür Lohnzuschläge anfallen.

In welchem Verhältnis Individuen ihren Zeithaushalt in Freizeit bzw. Nicht – Arbeitszeit und Arbeitszeit bzw. Einkommen aufteilen, versucht die neoklas – sisch orientierte Theorie der Zeitallokation zu beantworten (vgl. Becker 1965; Evans 1972). Wie oben bereits erwähnt, gehen die Überlegungen von der Analogie aus, daß die Zeit ebenso wie andere ökonomische Güter einen Wert hat. Als Produktionszeit ist der Preis durch den Lohnsatz bestimmt, und bei der Nicht – Arbeits – oder Konsumtionszeit besteht der Preis im Sinne von Opportunitätskosten in dem Lohn, der während der Freizeit entgeht. Die relevante Größe für die individuelle Entscheidung über die Aufteilung der Ge – samtzeit ist der Lohnsatz. Ein Nutzenmaximum ist dann erreicht, wenn der Nutzen, der aus dem Konsum einer weiteren Einheit von Konsumgütern ent – steht, dem Nutzenverlust entspricht, der sich aus dem Rückgang der Ar – beitszeit und des damit verbundenen Einkommens ergibt, d.h., wenn der Gesamtnutzen der Zeit bei alternativer Verwendung gleich ist (vgl. Horn 1984, S. 104).

Reallohnänderungen können zwei in unterschiedliche Richtungen gehende Reaktionen auslösen und sowohl zu einem Einkommens – als auch zu einem Substitutionseffekt führen. Vom Einkommenseffekt wird gesprochen, weil das Gut Freizeit im Vergleich zu Konsumgütern teurer wird und es deshalb vor – teilhafter erscheint, Freizeit teilweise durch Konsumgüter zu substituieren, die Arbeitszeit also auszudehnen. Andererseits implizieren Reallohnsteigerungen einen Einkommenseffekt, der zu vermehrtem Konsum führt, was eine Zu – nahme der Freizeit voraussetzt.

Welcher Effekt sich letztlich durchsetzt, ist nicht prognostizierbar, sondern hängt von der erzielten Freizeit – Konsumgüter – Kombination ab, die den größten individuellen Nutzen stiftet. Dies ist eine Frage des Reallohnsatzes, der interpersonell unterschiedlich sein kann. Wie die Empfänger einzelner Einkommensklassen Freizeit bzw. Arbeitszeit nachfragen, ist nicht eindeutig bestimmbar. Einigkeit in den Auffassungen besteht lediglich darin, daß bei der Arbeitskraft im Unterschied zu anderen Gütern bei einem steigenden Preis (Lohnsatz) nicht stets auch die angebotene Menge (Arbeitszeit) ausgedehnt wird. Und umgekehrt kann der einzelne Arbeitnehmer wegen des ständigen Zwangs zum Verkauf des "Kapitals" Arbeitskraft, der nicht aufschiebbar ist, sein Angebot von Arbeitsvermögen nicht verknappen, um einen höheren Preis zu erzielen. Zumindest dürfen bestimmte Zeitschwellen nicht unterschritten werden. Wo diese liegen, hängt vom jeweiligen Lohnsatz ab. Bei den Emp-fängern der niedrigsten Einkommensklassen wird erwartet, daß sie nur ein Freizeitminimum nachfragen und auf Reallohnsteigerungen überhaupt nicht reagieren, weil die materielle Situation keine andere Alternative zuläßt, daß weiterhin die Empfänger mittlerer Einkommensschichten auf Reallohnsteigerungen mit vermehrter Freizeitnachfrage antworten, weil eine Wohlstandssteigerung nur zu erzielen ist, wenn sowohl mehr Konsumgüter als auch mehr Freizeit zum Konsum zur Verfügung stehen, und daß schließlich die Empfänger der höchsten Einkommen auf Reallohnsteigerungen mit einer verminderten Freizeitnachfrage antworten, weil der Einkommenseffekt vom Substitutionseffekt überkompensiert wird. Bei den höheren Einkommensklassen wird Freizeit als ein inferiores Gut unterstellt, weil hier der berufliche Wett-bewerb am härtesten und die beruflichen Entwicklungschancen ver-gleichsweise am größten gelten (vgl. Külp 1977, S. 15).

Unabhängig davon, ob man die hier skizzierten Modellüberlegungen weiter differenziert und zusätzliche Größen wie Konsumzeit oder Transaktionskosten für Such- und Informationstätigkeiten berücksichtigt, lassen sich einige prin-zipielle Einwände anbringen: Die unterstellte Bedingung der individuellen Frei-heit bei der Realisierung der optimalen Zeitallokation ist wegen meist fehlen-der alternativer Einkommensmöglichkeiten und nur sehr eng begrenzter ar-beitszeitlicher Alternativen bei den angebotenen Arbeitsplätzen unrealistisch. Vernachlässigt werden ferner institutionell geregelte Zeitstrukturen. Unberück-sichtigt bleibt die soziale Abhängigkeit der Individuen, die eine wichtige Rolle für die Erklärung von Präferenzänderungen spielt. Die rein monetäre Bewer-tung der Freizeit greift zu kurz. Die unterschiedlichen Möglichkeiten der Selbsterfüllung in der Arbeit sind bei den Opportunitätskosten der arbeitsfreien Zeit zu berücksichtigen.

Warum nun dieser ausholende Rekurs auf Ansätze der Theorie der Zeitallokation, wenn deren Erklärungswert ohnehin als begrenzt anzusehen ist? Trotz der genannten Einseitigkeiten und Verengungen lassen sich einige Ein-sichten theoretisch verdeutlichen. So ist der Zusammenhang von Arbeitszeit- und Freizeit-Präferenzen nicht unabhängig vom Einkommensniveau zu diskutieren. Nicht nur bis zu einem bestimmten Lohnniveau, sondern auch bis zu einem bestimmten Niveau der Arbeitsstunden sind die Anbieter von Ar-beitskraft in den Wahlmöglichkeiten zwischen Einkommen und Freizeit einge-schränkt. Aus Gründen der Existenzsicherung muß eine bestimmte *Mindestarbeitszeit* gewährleistet sein. Sie zieht außerdem die Grenzlinie für die Integration in das soziale Sicherungssystem. Während bei der Renten- und

Krankenversicherung 15 Stunden pro Woche vorausgesetzt sind, liegt bei der Arbeitslosenversicherung die Marke bei 19 Stunden.

Eine weitere Voraussetzung für ein existenzsicherndes Einkommen ist, daß eine bestimmte Mindestarbeitszeit auch *kontinuierlich* geleistet werden kann. Bei im Zeitablauf schwankenden Arbeitszeiten ist dies nur möglich, wenn das Einkommen auf der Basis einer Durchschnittsarbeit verstetigt wird.

Das Einkommen – Freizeit – Modell verweist ferner auf die Möglichkeit unter – schiedlicher Präferenzen in Abhängigkeit vom Einkommensniveau. Angesichts stark ausgeprägter interpersoneller Einkommensdifferenzen (vgl. Welzmüller 1988, S. 580 ff.) können sich deshalb sehr unterschiedliche Anforderungen an die arbeitszeitpolitische Gestaltung ergeben. Würde man den Versuch machen, die gruppenspezifischen Einkommensdifferenzen in Arbeitsangebotskurven zu erfassen, so würden diese einen sehr unterschiedlichen Verlauf haben. In Regionen, Berufen oder Wirtschaftszweigen, in denen sich das Lohnniveau am unteren Ende der stark gespreizten Einkommensskala bewegt, kann der Einkommensaspekt eine größere Bedeutung haben als am oberen Ende der Skala.

1.5.3 Arbeitszeit und gesundheitliche Belastungen

Auf die physische wie auch die psychische Konstitution von Menschen haben sowohl die Dauer als auch die Lage sowie die Verteilung der Arbeitszeit großen Einfluß. Als weitere Einflußfaktoren kommen der Grad der Arbeitsin – tensität sowie andere Arbeitsbedingungen wie Lärm, Hitze, Staub, Streß usw. hinzu. Als allgemein anerkannt und auch hinreichend gesichert gilt, daß eine direkte Beziehung zwischen der Dauer der Arbeitszeit, der Ermüdung, dem Gesundheitsgrad sowie der Unfallhäufigkeit besteht (vgl. Mergner u.a. 1975, S. 102). Besonders deutlich kommt dieser Zusammenhang am Beispiel der Überstundenarbeit zum Ausdruck. Es hat sich gezeigt, daß der Grad der (vor allem nervlichen) Belastungen mit zunehmender Häufigkeit und Anzahl der Überstunden wächst. An diesen durch überlange Arbeitszeiten entstehenden Arbeitsbelastungen ändert auch der Freizeitausgleich für Überstunden kaum etwas (vgl. Groß u.a. 1987, S. 32). Es kommt vielmehr darauf an, die täglich geleistete Arbeitszeit zu verringern. Unter diesen Vorzeichen stellt die Dauer der Arbeitszeit, so lange die übrigen Einflußfaktoren konstant bleiben, die entscheidende Größe dar, mit deren Hilfe sich der Grad der Belastungen variieren läßt. Durch eine Verkürzung der Belastungsposition verringert sich der zur Regeneration der Arbeitskraft benötigte Zeitaufwand, während gleich – zeitig die Regenerationszeit größer wird. In der Praxis ist dieser Zusammen – hang allerdings stets durch gegenläufige Strategien in Frage gestellt und teilweise auch durchkreuzt worden, indem die Unternehmen kürzere Arbeits – zeiten mit einer Intensivierung der Arbeit beantwortet haben. Unter Gesund – heitsaspekten macht dieses Tauscharrangement "kürzere gegen intensivere Arbeitszeit" (Schudlich 1986, S. 494) wenig Sinn, so lange sich die Summe der Belastungen nicht vermindert.

Einen weiteren Belastungsfaktor bildet die Lage der Arbeitszeit. Hintergrund ist die Tatsache, daß die Körperfunktionen (Herz – Kreislauf – System, Nerven – system, Sinnesorgane, Atmung, Verdauung/Stoffwechsel, Temperatur, Gewebe) tagesaktiv sind, d. h., sie sind tagsüber auf Leistung eingestellt (vgl. Mün – stermann, Preiser 1978, S. 107 ff.). Schichtarbeit und damit einhergehende Leistungsanforderungen laufen dem Biorhythmus zuwider. Dessen Anpas – sungsfähigkeit gilt als begrenzt. Er stellt sich selbst bei dauerhafter Nachtar – beit nicht um. Stimmen die Arbeitszeiten nicht mit dem Biorhythmus überein, ist zusätzlicher Zeitaufwand notwendig, um ein ausreichendes Aktivitätsniveau zu erreichen und zu stabilisieren. Hinzu kommen mehr oder minder ausge – prägte Schlafdefizite, die selbst bei Zwei – Schicht – Systemen, vor allem bei Frühschicht, auftreten können, wenn der Arbeitsbeginn auf 6.00 Uhr fällt und wegen der Wegezeiten die Nachtruhe in vielen Fällen gegen 4.00 Uhr been – det sein kann.

Diese Zusammenhänge sind im Vergleich zu anderen Arbeitszeitformen relativ gut untersucht. Im Grundsatz steht außer Frage, daß sowohl Schicht – als auch Nachtarbeit belastungsintensiver sind als Normalarbeitszeit (im Ein – Schicht – System während der Tageszeit). Selbst im Wechselrhythmus organi – sierte Zwei – Schichtarbeit kann zu gesundheitlichen Beeinträchtigungen und Erkrankungen führen. Dies ist vor allem dann der Fall, wenn soziale Bean – spruchungen, die aus dem außerbetrieblichen Lebenszusammenhang kommen, mit den Schichtrhythmen kollidieren (vgl. Fürstenberg u.a. 1987, S. 219 f.). Diese Probleme verschärfen sich bei Drei – Schicht – Systemen. Allerdings können die Belastungskurven je nach Beschäftigtengruppe (Alter, sozialer Status usw.) und je nach deren besonderen Lebens – und Interessenlagen sehr unterschiedlich verlaufen (vgl. Fürstenberg u.a. 1984, S. 226).

Ähnliche Zusammenhänge sind bei variablen Arbeitszeitformen, d. h. bei im Zeitablauf schwankenden Arbeitszeiten, belegt (vgl. Kastner 1987, S. 220 ff.). Zwei Aspekte spielen hierbei eine Rolle. Zum einen können variable

Arbeitszeiten zu einer unregelmäßigen Arbeitsweise führen, die u. U. natürlichen physiologischen Rhythmen zuwiderlaufen kann. Zum anderen hängt der
Belastungsgrad vom Dispositionsspielraum der Arbeitnehmer über die Zeit ab.
Er entscheidet mit über den Grad der Arbeitszufriedenheit und bildet insofern
einen Risikofaktor für bestimmte (Herz – Kreislauf –)Krankheiten. So kann z. B.
"eine vom Arbeitnehmer initiierte Flexibilität als Gewinn eines Dispositions –
spielraums angesehen werden, womit eine gesundheitsförderliche 'klassische'
Kontrollattribution gegeben ist" (Kastner 1987, S. 222). Ebenso gilt der um –
gekehrte Zusammenhang.

Neben diesen direkten Wirkungen im Zusammenhang von Schicht– bzw.
Nachtarbeit und Gesundheit sind vor allem folgende indirekte Effekte wichtig
für die Diskussion über Kriterien sozialverträglicher Arbeitszeitgestaltung. Ge –
sundheitliche Schäden und Beeinträchtigungen, verursacht durch Schicht –
und Nachtarbeit, können zu massiven Folgen im Hinblick auf die Chancen
der Berufs– und Erwerbstätigkeit sowie der Einkommenserzielung führen. Die
gravierendste Folgewirkung liegt vor, wenn der gesundheitliche Zustand so
weit zerrüttet ist, daß Erwerbs– oder Berufsunfähigkeit eintritt. Dieser Ex –
tremfall läßt sich letztlich nur durch eine rechtzeitige Beendigung von
Schicht– bzw. Nachtarbeit vermeiden. Dies ist sicherlich der Hintergrund,
warum sich der Anteil der Schichtarbeit unter den Beschäftigten älter als 50
Jahre überproportional verringert (vgl. Münstermann, Preiser 1978, S. 249).
Der Wechsel von Schichtarbeit in andere, gesundheitlich verträglichere Ar –
beitszeitsysteme dürfte aber um so schwerer fallen, je weiter Schichtsysteme
Verbreitung finden und für bestimmte berufliche Teilmärkte dominant werden.
In dem Maße, wie Ein–Schicht–Systeme quantitativ an Bedeutung verlieren,
schrumpft auch das Spektrum für alternative Beschäftigungsmöglichkeiten, die
einen gesundheitsstabilisierenden Einsatz gestatten. Vor allem für ältere Ar –
beitnehmer mit einer nur noch eingeschränkten Bereitschaft zu qualifikatori –
schen Anpassungen dürfte der Wechsel in alternative Tätigkeitsfelder erhebli –
che Probleme bereiten, wenn Einkommenseinbußen ebenso wie regionale
Mobilität in möglichst engen Grenzen gehalten werden sollen.

Diese Probleme werden durch eine weitere Restriktion überlagert und ver –
schärft. Gesundheitliche Schäden als Folge von Schicht– und Nachtarbeit
schränken nicht nur das berufliche Aktionsspektrum ein. Sie erhöhen zudem
das Risiko, wegen eingeschränkter Leistungsfähigkeit arbeitslos zu werden
und zu bleiben (vgl. Egle u. a. 1980). Bei Beschäftigungsverlust droht wegen
des stigmatisierenden Etiketts, das dem Merkmal der gesundheitlichen
Beeinträchtigungen anhaftet, Langfristarbeitslosigkeit mit allen negativen
Wirkungen sozialer Deprivation.

Unter diesen Vorzeichen relativieren sich die durch Schicht- und Nachtarbeit möglichen Einkommenssteigerungen. Ihnen können erhebliche Einkommens-einbußen entgegenstehen, wenn aufgrund gesundheitlicher Dauerschäden die beruflichen Einsatzmöglichkeiten eingeschränkt und/oder die Leistungsfähigkeit gemindert wird. Bei einer Bewertung des Einkommensaspektes sind also stets kurz- und langfristige Wirkungen im Rahmen einer Gesamtbilanz zu berück-sichtigen.

1.5.4 Arbeitszeit und lebensgemeinschaftliche/familiale Beziehungen

Neben dem Biorhythmus hat die Gestaltung der Arbeitszeit auch Anforde-rungen zu beachten, die sich aus dem gesellschaftlichen Lebensrhythmus ergeben. Hierzu gehört in erster Linie der familiale bzw. lebensgemeinschaft-liche Bereich. Dauer, Lage und Verteilung der Arbeitszeit bestimmen darüber, wieviel Zeit für eine gemeinsame Nutzung zur Verfügung steht und wie sie sich auf das Zeitkontinuum verteilt. Hiervon hängt aus Sicht des Familien-haushalts ab, wie sich die familialen Versorgungspflichten, die Regenerati-onsbedürfnisse und die Freizeitgestaltung erfüllen und auf die einzelnen Familienmitglieder verteilen lassen.

Die Betrachtung greift zu kurz, wenn man die Zeitgestaltung und -nutzung nur unter dem Aspekt der alltäglichen Versorgungsaufgaben sieht. Eng hiermit verknüpft sind stets auch emanzipatorische Ziele, denn "die solidarische Be-wältigung bietet eine Chance, eine geschlechterübergreifende Aufgabenvertei-lung von Mann und Frau voranzubringen (Rinderspacher 1987, S. 69). Dieser Zusammenhang gilt ebenso für den außerfamilialen, den beruflichen Bereich. Sowohl von den Arbeitszeitstrukturen der einzelnen Familienmitglieder wie auch von den am Arbeitsmarkt angebotenen Arbeitszeitprofilen hängt es ab, ob und welche Familienmitglieder überhaupt eine Erwerbstätigkeit aufnehmen können bzw. welche Tätigkeitsfelder mit welchen Arbeitszeitprofilen hierfür überhaupt in Frage kommen.

Allgemein gilt, daß sich mit steigender Einbindung in häusliche Versorgungs- und Erziehungsaufgaben die Flexibilität verringert, sämtliche angebotenen Ar-beitszeiten akzeptieren zu können. Schwierigkeiten, familiale wie berufliche Anforderungen gleichermaßen zu erfüllen, können sich ergeben, wenn die Öffnungszeiten von Kindergärten, Schulen oder anderen öffentlichen Einrich-

tungen nicht oder nur schlecht mit den Arbeitszeiten synchronisiert sind. Besonders problematisch sind Arbeitszeiten, die außerhalb der Öffnungszeiten
von solchen Einrichtungen liegen: Nachmittags-, Abend-, Nacht- oder
Wochenendarbeit. Vor allem für alleinstehende Elternteile mit versorgungsbedürftigen Kindern bereitet es große Schwierigkeiten, Arbeitsverhältnisse mit
derartigen Arbeitszeiten einzugehen. In dem Maße, wie diese Arbeitszeiten
weiter vordringen, wird sich für immer mehr Arbeitnehmer die Frage stellen,
ob die berufliche oder die familiale Orientierung Priorität genießt.

Auch die Dauer der Arbeitszeit entscheidet über die Chance zur Teilnahme
am Erwerbsleben. Generell dürfte gelten, je länger der Arbeitstag ist, desto
schwieriger wird es, Arbeit und Versorgungsanforderungen miteinander zu
verbinden. Diese Zusammenhänge finden nicht zuletzt ihren Niederschlag in
der hohen Teilzeitquote von Frauen mit versorgungsabhängigen Kindern, die
aufgrund zeitlicher Restriktionen meist nicht in der Lage sind, eine
Ganztagsbeschäftigung aufzunehmen (vgl. Brinkmann u. a. 1986, S. 364).

Schließlich können auch Arbeitsverhältnisse, bei denen die Arbeitszeit kurzfristigen und nicht im vorhinein kalkulierbaren Schwankungen unterliegt, zu In-
kompatibilitäten bei der Wahrnehmung familialer Aufgaben führen. Je kürzer
die Ankündigungsfristen und je unregelmäßiger die Verlaufsmuster der Arbeitszeit sind, desto schwieriger wird es, die notwendigen familialen Koordi-
nationsleistungen zu erbringen.

Generelle Aussagen darüber, welche Arbeitszeiten mehr und welche weniger
familienfreundlich sind, fallen schwer, da diese je nach Familienstand, Zahl
und Alter der Kinder, aber auch je nach der Höhe des Familieneinkommens
und dem jeweiligen örtlichen Angebot an sozialen Infrastruktureinrichtungen
(Kindergärten, Ganztagsschulen) sehr unterschiedlich sein können. Plausibel ist
auf jeden Fall die Annahme, daß variable Arbeitszeiten mit nur geringen Dispositionsmöglichkeiten für eine individuelle Arbeitszeitgestaltung und weitge-
hender Zeitverfügung durch den Betrieb erhebliche Schwierigkeiten verursachen dürften, das familiale Zeitbudget abzustimmen. Permanente Friktionen bei
der Koordinierung der familialen Verpflichtungen mit stets akuter Zeitnot
scheinen vorprogrammiert. Und umgekehrt verbessern sich mit zunehmender
Zeitautonomie die Möglichkeiten, die familiale Zeitverwendung mit den einzelnen Zeitbedürfnissen und -anforderungen abzustimmen und Zeitengpässe zu
vermeiden. Ein ähnlicher Zusammenhang gilt auch in bezug auf die Dauer
der Arbeitszeit. Je kürzer sie ist, desto größer sind die Schnittmengen für
eine gemeinsame familiale Verwendung.

Diese Aussage ist einzuschränken, wenn die Lage der Arbeitszeit ins Spiel kommt. Je nachdem, ob sie im Tages– oder Nachtbereich liegt, verändert sich der familiale Nutzwert der nicht–arbeitsgebundenen Zeit, die partner– schaftliche Teilung von Erwerbs– und Nicht–Erwerbsarbeit wird erschwert oder begünstigt. Für kinderlose Partnerbeziehungen werden kongruente Arbeitszeitmuster weitaus bedeutsamer für gemeinsame Aktivitäten sein als für Partner mit Kindern. Für die zweite Personengruppe können versetzte Arbeitszeiten mit unterschiedlichem Anfang und Ende der Arbeitszeit mögli– cherweise eine bessere Organisation der Kinderversorgung und –erziehung gewährleisten als bei einer deckungsgleichen oder bei völlig gegensätzlichen Arbeitszeiten.

Man sieht, die Frage der optimalen Arbeitszeit hängt von zahlreichen Faktoren ab. Zu berücksichtigen ist dabei ferner, daß die Einflußgrößen im Laufe eines Erwerbslebens erheblichen Wandlungen unterliegen. Mit steigendem Alter der Kinder ändern sich die Erziehungs– und Versorgungsaufgaben. Wie eine der wenigen Untersuchungen über die Auswirkungen der Schichtarbeit der Eltern auf die Entwicklung der Kinder zeigt, kann z. B. der "familiale Nutzwert" eines bestimmten Schichtsystems bei Eltern mit nicht–schulpflichtigen Kleinkindern ganz anders sein als bei schulpflichtigen Kindern (vgl. Diekmann u. a. 1983, S. 8).

Eben so wenig kann man von konstanten Ansprüchen und Anforderungen der Familienmitglieder gegenüber dem Beruf und dem karrieremäßigen Werdegang ausgehen. All diese Faktoren lassen sich zwar als Kriterien für eine familiengerechtere Arbeitszeitgestaltung aufführen. Wegen der grundsätzlichen Heterogenität ist aber die Frage der Sozialverträglichkeit stets unter den jeweiligen Individual– bzw. Gruppenbedingungen unterschiedlich zu beantworten.

1.5.5 Arbeitszeit und soziale Teilhabe

Ähnlich wie die Teilhabe am partnerschaftlichen/familialen Leben hängen auch die Möglichkeiten, am gesellschaftlichen Leben, an kulturellen, sportlichen, politischen, nachbarschaftlichen usw. Veranstaltungen teilnehmen zu können, in hohem Maße von der Lage, Dauer und Verteilung der Arbeitszeit ab. Komplementär zur Normalarbeitszeit haben die nicht–erwerbsbezogenen ge– sellschaftlichen Aktivitäten ein eigenes Zeitmuster entwickelt, das sich vor al–

lem auf den Abend- und Wochenendbereich konzentriert. Die Zeiten, an denen wirtschaftliche Aktivitäten stattfinden, und die Zeiten der Ruhe und der gesellschaftlichen Aktivitäten sind, abgesehen von gewissen Überlagerungen und Verschiebungen, im Grundsatz voneinander getrennt (vgl. Rinderspacher 1987, S. 98 ff.).

Obwohl die Dauer der Arbeitszeit, die durchschnittlich je Beschäftigten im Laufe eines Jahres geleistet wird, in den letzten Jahrzehnten kontinuierlich abgenommen hat, hat sich der Zeitnotstand kaum vermindert. Die durch-schnittliche tarifliche Wochenarbeitszeit lag 1988 bei 39 Stunden, für die mei-sten Arbeitnehmer gilt eine fünftägige Arbeitswoche, und die überwiegende Mehrheit hat Anspruch auf einen sechswöchigen Erholungsurlaub im Jahr. Der Zeitwohlstand ist aber nicht im gleichen Ausmaß mitgewachsen. Längere Wegezeiten, vermehrter Zeitaufwand für die Erledigung von Versorgungsauf-gaben und für die Regeneration aufgrund einer immer weiter vorangetriebenen Intensivierung der Arbeit haben einen Teil der aus den Arbeitszeitverkürzungen resultierenden Zeitgewinne neutralisiert. Sie stehen zwar individueller Nutzung zur Verfügung, gehen aber letztlich vom frei disponierbaren Zeitbudget ab.

Über die Möglichkeiten, gesellschaftliche Aktivitäten wahrnehmen zu können, entscheidet ferner die Lage der Arbeitszeit. Im Unterschied zu privaten bzw. familialen Kontakten ist ein Teil des sozialen Lebens an die Beachtung und Einhaltung zeitlicher Gepflogenheiten und Normen gebunden. Beginn und Ende öffentlicher Veranstaltungen, aber auch von Vereins- oder Partei- oder Gewerkschaftsterminen stehen fest und lassen sich nicht beliebig variie-ren. Ihre zeitliche Struktur ist individuell nicht oder nur sehr bedingt beein-flußbar. In dem Maße, wie Arbeitszeit bzw. Freizeit nicht mit dem Zeitprofil der gesellschaftlichen Aktivitäten übereinstimmen, verliert die Freizeit an Nutzwert. Dies gilt vor allem überall dort, wo Produktion und Konsum von Dienstleistungen in einem uno-actu-Zusammenhang stehen, wie dies bei den personenbezogenen Diensten trotz sich rasch ausbreitender moderner Speicher- und Abrufmöglichkeiten nach wie vor der Fall ist. So ist die Gleichzeitigkeit der Anwesenheit der insgesamt beteiligten Personen zentrales Kriterium für sämtliche gesellschaftliche Aktivitäten, die auf einer lebendigen und produktiven Mitwirkung ihrer Mitglieder bzw. Teilnehmer beruhen. Auf kollektives Gestalten und Erleben angewiesene Aktivitäten lassen sich auch nicht durch Technikeinsatz individualisieren. Das Prinzip der gleichzeitigen Anwesenheit der an den kollektiven Aktivitäten beteiligten Personen bleibt bestehen. Arbeitszeitverkürzungen können zwar die Möglichkeiten erweitern, Schnittmengen in der gemeinsamen zeitlichen Verfügbarkeit zu finden. Sie können aber nicht die Bedeutung von bestimmten Zeitabschnitten, wie vor allem dem Wochenende, als ein von möglichst vielen Menschen gemeinsam nutzbares Zeitrefugium ersetzen. Ohne solche gemeinsam erlebten und nutz- baren zeitlichen Freiräume können Zeitfriktionen entstehen, die soziale Kon- takte und Aktivitäten behindern oder gar ausschließen. So liegt bei Schicht- arbeitern die gewerkschaftliche Mitgliedsquote deutlich niedriger als bei ehe- maligen Schichtarbeitern. Ähnlich signifikante Unterschiede bestehen in der wöchentlich aufgewendeten Zeit für Aktivitäten in politischen Organisationen und Vereinen. Wie eine ältere, in den Kernaussagen sicherlich immer noch zutreffende Untersuchung zeigt, wenden hierfür 22 vH der ehemaligen Schichtarbeiter mehr als 4 Stunden pro Woche auf. Noch aktiver mit einem Anteil von 25 vH sind die Arbeitnehmer, die nie Schichtarbeit geleistet haben. Dagegen sind es bei den Schichtarbeitern nur 14 vH (vgl. PROSA 1981). Ein weiteres Ergebnis ist, daß sich Schichtarbeiter in fast allen Bereichen des sozialen Lebens stark benachteiligt fühlen.

Arbeitszeiten, die entweder im Abendbereich liegen oder unregelmäßig im Zeitablauf verteilt sind, erschweren schließlich auch die Möglichkeiten der all- gemeinen und beruflichen Fortbildung. Ein großer Teil des vor allem von öf- fentlichen Einrichtungen getragenen Weiterbildungsangebotes hat sich zeitlich komplementär zu den Zeitstrukturen der Normalarbeitszeit eingerichtet. Selbst bei einer anderen, stärker auch den Tagesbereich abdeckenden Zeitstruktur hätten im Wechsel-Schicht-Rhythmus arbeitende Menschen nur sehr ein- geschränkte Chancen einer regelmäßigen Teilnahme. Berufliche Umorientie- rungen außerhalb des Betriebes im Rahmen von Weiterbildungsaktivitäten stehen dann vor äußerst schwierigen Voraussetzungen der zeitlichen Realisierung. Die beruflichen Veränderungsmöglichkeiten, um sich z. B. rechtzeitig auf die Risiken des Strukturwandels einzustellen, sind deutlich ge- ringer als bei Arbeitnehmern mit gleichmäßigen Arbeitszeiten oder mit Nor- malarbeitszeit.

1.5.6 Arbeitszeit und Autonomiegrad

Eine Schlüsselrolle für den Grad der Sozialverträglichkeit spielt die Frage, in- wieweit die Arbeitszeit eher fremd- oder eher selbstbestimmt gestaltet wird. Es geht darum, inwieweit die Arbeitnehmer über Dauer und Lage der Arbeitszeit nach eigenen Zeitpräferenzen entscheiden können, ob die Arbeitszeit im Rahmen standardisierter Regelungen für alle nach dem gleichen

Muster vorgegeben ist oder ob die Arbeitgeber je nach den betrieblichen Anforderungen das Zeitprofil bestimmen. Diese Fragen hat die "neue Arbeitszeitpolitik" (vgl. Mertens 1979) unter dem Begriff der "Zeitsouveränität" (vgl. Teriet 1977) thematisiert. Dieses Modell, "das die Entscheidung über das quantitativ zeitliche Verhältnis von Arbeit und Nichtarbeit dem einzelnen Arbeitnehmer anheimstellt" (Heinze u. a. 1979, S. 277), wird als eine univer- selle Strategie begriffen, mit der sich verschiedene individuelle und gesell- schaftliche Ziele gleichermaßen angehen lassen. Ihr Anspruch ist es, die Beschäftigungsprobleme zu verringern, die Möglichkeiten, am Erwerbsleben teilzuhaben, zu verbessern, die Arbeitsbelastungen abzubauen, die Abstimmung mit den privaten Zeitinteressen und –bedürfnissen zu verbessern und Anpassungsmöglichkeiten für Änderungen im Laufe einer Erwerbsbiographie offen zu halten. Auf diese Weise soll sich nicht nur die individuelle, sondern auch die soziale Wohlfahrt steigern lassen. Ausgangspunkt ist eine Kritik am bestehenden Arbeitszeitsystem der Normalarbeitszeit, das geleitet vom Grundgedanken des Arbeitsschutzes den abhängig Beschäftigten mit Hilfe standardisierter Höchstgrenzen vor physischen und/oder psychischen Überforderungen schützen soll. Die Kehrseite eines standardisierten Normalarbeitszeitverhältnisses wird jedoch darin gesehen, daß es grundsätzlich indifferent gegenüber dem Lebenslauf und den verschiedenen Sinn– und Bedeutungsgehalten von Arbeit in unterschiedlichen Lebensphasen ist. So kann der Schutzaspekt "gegen jene wirken, die sich noch nicht in diesem Schutzbereich befinden oder die auf– grund bestimmter individueller Konstellationen einen solchen Standardarbeits– schutz nicht anstreben oder benötigen" (Teriet 1977, S. 83). Mit dem durch die Befunde zahlreicher Befragungen gestützten Verweis auf die sich öffnende Kluft zwischen den Arbeitszeitwünschen und den hiermit immer weniger kor– respondierenden Möglichkeiten, diese auch einlösen zu können, wird das Regime der standardisierten Arbeitszeiten als "goldener Käfig" empfunden, der angesichts von Wertewandel, steigendem materiellen Wohlstand und einem ausgebauten sozialen Sicherungssystem als nicht mehr zeitgemäß gilt und dem Streben nach optimalen Arbeitszeiten eher im Wege steht. Deshalb wird die "Abkehr und Überwindung starrer, standardisierter und uniformierter, fremdbestimmter und tabuisierter Arbeitszeiteckwerte" (Teriet 1983, S. 20) angestrebt. Favorisiert werden individuelle Gestaltungsformen der Arbeitszeit.

Das hier nur angedeutete Konzept der Arbeitszeitsouveränität ist als wenig realistisch zurückgewiesen worden. Der Haupteinwand ist, daß es die den Arbeitsmarkt kennzeichnende Machtasymmetrie übersieht (vgl. Olk u.a. 1979, S. 153 ff.), die kollektive Regelungsverfahren zur unverzichtbaren Bedingung und Voraussetzung für die Gestaltung individueller Freizeitspielräume bei der

Arbeitszeit macht (vgl. Bäcker, Seifert 1982, S. 248). Außerdem werde – so die Argumentation – die Bedeutung, die der Standardisierungsfunktion der Arbeitszeit im Hinblick auf das Verhältnis von Arbeitszeit und Freizeit, auf Einkommen, Belastungen, Beanspruchungen, Arbeitssicherheit, Lebensstandard usw. zukommt (vgl. Ott 1987, S. 130 ff.), systematisch unterschätzt. In dem Maße, wie die Normalarbeitszeit ihre Standardisierungsfunktion verlöre, ver-schwände ein allgemeiner Maßstab, der es möglich macht, die Unterschied-lichkeit einzelner Arbeitszeitformen zu bewerten. Er würde ersetzt durch eine unstrukturierte Pluralität von allein nach individuellen Kriterien bewertbaren Arbeitszeitformen. Dies hätte die fatale Folge, daß jeder Versuch einer Bewertung beliebig würde.

Als realistischer erscheinen demgegenüber Ansätze, wie sie mit dem Konzept der garantierten Optionalität (vgl. Hinrichs 1988, S. 300 ff.) oder auch mit dem Konzept der autonomieorientierten Arbeitszeitsysteme (vgl. Baillod 1986, S. 144 ff.) vorgeschlagen sind. Beide Ansätze eignen sich auch eher als theoretisch – analytischer Ausgangspunkt, um das Kriterium des Autono-miegrades zu fundieren und um zugleich Ansätze für dessen Operationali-sierbarkeit zu entwickeln. Das Konzept der garantierten Optionalität sucht nach Wegen, die den heterogenen und sozial diffus verteilten Änderungen der Arbeitszeitpräferenzen der Arbeitnehmer besser gerecht werden, ohne jedoch die Schutzfunktion kollektivvertraglich geregelter Standardbedingungen aufzu-geben. Die Überlegungen zielen vielmehr auf deren Erweiterung, die eine maximale Befriedigung der Arbeitszeitpräferenzen der Beschäftigten sicherstel-len soll. Ansatzpunkte sind kollektivvertraglich geregelte Normen, die die Möglichkeiten, vom Normalarbeitszeitstandard abzuweichen, erweitern und garantieren und von denen optional je nach der persönlichen Lebenslage und den jeweiligen aktuellen Bedürfnissen Gebrauch gemacht werden soll (vgl. Hinrichs 1988, S. 300).

Die Reichweite einer solchen optionalen Arbeitszeitpolitik läßt sich nach ver-schiedenen Abstufungen differenzieren. Unterscheidungsmerkmale hierfür bietet das Konzept autonomieorientierter Arbeitszeitsysteme an. Dessen zentrales Kennzeichen ist, "daß die Beschäftigten einzeln oder als Gruppe ihre Ar-beitszeitregelungen durchschauen, vorhersehen und entsprechend ihren Zielen, Bedürfnissen und Interessen beeinflussen können" (Baillod 1986, S. 146). Die Möglichkeit der vollständigen Arbeitszeitsouveränität, verstanden als die allei-nige Befugnis der Arbeitnehmer, die Dauer, Lage und Verteilung der Arbeits-zeit entscheiden zu können, wird in den weiteren Überlegungen als unter den Bedingungen abhängiger Lohnarbeit unrealistische Variante ausgeschlossen. Die Spannbreite der Abstufungen bewegt sich immer nur im Bereich der relativen Autonomie. Die Dispositionsmöglichkeiten über die Arbeitszeit werden dann nach den Aspekten der kurzfristigen und der langfristigen Kontrolle in zwei Gruppen gefaßt, für die sich jeweils folgende Rangreihen, gestaffelt nach dem Autonomiegrad, bilden lassen (vgl. Übersicht 1).

Da die Ausprägungsgrade teilweise sehr spezifisch an einzelne Arbeitszeit – formen gebunden sind, läßt sich das Schema wie folgt modifizieren und ver – allgemeinern. Sowohl für eine kurz – als auch langfristige Kontrolle der Arbeitnehmer über ihre Arbeitszeit sind Transparenz und Planbarkeit der betrieblichen Arbeitszeitnachfrage vorausgesetzt. In *kurzfristiger* Hinsicht lassen sich dann folgende Stufen unterscheiden:

1. Vorschlagsrechte der Vorgesetzten mit Vetorecht des Arbeitnehmers;

2. Möglichkeiten, eigene Arbeitszeiten (im Rahmen   kollektivvertraglich ge – regelter Eckwerte) in Absprache mit Vorgesetzten durchzusetzen; Veto – rechte des Vorgesetzten;

3. Teilautonome Arbeitsgruppen: Abstimmung der Arbeitszeiten unter mehre – ren Personen im Rahmen betrieblich vorgegebener Eckwerte, Einigungszwang der Gruppe;

4. Alleinige Bestimmung von Lage und Dauer der Arbeitszeit durch den Ar – beitnehmer (im Rahmen kollektivvertraglich geregelter Eckwerte).

Im Hinblick auf *langfristige* Kontrollaspekte kommen hinzu:

1. Rückkehrrechte zu Normalarbeitszeit bei bestimmten Indikatoren (Alters – grenzen, familialer Status, Gesundheit usw.);

2. Wahlmöglichkeiten zwischen verschiedenen Arbeitszeitsystemen (z. B. gleichförmige Arbeitszeit oder Gleitzeitsysteme; Vollzeit – oder Teilzeitarbeit und umgekehrt).

1.6 Methodische Probleme der Messung sozialverträglicher Arbeitszeiten

Nachdem nun die Kriterien definiert sind, stellt sich die zweifellos knifflige Aufgabe, wie sich die Kriterien der Sozialverträglichkeit so operationalisieren lassen, daß eine vergleichende Bewertung der verschiedenen Arbeitszeitformen möglich wird. Gibt es ein Verfahren, den Grad der Sozialverträglichkeit von Arbeitszeiten zu messen?

Ein methodisch wegen seiner formalen Logik faszinierendes Verfahren, den Grad der Sozialverträglichkeit zu messen, unterschiedliche Arbeitszeitformen zu vergleichen und zu bewerten, könnte die in der neoklassischen Theorie übliche Nutzenfunktion anbieten (vgl. Evans 1972, S. 2). Vor dem Hintergrund der weiter oben bereits dargestellten Modellannahmen läßt sie sich in ihrer einfachsten Form in der Beziehung

$$u = u \ (L, \ y)$$

formulieren, wobei L die Freizeit, y das Einkommen bezeichnet und der Nutzen, u, als eine Funktion von L und y angesehen wird. Der Wohlstand hängt dann von der Verfügung über Güter und der für den Konsum dieser Güter notwendigen Zeit ab. Diese sehr einfache Funktion ließe sich für unsere komplexe Fragestellung erweitern, indem man die Freizeit bzw. die nichtarbeitsgebundene Zeit in ihre verschiedenen Dimensionen (Dauer, Lage und Verteilung) aufspaltet und sie mit einem bestimmten Faktor gewichtet, der den unterschiedlichen Grad des Nutzens indiziert. Ebenso müßten bei der Variable Einkommen Zuschläge für ungünstige Arbeitszeiten berücksichtigt werden. Auf dieser Basis würden sich dann nach dem Muster neoklassischer Argumentation optimale Zeitaufteilungen für Individuen oder Haushalte angeben lassen.

Aus vor allem drei Gründen wird darauf verzichtet, den Komplexitätsgrad dieser Nutzenfunktion zu erhöhen, um sie auf unsere Untersuchung beziehen zu können. Erstens wird die Auffassung vertreten, daß die dem neoklassischen Arbeitszeitmodell zugrunde liegenden Annahmen über die Wahlfreiheit der Individuen, nach individuellen Nutzenkalkülen eine jeweils nutzenoptimale Kombination von Arbeitszeitprofil einerseits und Einkommen andererseits wählen zu können, mit der Wirklichkeit wenig zu tun haben. Für diese Auffassung spricht vor allem der allgemeine Einwand, daß abhängig Beschäftigte i. d. R. nicht über die Option verfügen, eine Arbeitszeitdauer von Null (über längere Zeit) wählen zu können. Aus Gründen der Existenzsicherung sind Lohnabhängige gezwungen, einen Teil ihrer Lebenszeit als Arbeitszeit zu reservieren und am Arbeitsmarkt anzubieten. Angesichts meist fehlender Arbeitszeitalternativen und der äußerst eingeschränkten und mit hohen Anpassungskosten verbundenen Möglichkeiten, auf andere berufliche Teilmärkte wechseln zu können, bleibt häufig gar nichts anderes übrig, als die von den Betrieben offerierten Arbeitszeitstrukturen zu akzeptieren, selbst wenn diese nur suboptimal für den einzelnen sind und deshalb größere Belastungen als bei einer den individuellen Arbeitszeitpräferenzen entsprechenden Arbeitszeitgestaltung hingenommen werden müssen.

Zweitens würde die Anwendung von Nutzenfunktionen voraussetzen, daß sich die Kategorie des Nutzens einigermaßen umstandslos auf die Begrifflichkeit der Sozialverträglichkeit beziehen ließe. Der Begriff der Sozialverträglichkeit impliziert, wie wir schon ausgeführt haben, das Vorhandensein sozialer Abhängigkeit, die zu strukturellen Benachteiligungen von Individuen führen und denen sich der einzelne nur unter Hinnahme anderer Benachteiligungen entziehen kann. Systematische Machtungleichgewichte zwischen den Arbeitgebern und den Beschäftigten, die ja die Frage nach sozialverträglichen Gestaltungsmöglichkeiten auf den Plan gerufen haben, sind aber fremde Elemente in den Grundannahmen neoklassischer Nutzenfunktionen. In der formalisierten Darstellung von Nutzenfunktionen würden diese Zusammenhänge verloren gehen. Wenn man davon ausgeht, daß eine Interdependenz zwischen gesellschaftlicher und technischer Entwicklung besteht, die über ökonomische und politische Rationalität und Herrschaft vermittelt ist (vgl. Sachverständigenkommission Arbeit und Technik Bremen 1988, S. 81), dann lassen sich diese Zusammenhänge wohl kaum mit individualistischen Wahlhandlungstheorien angehen.

Der dritte Grund hat schließlich mit dem Problem zu tun, die Kriterien der Sozialverträglichkeit in quantifizierbaren Größen auszudrücken. Aus diesem Grunde haben wir auch darauf verzichtet, Gewichtungen für die einzelnen Kriterien zu entwickeln und Bewertungsschemata zu erstellen. Hintergrund hierfür ist zum einen die Interessenstrukturierung des Begriffes der Sozialverträglichkeit und zum anderen die methodische Unmöglichkeit, qualitative Phänomene meßbar machen zu können. Bei einigen Kriterien ist es beim derzeitigen Wissensstand nicht möglich, Schwellen oder Grenzwerte anzugeben, deren Über- oder Unterschreiten negative Wirkungen auslöst, zu dauerhaften Defekten führt oder mit schwerwiegenden Belastungen verbunden ist. Belastet eine zwei- oder dreimal pro Jahr geleistete Samstagsarbeit (z.B. im Rahmen von Sonderschichten) bereits die familiären Beziehungen? Bis zu welchem Grade können Zuschläge für Schichtarbeit in Form gesonderter Freizeiten die gesundheitlichen Belastungen und alltagskulturellen Einschränkungen ausgleichen? Inwieweit kann ein höherer Grad an individuellen Dispositionsmöglichkeiten bei der Gestaltung der Arbeitszeit dafür entschädigen, daß im Gegenzug die Zeitspanne, auf die die Arbeitszeit z. B. im Rahmen versetzter Zeitmodelle zu verteilen ist, ausgedehnt wird und sich die tägliche Arbeitszeit anstatt auf 8 nun auf ein Schwankungsintervall von z.B. 13 Stunden verteilen kann? Diese Fragen lassen sich nicht mit Hilfe quantifizierbarer Größen beantworten. Vergleichsweise einfach ist es zwar, die verschiedenen Schichtsysteme quantitativ zu erfassen. Man kann für jedes Schichtsystem die individuell pro Jahr zu leistenden Arbeitstage ebenso zählen wie die Dauer der einzelnen Schichten in Zeiteinheiten benennen. Schwieriger ist es, unterschiedliche Muster variabler Arbeitszeitgestaltung in vergleichbare Größenordnungen zu bringen. Wenn man z. B. versucht, zwei variable Jahresarbeitszeit– oder Gleitzeitsysteme miteinander zu vergleichen, dann kann man zwar zum einen die verschiedenen Zeitdimensionen wie die Bandbreiten für das tägliche oder wöchentliche Schwankungsintervall, die Dauer der Kernzeiten oder die Dauer der Ausgleichszeiträume beschreiben, auszählen und gegenüberstellen. Aussagen darüber, in welcher Größenordnung ein kürzerer oder längerer Ausgleichszeitraum bei Bandbreiten– oder Gleitzeitmodellen den Grad der Sozialverträglichkeit erhöht oder vermindert, sind kaum möglich bzw. werden mehr oder minder beliebig. Erst wenn weitere qualitative Kriterien, wie z. B. der Grad an Verfügungsrechten, den Zeitpunkt für die Inanspruchnahme von Freizeitansprüchen nach individuellen Bedürfnissen wählen zu können, in die Analyse einbezogen werden, erscheinen bewertende Vergleiche möglich.

Das Grundproblem besteht in dem teilweisen Fehlen harter Kriterien. Deshalb muß man darauf verzichten, eine Art Thermometer zu bilden, das nach einem einheitlichen gesellschaftlichen Maßstab geeicht ist und mit dessen Hilfe sich der Grad der Sozialverträglichkeit einzelner Arbeitszeitprofile messen und unterscheiden läßt.

Die angeschnittenen Operationalisierungsprobleme lassen sich relativieren, wenn man auf ein allgemein anerkanntes Referenzmodell der Arbeitszeit zurückgreifen kann, das unter den gegebenen gesellschaftlichen Bedingungen einen akzeptablen Grad der Sozialverträglichkeit markiert. In Frage kommt das Modell der sogenannten Normalarbeitszeit. Dieses Konstrukt genügt sicherlich nicht dem Anspruch einer gesellschaftlich optimalen Arbeitszeit, da es der Vielfalt der Bedürfnisse und der Pluralität der Interessen nur bedingt Rechnung tragen kann. Jedenfalls dürfte die Normalarbeitszeit solange auch immer restriktive Elemente enthalten, wie sie an standardisierte Muster gebunden ist, die wie eine Meßlatte von außenverfügten Anspruchsnormen wirken können (vgl. Kurz – Scherf 1987, S. 498) und Abweichungen ausschließlich oder nur unter erschwerten Bedingungen möglich machen.

Ungeachtet dieser Relativierung liegt der entscheidende und durch kein anderes Arbeitszeitmodell ersetzbare Vorzug der Normalarbeitszeit in ihrer Standardisierungsfunktion, auf die bereits weiter oben eingegangen wurde. Sie stellt einen allgemeinen Bezugsmaßstab dar, der es möglich macht, Abweichungen zu kennzeichnen und deren Richtung zu benennen.

Anhand der drei Dimensionen der Arbeitszeit, der Dauer, der Lage und der Verteilung, läßt sich die Normalarbeitszeit wie folgt definieren: Die Dauer ist durch die tarifliche Regelarbeitszeit bestimmt; bei der Lage wird von einschichtiger Arbeit während der Tageszeit zwischen den Tagen Montag bis Freitag ausgegangen; die Verteilung der ' Regelarbeitszeit erfolgt in gleichen Portionen auf die einzelnen Wochentage.

Mit Hilfe einer an qualitativen Kriterien geführten Bewertung läßt sich dann angeben, ob Arbeitszeitveränderungen eher die Sozialverträglichkeit steigern oder eher in die umgekehrte Richtung führen. Dabei kann man sich eine Art Kontinuum vorstellen, begrenzt durch zwei Pole, die einerseits den Idealfall optimaler Sozialverträglichkeit und andererseits das genaue Gegenteil markie-ren. Es fehlt allerdings ein Maßstab, der es erlaubt, die einzelnen Arbeitszeitformen genau auf dieser Sozialverträglichkeitslinie zu verorten und die Abstände zwischen ihnen zu messen.

Im Hinblick auf die weitere Argumentation sind noch folgende zwei Probleme zu beachten. Zum einen können die verschiedenen mit der Arbeitszeitgestal-tung verfolgten Ziele in einem konkurrierenden Verhältnis zueinander stehen. Wird eine Gesamtbewertung der verschiedenen Ziele angestrebt, so kommt man nicht daran vorbei, die einzelnen Ziele gegeneinander abzuwägen und zumindest grobstrukturierte Rangfolgen zu erstellen. Dies macht normative Bewertungen erforderlich. Will man dies möglichst vermeiden, dann muß man sich darauf beschränken, Gegensätze und Widersprüche zu benennen und die Lösung der damit verbundenen Fragen an den gesellschaftlichen Diskurs zu verweisen. Aber auch diese Beschränkung kann noch einigermaßen fruchtbar sein, indem "via Reflexion nicht nur Unstimmigkeiten in der Relation von Zielen und scheinbar nur instrumentell betrachteten technischen Mitteln deutlich, die Bedeutung dieser Mittel für andere Ziele im Sinne von uner-wünschten oder nicht erwünschten Nebeneffekten klarer erkennbar werden, sondern auch der planerisch-intellektuelle Such- und Entscheidungsprozeß dahingehend erweitert wird, alternative technische und nicht-technische Möglichkeiten zur Erreichung der stärker ins Bewußtsein gehobenen Ziele zu eruieren" (v. Thienen 1988, S. 172).

Zweitens stellt sich bei den Kriterien der Sozialverträglichkeit das Problem der Allgemeingültigkeit. Unterschiedliche Arbeitszeitprofile können für einzelne Beschäftigtengruppen unterschiedliche Bedeutung und unterschiedliche Nutzen haben. Je nach Haushaltstyp, sozialem Status und Einkommen können die jeweiligen Anforderungen und Präferenzen an die Gestaltung der Arbeitszeit z. T. erheblich auseinandergehen (vgl. Hinrichs 1988, S. 235 ff.). Angesichts dieser Tatsache wird versucht, bei der Erörterung einzelner Arbeitszeitformen unter dem Aspekt der Sozialverträglichkeit Auslegungen zu finden, die für möglichst viele Gruppen und Interessen zustimmungsfähig sind.

Übersicht 1: Ausprägungsgrade der kurz- und langfristigen Kontrolle der Arbeitnehmer über ihre Arbeitszeit

kurzfristig	langfristig
o Durchschaubarkeit der betrieblich geforderten Arbeitszeit	
o Vorhersehbarkeit der betrieblich geforderten Arbeitszeit	
o Beeinflußbarkeit der Arbeitszeit o Möglichkeit der Annahme oder Ablehnung der betrieblich ge-forderten Arbeitszeit	o Beeinflußbarkeit der Arbeitszeit o Einmalige Möglichkeit der Annahme oder Ablehnung trieblicher Arbeitszeitsysteme
o Möglichkeit der Durchsetzung eigener Interessen in Absprache mit dem Vorgesetzten	o Einmalige Möglichkeit der Ein-flußnahme auf bestehende Arbeitszeitsysteme
o Möglichkeit der Durchsetzung eigener Interessen in Absprache mit den Kollegen	o Wiederholte Möglichkeit der Einflußnahme auf bestehende Arbeitszeitsysteme
o Möglichkeit der Durchsetzung eigener Interessen im Rahmen vorgegebener Gleitzeitregelungen	o Möglichkeit der Variierung/ Erweiterung bestehender Arbeitszeitmodelle aufgrund persönlicher Interessen
o Möglichkeit der Durchsetzung eigener Interessen im Rahmen vorgegebener variabler Arbeits-regelungen	o Möglichkeit der Einführung neuer Arbeitszeitformen aufgrund per-sönlicher Interessen
Quelle: Baillod 1986, S. 148/150	

2. BEZUGSACHSEN DER ANALYSE VON ARBEITSZEITORGANISATION UND TECHNIKEINSATZ

An sozialwissenschaftliche Forschung, die sich mit Gestaltungsfragen zum Themenbereich Arbeitszeit und Technik befaßt, ist wie an jede andere mit realen Sachverhalten beschäftigte Disziplin zweierlei Anspruch zu stellen.

Zum einen hat sie ihren Gegenstand zu analysieren, die analytisch ermittelten Elemente in ihrem Zusammenhang zueinander und im Verhältnis zu relevanten Einflußgrößen zu erklären und die in den dargestellten Zusammenhängen angelegten Gestaltungsprobleme (Restriktionen bzw. Potentiale/Optionen) sichtbar zu machen. Dazu bedarf sie eines begrifflichen Gerüstes, das Vorhandenes aus Vergangenem und künftig Wahrscheinliches, Mögliches oder Wünschenswertes aus Gegenwärtigem abzuleiten erlaubt. Die Begriffe, mit denen, und der Bereich, in dem ein solches Forschungsprojekt operiert, müssen also in einer Weise gefaßt werden, die den Erfordernissen genügen, Technikentwicklung und Arbeitszeitstrukturierung als soziale Prozesse verständlich zu machen; Entstehung und Wirkung bestimmter Konfigurationen technischer und arbeitszeitlicher Komponenten in einen dynamischen Zu-sammenhang zu stellen; Technik und Arbeitszeit nicht als zwei getrennte Sphären und einzeln oder gemeinsam als von der Gesellschaft isolierte Be-reiche zu behandeln; Aspekte der Handlungsebene mit Gesichtspunkten der Sozialstrukturebene in einem Konzept zu verbinden (vgl. Rammert 1982; Rammert 1986).

Zum anderen muß gestaltungsorientierte Technik–Arbeitszeit–Forschung als Teil der Sozialwissenschaften sich ihrer reflexiven Struktur bewußt sein, d. h. der Tatsache, daß sie ihren Gegenstandsbereich in ganz bestimmter Weise wahrnimmt. Es gibt also einen Zusammenhang zwischen der Auffassung der beteiligten wissenschaftlichen Akteure z. B. von Arbeit, Technik und Gesell-schaft und ihren in den akademischen Symbolsystemen verwandelten Ausdrucksformen des jeweiligen Begriffs von sozialer Wirklichkeit. Und natürlich findet man auch in der themenbezogenen und –nahen Forschung beträchtliche Abweichungen im Profil der Fragestellungen, in den Zielsetzun-gen, methodischen Ansätzen, theoretischen Reflexionen und in der Durch-dringung des Stoffes. So wird seit Ende der 1960er Jahre, als mit der kapi-talismuskritischen Welle auch der "Streit um die Technik" (Lutz, Schmidt [2]1977, S. 185 ff.) wieder auf die Tagesordnung der gesellschaftstheoretischen und –politischen Debatte kam, hier und da das Bild einer vorkapitalistischen

Zivilisation gezeichnet, in der z. B. die Arbeitsbedingungen angeblich noch mit den Orientierungen an die "natürliche" Zeit in Einklang standen (vgl. Wolf – Graaf 1983; kritisch zum Thema: Becker u. a. 1977, S. 52 – 61). Allemal re – alistischer dürfte die Annahme sein, daß die ganz überwiegende Mehrheit der (weiblichen und männlichen) Arbeitskräfte in vor – und frühkapitalistischen Perioden aufgrund überaus kraft – und zeitraubender Existenzbedingungen weit davon entfernt war, ihre aus der Sicht von heutigen Kapitalismuskritikern "organische Ganzheit von Arbeit und Leben" (Ostner 1978, S. 73) als identi – tätsstiftend anzusehen. Dort wie in vielen anderen Fällen ist die Wahl des theoretisch – analytischen Ansatzes oder des begrifflichen Apparates die Achillesferse. Wie stark die Abhängigkeit zwischen Theorie und Realität durch das nachträgliche Hinstellen eines beliebigen technischen Systems als durch seine Funktionalität für die jeweils gewählte Bezugsebene erzwungenes Resultat sein kann, ist schon oftmals (vgl. z. B. Hobbensiefken 1986) durch Hinweis auf den hermeneutischen Zirkel von Vorverständnis und entspre – chendem Ergebnis demonstriert worden.

Aber aus der reflexiven Struktur zwischen der Auffassung vom Erkenntnisob – jekt und wissenschaftlichem Ansatz folgt ja nicht nur, daß das jeweilige Er – fahrungsobjekt unter einem ganz bestimmten Blickwinkel gesehen und ge – deutet wird, sondern auch, daß man den Forschungsgegenstand oder das Verständnis seiner in spezifischer Weise zu verändern vermag. Das kann beispielsweise dadurch geschehen, daß einzelne Aspekte herausgegriffen, mit Mitteln der theoretisch – empirischen Sozialforschung und der öffentlichen Meinungsbildung betont und verstärkt und schließlich als scheinbar einzige rationale gegen anderslautende, gleichwohl wissenschaftsfundierte, aber un – bequemere, wenn nicht gar – nach Maßgabe verfestigter Positionen – "systemwidrige" Meinungen und Anstöße paradigmatisiert bzw. verteidigt oder institutionalisiert werden. Was als "irrational" oder als "ideologisch" stigmatisiert ist, läßt sich oft genug als Abweichung von festgefügten akademischen Denkweisen oder auch als unerwünschte Kritik gesellschaftlicher Zustände dechiffrieren. Die Geschichte des Kampfes um Arbeitszeitverkürzung und die aktuelle Auseinandersetzung zum Thema "Neoindustrialisierung" sind dafür Belege.

Von beiden Ansprüchen her haben reine Beschreibungen empirisch vorfind – barer Technik – Arbeitszeit – Beziehungen keinen Erklärungs – und Prognose – wert. Denn immer bilden sie sich unter gewissen wirtschaftlichen, sozialen, technischen, organisatorischen, politischen und kulturellen Bedingungen, die sich einander zudem in vielfältiger Weise da abschwächen, dort verstärken, aus. Buchstäblich jede Konfiguration von Arbeit und Technik ist Ausdruck von

Spannungen und bringt ihrerseits selbst Spannungen hervor, einfach deshalb, weil sie permanent Anfechtungen der einen oder anderen Seite ausgesetzt ist.

Solche sozialen Prozesse haben viele Teilnehmer, und diese gehören unterschiedlichen Schichten, Organisationen, Einrichtungen an. Technikentwicklung ist mithin immer Produkt gesellschaftlicher Arbeit. Weder der Einsatz von Neuer Technik noch die Organisation der Arbeitszeit, sei nun jedes für sich oder beides zusammen genommen, folgt Eigengesetzlichkeiten. Zuschnitt und Druck aufeinander sind von gesellschaftlichen Kräften bestimmt. Wie die gesellschaftliche Organisation der Erzeugung und Anwendung der technischen Mittel ist auch die soziale, sachliche, zeitliche und räumliche Verteilung und Nutzung der einzigen großen Produktivkraft von sozialem Wert, der menschlichen Arbeit, vorläufiges Resultat von Strategien individueller oder zumeist kollektiver Akteure mit bestimmten Interessen, Zielsetzungen und Machtressourcen (vgl. u. a. Rammert 1982; Rammert 1986) und zugleich ein gesellschafts und sozialdeterminierender Sachverhalt (vgl. Linde 1982 und die dort zitierte Literatur).

Technische und arbeitszeitliche Entwürfe, ihre Realisierungschancen und Anwendungspotentiale unterliegen der Bewertung. In privatwirtschaftlich verfaßten Gesellschaften haben Alternativen zu den institutionalisierten Betriebszeit bzw. Arbeitszeitformen den Nachweis ökonomischer Rationalität zu erbringen. Die jeweils etablierten Formen der zeitlichen Nutzung von Arbeitskräften und Produktionsmitteln drücken demzufolge auch immer gesellschaftliche Kräfteverhältnisse bei der Durchsetzung von Ansprüchen der am Produktionsprozeß Beteiligten aus. Zum Beispiel umfaßt die unternehmerische Entscheidung, faserige Rohstoffe wie Baumwolle und Wolle durch Abfallprodukte der Raffinierung von Mineralöl (Granulat) als Grundstoff der Gewebeherstellung zu ersetzen, nicht nur den kostenträchtigen Umbau der Produktionsmittelbasis, sondern auch die mit technischökonomischen "Sachzwängen" begründbare Einführung eines kontinuierlichen Schichtsystems für die in der Gewebevorstufe beschäftigten Arbeitskräfte. Umgekehrt ermöglicht das Umsteigen vom Maschinensatz zu mikroelektronisch gestützten SatzSystemen in der Druckvorstufe von Zeitungen eine erhebliche Reduzierung der Zahl der an Wochenenden benötigen Arbeitskräfte.

Offenbar ist es so, daß die Frage nach Funktionszusammenhängen von Produktionstechnik und Arbeitszeitstruktur, sucht man sie nun allein auf diese beiden Komponenten bezogen oder unter Einfluß der sozioökonomischen Umwelt, in die sie eingebettet sind, zu beantworten, für Deutungen weithin offen bleibt. Die Erklärungsansätze liegen alle irgendwo in einem Kontinuum zwischen zwei Extremen: 1. jede unorthodoxe Sicht der Dinge einfach des-halb zu verwerfen, weil sie mit der herkömmlichen oder herrschenden Mei-nung nicht übereinstimmt, und 2. jede neue Idee, aus welchen Gründen (Motiven) auch immer, zu akzeptieren, wie "abgehoben" sie auch erscheinen mag.

Obwohl wissenschaftliche, wirtschaftliche und politische Akteure nur selten Zuflucht zu diesen extremen Verhaltensformen nehmen, kommen sie ihnen doch immer wieder gefährlich nahe. Zu dieser Nähe gehört das (tarif)politische "Kaltstellen" der Forderung nach weiteren Arbeitszeitverkürzun-gen oder nach Flexibilisierung und Differenzierung der Arbeitszeit. Dazu gehört freilich auch ein Teil der aktuellen Diskussion, die um die Frage nach den Entwicklungsaussichten von Industriearbeit unter dem Einfluß sich ändernder Marktbedingungen und auf breiter Basis stattfindenden Einsatzes mikroelek-tronisch gestützter Kommunikations-, Informations- und Steuersysteme kreist.

Unbestritten ist, daß Technik, die auf der Mikroelektronik aufbaut, potentiell ein fast unbegrenztes Anwendungsfeld in der Wirtschaft findet. Es gibt sehr viele Möglichkeiten, sie zu nutzen. Wie die Betriebe diese neue Technik anwenden, welche Veränderungen das für die Betriebsorganisation, für die Qualifikationsansprüche hat und mit welchen Effekten für welche Beschäftigten zu rechnen ist – auf alle diese Fragen gibt es nur erst widersprüchliche, zaghafte oder gar keine Antworten (vgl. Lutz 1988, S. 20). Ein potentieller Wirkungsbereich indessen geriet bereits im Zusammenhang mit der Anfang der 1980er Jahre an Heftigkeit zunehmenden öffentlichen Diskussion über eine allgemeine Verkürzung der Arbeitszeit als Beitrag zum Abbau der Arbeitslosigkeit Ökonomen ins Gesichtsfeld, und zwar im Kontext betrieblicher Strategien einer weitergehenden Arbeitszeitflexibilisierung als gewissermaßen letztes Glied einer an Kriterien technischer Effizienz und ökonomischer Rentabilität orientierten Umgestaltung von Produktionsprozessen (vgl. Staudt 1982, S. 61 ff.). Bisherige Grenzen der Entkoppelung des "Mensch-Maschine-Systems" könnten, so hieß es, durch den Einsatz von Informations- und Kommunikationstechnik überwunden werden, im Anwendungsbereich entstehe ein Gestaltungspotential. Damit könnten auch die "Entkoppelungsgrenzen" fallen, die im Fertigungsbereich die konventionellen Arbeitsstrukturen bestimmt hätten. In einem Umfang, wie dies bis dato unvorstellbar gewesen sei, würde das Entkoppelungspotential erhebliche Weiterungen vor allem im Hinblick auf flexiblere Arbeitsverhältnisse und indi-viduelle Arbeitszeitstrukturen zulassen. Diese These, die im übrigen vor allem markt- und produktionsökonomische Ziele im Auge hatte, wurde dann, teilweise arbeitsorientiert gewendet (vgl. Wiesenthal u. a. 1983; Wiesenthal 1985), Bestandteil der allgemeinen arbeitszeitpolitischen Diskussion.

Diese These bildet, wie schon gesagt, den Ansatzpunkt unserer Untersu-chung, und sie führt hier zur Frage nach einem geeigneten Forschungs-und Erklärungsansatz.

2.1 Vorhandene Forschungs- und Erklärungsansätze

Was die wirtschafts- und sozialwissenschaftliche Literatur für die in dieser Studie zu lösende Aufgabe, nämlich die Art der Beziehungen zwischen tech-nischem Wandel und Arbeitszeitveränderungen zumindest in den Grundzügen aufzuhellen und in diesem Licht nach Potentialen für eine sozialverträgliche Arbeitszeitgestaltung zu suchen, anbietet, ist nicht viel, und das Wenige ist oftmals noch heftig umstritten.

Die Beantwortung dieses Fragenkomplexes setzt die Existenz von Theorien und empirischen Analysen der Beziehungen nicht nur von Arbeit und Technik als Elemente einer aufeinander bezogenen Entwicklung, d. h. gleichzeitig als Ursache und Wirkung eines historisch-konkreten Prozesses, "der den ein-zelnen Betrieb übergreift und in den die besonderen Strategien der Nutzung von Technik und Arbeitskraft des einzelnen Betriebes eingebunden sind" (Lutz 1988, S. 20), voraus. Überdies müßten die Elemente in ihrer unterschiedlichen Ausprägung auf die ihre Modifikationen bewirkenden betriebsübergreifenden Impulse und auf die betrieblichen Nutzungsstrategien von Technik und Ar-beitskräften modellierenden Kräfte unmittelbar bezogen werden (vgl. Düll 1975, S. 29 f.; zum aktuellen Stand der Theoriedebatte vgl. Bartölke u. a. 1986). Das aber ist mit dem gegenwärtig verfügbaren Theorieangebot nicht zu leisten.

Wirtschafts- und sozialwissenschaftliche Forschungs- und Erklärungsansätze haben den Themenbereich Arbeit und Technik bisher hauptsächlich zu fol-genden vier Fragenbereichen umgesetzt:

- technische Evolution als Faktor der ökonomischen Entwicklung und des wirtschafts-, berufs- und sozialstrukturellen Wandels in Marktökonomien (vgl. Joachim u. a. 1977; Joachim 1989);

- technische Entwicklung und Veränderungen der menschlichen Arbeit hin - sichtlich der Beanspruchungsarten, Qualifikationsanforderungen, Koope - rationsformen, Herrschaftsstrukturen, Entlohnungsformen, Arbeitsorganisa - tion, Arbeitsplatzstruktur in Industrie - und Dienstleistungsbetrieben sowie in bezug auf Anforderungen an das gesellschaftliche Bildungs - und Be - rufsbildungssystem (vgl. Lutz, Schmidt ²1977, S. 184 – 196; Georg u. a. (Hg.) 1985; Naschold 1988);

- die noch heute kontrovers diskutierte theoretisch – analytische Fassung der technischen Entwicklung nach Antriebskräften, Verlaufsformen; die gesell – schaftliche Bewertung und Bedeutung der technischen Entwicklung sowie die Notwendigkeit und Möglichkeit ihrer gesellschaftlichen Kontrolle und Steuerung bzw. das Problem der Gestaltbarkeit von Arbeit und Technik unter dem Aspekt der Humanisierung oder der Sozialverträglichkeit (vgl. Fricke u. a. 1985; Ridder 1986; Sauer 1986; Rosenthal 1986; Seifert 1986; Benz – Overhage 1986; Peter 1986; v. Alemann u. a. 1986; Lutz, Schultz – Wildt 1986; Lutz 1988; Lange 1988; Rauner 1988; Rödiger 1988; Sachverständigenkommission Arbeit und Technik Bremen 1988);

- die Identifizierung vorgeblicher oder auch tatsächlicher Umbrüche in den unternehmerischen Rationalisierungsstrategien als Voraussetzung bzw. im Gefolge des Einsatzes neuer Technik, veränderter Arbeitsmärkte oder des Umformulierens der Herrschaftsfrage in Richtung auf "neue Produktions – konzepte" und "Aufgabenreintegration" in den industriellen Kernsektoren (vgl. Kern, Schumann 1984; Schumann 1986) und die Antizipation "flexibler Spezialisierung" als Chance für das Wiederaufleben handwerklicher Fach – arbeit in bestimmten Bereichen der Produktion (vgl. Piore, Sabel 1985).

In den letzten Jahren häufen sich die wissenschaftlichen Bemühungen, die sich mit der weiteren Entwicklung und Verbreitung von elektronischen Mikrosystemen verbundenen Veränderungen vorzustellen. Fast alle Entwürfe nehmen "die" Mikroelektronik als Agens. Die einen proklamieren eine neue Bildungskrise, da das gegenwärtige Bildungs – und Ausbildungssystem der "Herausforderung der Informationstechnik" nicht gewachsen sei (vgl. Haefner 1982). Andere prognostizieren das Aufkommen einer "Wissensgesellschaft", die sich auf Basis Neuer Technik sozusagen aus der kapitalistischen Industriegesellschaft herausentwickelt, dem Markt als Regelmechanismus von Produktion und Verteilung seine Bedeutung nimmt und die Wirtschaft mehr und mehr der politischen Administration unterordnet (vgl. Bell 1979), wobei sich in der Einschätzung zunehmender Funktionsdefizite und abnehmender Legitimationsressourcen der kapitalistischen Wirtschaft eine überraschende

Nähe zwischen Deutungen in der Tradition Schumpeters (vgl. Schumpeter 1912; Schumpeter 1939; Schumpeter 1942), der strukturell–funktional justier– ten Techniksoziologie (vgl. Weingart 1982; Balla 1982) und der kapitalis– muskritischen Politischen Ökonomie (vgl. Berger, Offe 1980) ergibt. Wieder andere meinen, die "C und C"–Technik dränge die europäische und insbe– sondere die deutsche Wirtschaft ins Abseits (vgl. Nussbaum 1984). Allen beispielhaft genannten Autoren ist offenbar die Vorstellung gemeinsam, "die" mikroprozessorgestützte Informations– und Kommunikationstechnik verändere, ja revolutioniere die Gesellschaft. Womit man es bei dieser Sicht zu tun hat, ist so etwas wie eine Renaissance schon längst überwunden geglaubter Postulate von der "Eigengesetzlichkeit" der Technik und ihrer gesell– schaftsdeterminierenden Kraft.

Von den "Auswirkungen des technischen Fortschritts auf das Beschäftigungssystem" (Neifer 1986) ist hier und da wieder die Rede, und überdies davon, daß rechnergesteuerte Maschinen und computergestützte Fertigungsverfahren grundsätzlich die Abkehr von extremen Formen der Arbeitsteilung erlaubten (vgl. Kern, Schumann 1984, S. 15–26; Steffens, Specht 1988, S. 1), so als ob Maschinen über die Arbeitsorganisation entscheiden würden und als habe die ältere These vom Technikdeterminismus keine grundlegende Kritik erfahren. Ihr ging es u.a. explizit um die Sichtbarmachung des sozialen Prozesses technischer Innovationen, die ausdrücklich als gesellschaftlich endogene Entwicklungen thematisiert worden sind (vgl. Kern, Schumann 1972, S. 15). Bisweilen freilich wurde die Frage, wie sich Soziales, Ökonomisches und Technisches verschränken, auf verblüf– fend einfache, wenig erhellende Weise gelöst: Die konkrete Ausgestaltung von Technik erscheint kurzerhand als die dem Verwertungszwang des Kapitals jeweils angemessene Lösung.

In der Diskussion über die Entwicklung der industriellen Beziehungen bleibt völlig offen, ob es sich um einen Umbruch oder zumindest eine Chance (vgl. Schmid 1985; Hartmann 1985; Neifer 1986; Wobbe 1987; Heinz 1987) für die Abkehr von tayloristisch organisierten Massenprozessen handelt oder um unzulässige Verallgemeinerungen marginaler Phänomene (vgl. Becker–Schmidt 1986). Kontrovers bleibt, ob es um mehr geht als einen bloßen Formwandel kapitalistischer Rationalisierung (vgl. Düll 1985), um einen im Kontext einer verbilligten und perfektionierten Mikroelektronik/EDV entstandenen neuen Rationalisierungstyp (vgl. Altmann u. a. 1986) mit nur noch schwachen Bin– dungen an die stofflichen Erfordernisse des Produktionsprozesses und ent– sprechender Offenheit der Gestaltung in Abhängigkeit von Einflüssen und Anforderungen der Absatz–, Rohstoff–, Kapital–, Technologie– und Ar–

beitsmärkte, darüber hinaus "aber auch von den vorhandenen betrieblichen Strukturen und den in ihnen eingelassenen Macht – und Einflußrelationen" (Lutz 1988, S. 20 f.). Ungeklärt ist, ob es bei der von Kern/Schumann wahrgenommenen "Neoindustrialisierung" um eine der Erweiterung des Verwertungsinteresses und des Zugriffshorizonts des Kapitals hinsichtlich der Arbeitskräfte dienliche formale Ausweitung an individueller Autonomie nur bis zu den Grenzen geht, wie diese relative Dispositionsfreiheit regelgebunden wahrgenommen wird (vgl. Kern, Schumann 1984, S. 18 ff.) bzw. um einen Zirkelschluß ihres "phänomenologischen Ansatzes einer sich gegenseitig bedingenden Praxis und Theorie" und ihres "naive(n) Glaube(ns) an die Gültigkeit des in der Gesellschaft vorherrschenden kapitalistischen Systems" (Hobbensiefken 1986, S. 68; zur Logik "einsinniger" sozialstruktureller Erklärungsansätze vgl. auch Rammert 1986, S. 29 – 31).

Dieser Studie liegt die Gewißheit zugrunde, daß es sich bei Annahmen sowohl von autonomer technischer Entwicklung als auch von "durchmarschierenden" Kapitalinteressen um Fiktionen handelt. Tatsächlich unterliegen Technik – und Arbeitszeitentwicklungen vielfältigen Einflüssen. Stets handelt es sich um die allmähliche Durchsetzung bestimmter, zunächst parti – kularer Impulse. Sie werden verstärkt oder auch abgeschwächt, bis sie schließlich eine Produktionsform oder neue Arbeitszeitsysteme begründen. Diese veränderten oder neu etablierten Produktionsformen und Zeitstrategien sind ihrerseits gesellschaftlichen Einflüssen ausgesetzt und erfahren abermals Veränderungen.

Man hat es also mit einem großen Komplex von Strömungen und Verfestigungen zu tun, der das Arbeitszeit – Technik – Phänomen umgibt. Fällt es bereits bei einer speziellen produktionstechnischen bzw. arbeitszeitorgani – satorischen Neuerung schwer, Anlaß und Ablauf sowohl kausal wie chronologisch noch einigermaßen deutlich zu fassen, so drohen bei der Suche nach Zusammenhängen zwischen beiden zur Identifizierung von Spielräumen für sozialverträgliche Arbeitszeit – und Technikgestaltung die Konturen erst recht zu verschwimmen: Als Prozeß besteht die Konfiguration von Arbeitszeit und Technik aus so vielen, in sich komplexen Interaktionen und Interdependenzen, daß man ihn als Ganzen kaum beschreiben oder gar erklären kann. Ein Ausweg besteht darin, sich mit der Konstruktion eines Modells zu begnügen, in dem beliebig viele Zusammenhänge außer acht gelassen werden, um sich auf einige wenige beschränken zu können, "deren Funktionieren mit Hilfe einfacher logischer Schlüsse ... ergründet werden kann" (Fischer 1972, S. 17). In diesem Sinne werden in diesem Abschnitt Technik und technische Entwicklung weitgehend aus ihrem gesellschaftlichen

Kontext gelöst und, soweit es geht, zunächst einmal für sich genommen nach "immanenten" Triebkräften abgesucht. Es wird also erst einmal so getan, als hätten Technik und technische Entwicklung eine eindeutige Zwecksetzung und Bewegungsrichtung und als zielten sie von sich aus ab auf die (fortschreitende) Beherrschung und Nutzbarmachung von Natur und natürlichen Ressourcen durch den Menschen. In welchem Umfange das möglich ist, wird dann – grenzt man "technikfremde" Gründe vorerst aus – von zwei "technikimmanenten" Sachverhalten bestimmt: von der Abhängigkeit a) neuer Problemlösungen vom Stand der Technologie und vom realisierten technischen Niveau und b) der einmal etablierten Herstellung einer bestimm – ten Art oder einer speziellen Art der Herstellung von Gebrauchsgegenständen A von Gebrauchsgeräten oder Verfahren B (vgl. Bernal [3]1970, IV, S. 1206 f. (Übersicht); Scholz 1974, S. 14 (Übersicht); Linde 1982, S. 14 f.).

2.1.1 Wissenschaft und Technik

Ins Blaue hinein läßt sich "jederzeit beliebig, auch windig planen" (Bloch [2]1967, II, S. 754). Um aber technische Utopien, an denen es in der überlieferten Menschheitsgeschichte nicht mangelt, Realität werden zu lassen, muß an die Stelle des magischen Naturverständnisses das experimentell erworbene operative Wissen um Naturgesetze treten. Aber auch dann können technisches Wissen und die Anwendung von Naturgesetzen auseinanderfallen. Man kann mit einem Stock graben und sich dabei die Hebelgesetze ohne jede Kenntnis ihrer mechanischen Regeln zunutze machen (vgl. Bloch [2]1967, II, S. 730 ff.). Und man kann sich des mikroelektronischen Rechners bedienen, ohne das Geringste von seinen "inneren Realitäten" zu verstehen (vgl. Weizenbaum 1978, S. 23) oder dessen sozialen Voraussetzungen und Folgen zu ahnen.

Um einen solchen Fall handelt es sich z.B. beim "Strom". Nicht, daß die Elektrizität in der Zeit nach der Entdeckung ihrer physikalischen Grundlagen praktisch bedeutungslos geblieben wäre. Doch ist ihre Anwendung in der Telegraphie, auf die sie bis zu den 80er Jahren des 19. Jahrhunderts hauptsächlich beschränkt blieb, mit der Begrenzung des Einsatzes der Dampfmaschine von Newcomen auf die Wasserhaltung in den englischen Kohlengruben während der ersten beiden Drittel des 18. Jahrhunderts vergleichbar. Mit Ausnahme der Telegraphie ist die Geschichte der Elektrizität bis etwa 1880 eher eine Geschichte des Ausbaus der Elektrizitätslehre als eine Geschichte der Elektrotechnik. Der Weg des Aufstiegs der Elektrizität von einem Kuriosum – die Wirkung der elektrischen Entladung wurde zur Belustigung der höfischen Gesellschaft im 18. Jahrhundert an Menschen demonstriert (vgl. Sexl u.a. 1980, II, S. 99) – zur quantitativen Wissenschaft begann bereits um 1600. Es sollte aber noch mehr als 300 Jahre dauern, bis man im "Fluß" der Elektronen ihre Ursache erkannte (vgl. Joachim 1986, S. 92 – 104, und die dort zitierte Literatur). Trotz der Unklarheit über die "letzten Ursachen" der Elektrizität wurde um 1830 der Elektromagnet erfunden, der die Konstruktion des elektrischen Telegraphen nach sich zog. Im letzten Drittel des 19. Jahrhunderts folgten Gleichstrom – und Drehstrommotor als neue Kraftquellen. In Verbindung mit dem Ausbau eines Verteilungsnetzes gestatteten sie eine "flächendeckende" Energieversorgung. Nachdem dann Anfang des 20. Jahrhunderts die gegensätzlichen Elektronenladungen als "Verursacher" elektrischer Ströme entdeckt worden waren, brachte der Bau der Elektronenröhre den entscheidenden technischen Durchbruch zur "drahtlosen" Informationsübertragung.

Mit den Hauptnachteilen der Elektronenröhre – Stoßempfindlichkeit, großes Volumen und hoher Energiebedarf – mußte man einige Jahrzehnte zurechtkommen. Diskrete Halbleiterbauelemente waren es anschließend, die die Röhren überflüssig machten. Heute übernehmen integrierte Halbleiterschaltungen und integrierte Schicht – und Hybridschaltungen ihre Funktion. Der Bau dieser Komponenten setzt nicht nur systematisches Wissen über die Atomstruktur von Festkörpern voraus, sondern auch die technische Fähigkeit zur Züchtung von Einkristallen und zur Dotierung von Halbleiterkristallen mit Fremdatomen.

Mit quasi an jedem Raumpunkt einer Volkswirtschaft verfügbarer Elektroenergie konnten die "Barrikaden" der "natürlichen Arbeitszeit", von Sonnenaufgang und – untergang errichtet und bis dahin – allerdings um den Preis stetiger Brandgefahr – mit natürlichen pyrotechnischen Mitteln (Verbrennen von organischen Stoffen) wieder und wieder bestürmt, aber niemals "eingenommen", überwunden werden.

Die Geschichte der Elektrotechnik verdeutlicht modellhaft zwei Wesenszüge, die für viele andere Bereiche des Technikeinsatzes und der technischen Entwicklung bestimmend geblieben sind: Erstens veranschaulicht sie, daß die Anwendung von Technik von wissenschaftlicher "Unaufgeklärtheit" sich nicht hat aufhalten lassen; man probiert und praktiziert als nützlich erfahrene Wirkungen, auch wenn deren naturgesetzlicher oder gar gesellschaftlicher Zusammenhang unbekannt ist. Zweitens zeigt sie die steigende Bedeutung der Wissenschaft, die zunehmende Verflechtung zwischen ihren Disziplinen sowie zwischen diesen und vervielfachten Zweigen der Technik im Entstehungsprozeß von Neuerungen (vgl. Rumpf u.a. 1976, I, S. 17). Sucht man weiter nach "technikimmanenten" Entwicklungsimpulsen hinsichtlich der zeitlichen Strukturierung des Arbeitszeitprozesses, so findet man sie auch in engpaßartigen Abhängigkeiten einer Technik von einer anderen.

2.1.2 Technische "Engpässe mit Syndromcharakter"

Zu den bekannten Beispielen für scheinbar technisch bedingte Vorwärts – und Rückkoppelungen zwischen Technik und Arbeitsbedingungen zählen die Vorgänge auf dem Textilsektor des 18. und 19. Jahrhunderts in England. Um damals einen Webstuhl fortwährend betreiben zu können, war die Arbeitsleistung von sieben bis acht Spinnern, oder vielmehr Spinnerinnen, nötig. Diese Disproportionalität des Arbeitskräftebedarfs veranlaßte unter dem Diktat der "natürlichen Zeit" zur Suche nach technischen Lösungen im "Engpaßbereich" Spinnerei. In die alte Technik der Handspinnerei schlug die Jennymaschine (Spinning Jenny) die erste Bresche. Diese Bresche wurde erweitert durch die Flügelspinnmaschine mit Wasserkraftantrieb. Die Mulemaschine und ihr Antrieb durch eine Dampfmaschine signalisierten dann in der Baumwollspinnerei den industriellen "take – off" (vgl. Braudel 1986, S. 638 – 642).

Nach den technischen Neuerungen in der Spinntechnik erwies sich die stagnierende Webtechnik mehr und mehr als ineffizient. Den nächsten Schritt bildete deshalb die Beschleunigung des Webvorgangs durch den Schnellschützen. Bald griffen die neuen Spinn – und Webtechniken der Baumwollindustrie auf die Verarbeitungsprozesse von Wolle und Leinen über. Walken, Färben und Bleichen von Tuchen kamen in Rückstand, so daß neuerlicher Anpassungsdruck auf diese nachgeordneten Bereiche der Textilfertigung entstand usw. (vgl. Linde 1982, S. 14 f.).

Es dauerte nicht lange, bis die manuelle Endverarbeitung der textilen Stoffe dem gesteigerten Produktionsvolumen der mechanisierten Vorstufen nicht mehr Herr werden konnte. Das Spinnen – Weben – Syndrom setzte sich als Druck in Richtung auf die Mechanisierung des Nähens fort. "Eiserne Näherinnen", wie die ersten Nähmaschinen aus den Vereinigten Staaten von Amerika genannt wurden, schlossen die Lücke zwischen der Herstellung und

Endverarbeitung von Textilien. Der breiten Anwendung der Nähmaschine war die Entwicklung von Nähgarnen vorausgegangen, die den erhöhten Anforderungen des Maschinennähens – hohe Reißfestigkeit und geringer Fadenwiderstand – gerecht wurden. Außer zahlreiche Sparten der Stoffverarbeitung eroberte die Nähmaschine sofort die Lederverarbeitung und fand dann in der Buchbinderei Eingang (vgl. Hausen 1978, S. 148–151).

Ein weiteres Beispiel für technische Vorwärts– und Rückkoppelungsprozesse in bezug auf Neuerungsvorgänge ist abermals die Elektrotechnik. Sobald mit dem Dynamo, dem Energiesymbol eines neuen Zeitalters, Elektrizität relativ billig hergestellt werden konnte, suchte man nach einer Lösung des Problems der "Unterteilung des Lichtes". Sie wurde in der Glühlampe gefunden, die die für die Raumbeleuchtung zu grelle Bogenlampe ablöste und ihrerseits wesentliche Verbesserungen an den Vakuumpumpen zur Evakuierung des Glaskolbens erforderte.

Ebenso ist der Verbrennungsmotor die Antwort auf den extrem niedrigen technischen Wirkungsgrad der Dampfmaschine (vgl. Weingart 1982, S. 127). Der Verbrennungsmotor wiederum hat eine Fülle von Neuerungen und Veränderungen bei der Kraftstoffgewinnung, Gummiverarbeitung, im Straßenbau, in der Werkstoffverformung usw. angeregt. Er ermöglichte den Sprung vom Boden in die Luft. Je leistungsfähiger die Motoren und je höher die mit ihnen erreichbaren Geschwindigkeiten wurden, desto dringlicher stellte sich das Problem der Präzision in der Teilefertigung von Fluggeräten. Mit der Einführung numerisch gesteuerter Werkzeugmaschinen konnten die Toleranzgrenzen im Fluggerätebau erheblich verringert und die Voraussetzungen für die Anwendung von Mikroprozessoren als Steuer–, Schalt– und Regelsysteme geschaffen werden (vgl. Rammert 1982, S. 42 f.).

Bei der Anwendung der mikroelektronischen Technik entstehen Spannungen zwischen den in großen Sprüngen in kurzen Zeitspannen steigenden technischen Speicher– und Verarbeitungskapazitäten der Anlagen und der Begrenztheit der Anwendungsprogramme. Dieser Engpaß hat dann die Erforschung und Entwicklung von handhabbaren Anwendungssystemen durch die heutige Informatikergeneration ganz kräftig stimuliert (vgl. Schwabl 1985, S. 24–28).

Die skizzierten Fälle zeigen exemplarisch, daß es so etwas wie eine technische Kohärenz in der Verlaufsform von technischen Entwicklungen gibt. Diese Kohärenz äußert sich in einer gewissen Bewegungsrichtung, wenn erst einmal ein relevanter Systemparameter verändert worden ist. Auf gar keinen

Fall soll damit der Vorstellung von Technik als "Sachzwang" das Wort geredet werden. Es soll auch nicht behauptet werden, daß sich bestimmte Anschlußtechniken oder Rückkoppelungen sozusagen in gerader Linie aus einem gegebenen Stand technischer Strukturen prognostizieren ließen. Was zum Ausdruck gebracht werden soll, ist der schlichte Sachverhalt, daß die jeweils vorhandenen technischen Strukturen das "Erbmaterial" für anschlie- ßende Variations-, Selektions- und Stabilisierungsprozesse bilden (vgl. Rammert 1982, S. 40 f.).

2.1.3 Neue Produktionskonzepte

Entstehung und Begründung der sog. neuen Produktionskonzepte lassen sich, wie im übrigen alle anderen gesellschaftlichen Veränderungen, erst im Kon- text größerer· sozioökonomischer Zusammenhänge verstehen. Damit soll nicht behauptet werden, zwischen dem Aufkommen von alternativen Strategien und Krisensymptomen herrsche so etwas wie ein lineares Entsprechungsverhältnis in dem Sinne, aus Konfliktlagen unmittelbar neue Strategieformen ableiten oder umgekehrt aus diesen neuen Strategien direkt auf das Vorliegen einer bestimmten Problemsituation schließen zu können.

Als gesichert darf jedoch angesehen werden, daß das Handeln individueller oder kollektiver Akteure in privatwirtschaftlich verfaßten Gesellschaften drei Konstanten verpflichtet bleiben muß, nämlich Marktwirtschaft als Ordnungsbe- dingung, Wachstum als Zielbedingung und soziale Stabilität als Realisie- rungsbedingung. Fragt man nach den Gründen für das Entstehen von theo- retischen und/oder praktischen Gegenentwürfen zum Taylorismus, liegt es nahe, sie in Störungen innerhalb dieses Bedingungsbündels zu suchen.

Die zu beschreibenden Zusammenhänge zwischen Veränderungen der sozio- ökonomischen Rahmenbedingungen und Modifikationen des gesellschaftlichen und einzelwirtschaftlichen Bewertungsprofils hinsichtlich tayloristischer Arbeits- organisation sind allerdings lediglich Belege für eine Entwicklung, deren Auf- zeichnung sich wesentlich auf plausible Verknüpfungen stützt. Was sie nicht sind, sei ebenso deutlich ausgedrückt: stringente und im Detail geführte "Beweise". Ein solcher Empirismus stünde vor zwei grundsätzlichen und mit- einander verknüpften Problemen. Das erste ist das der intellektuellen Red- lichkeit, das zweite ist das der gesellschaftlichen Komplexität, in die Verhalten und Haltung des einzelnen eingebunden sind. So besteht intellektuelle

Redlichkeit ja wohl auch darin, die Realität von Widersprüchen zuzugeben und jeden Anspruch auf unumstößliche Feststellungen fallenzulassen. Im hier diskutierten Zusammenhang bedeutet das, von teils konfligierenden, teils übereinstimmenden Interessen der Unternehmen, der abhängig Beschäftigten und staatlicher Instanzen bei der Gestaltung der Arbeitszeitbedingungen aus – zugehen und sie als jeweils gleichberechtigt anzusehen.

Und was die gesellschaftliche Komplexität angeht, muß der Hinweis genügen auf die Vielschichtigkeit zahlreicher wirtschaftlicher und technischer, aber ebenso zahlreicher sozialer, politischer und kultureller Vorgänge, Prozesse und Entscheidungen, die die Akteure da zu gemeinsamen, dort zu gegensätzlichen Ansprüchen in bezug auf Arbeitszeitfragen veranlassen. Wenn aber die Art des Denkens, des Verstandes und des Handelns, die dem einzelnen zur Gewohnheit wird, "im Verhältnis zu Menschen seiner eigenen Gesellschaft so ähnlich und so verschieden wie die gesellschaftliche Lage (ist), wie die Stel – lung im Menschengeflecht, in der er auf – und in die er hineinwächst, ähnlich oder verschieden von anderen, wie seine oder seiner Eltern oder seiner wichtigsten Modelleure Funktionen" (Elias [8]1981, II, S. 380), dann müssen Umorientierungen auf der Handlungsebene, hier der Arbeitszeitorganisation und Technikgestaltung, mit sozioökonomischen Ereignissen in Beziehung zu setzen sein, die Alternativen nahelegen oder gar erzwingen. Gibt es in der sozioökonomischen Entwicklung der Bundesrepublik dafür Anhaltspunkte?

2.1.3.1 Aufstieg der tayloristisch geprägten Massenproduktion und ihr zuneh – nehmender Funktionsverlust

Die Begründung "neuer Produktionskonzepte" beruht in der Regel auf histori – scher Rekonstruktion der Entwicklung in der Bundesrepublik seit 1950 im Verhältnis zur Weltwirtschaft, die im folgenden skizziert wird (in Anlehnung an Piore, Sabel 1985).

Die Währungsreform begünstigte das Eigentum an Produktionsmitteln, die hohe Arbeitslosigkeit von 11,0 vH der beschäftigten Arbeitnehmer im Jahr 1950 hielt bei einer durchschnittlichen Wochenarbeitszeit von rund 50 Stunden die Löhne niedrig. Produktionswachstum und Produktivitätswachstum wurden seit Anfang der 1950er Jahre vornehmlich von der schrittweisen Wiederein – gliederung vorhandener, aber brachliegender Produktionseinrichtungen getra –

gen. Im Vordergrund standen Reparatur- und "Engpaßerweiterungs"-Investitionen, die die technische Produktionsbasis kaum über das Vorkriegs-niveau brachten. Während das überreichliche und damit billige Angebot an Arbeitskräften und deren sowohl vom Mangel an Subsistenzmitteln diktierten als auch von der hohen Arbeitslosigkeit motivierten hohen Leistungsbereitschaft eine Modernisierung des Produktionsapparates nicht gerade nahelegten, wurde das Festhalten an herkömmlicher Produktionstechnik durch den Mangel an Geldkapital geradezu erzwungen. Das schloß den Aufbau von Massenproduktionen auf der Basis technischer Neuerungen und der Hebung des Mechanisierungsniveaus, z. B. im Fahrzeugbau, in der Elektroindustrie, Chemie, im Maschinenbau und im Montansektor, nicht aus.

War also das Produktionswachstum in der ersten Phase in erheblichem Um-fang das Ergebnis sukzessiver Ausweitung der Beschäftigung, so wurde es ab 1955 immer schwieriger, die Kapitalbildung über diesen Weg im gewohn-ten Ausmaß aufrechtzuerhalten: Arbeitskräfte, zumal Facharbeitskräfte, wurden knapp. Unter der Wirkung der sich geltend machenden "Beschäftigungsschranke" stieg die Verhandlungsmacht der Gewerkschaften, die nun in den Tarifverhandlungen spürbare Arbeitszeitverkürzungen und Lohnerhöhungen durchsetzen konnten. Wo immer das Marktpotential es zuließ, wurden deshalb Prozesse der Massenproduktion etabliert. Da Massenprozesse in Verbindung mit Arbeitszerlegung mit "Allerwelts"-Qualifikationen auskommen, konnten die Unternehmen stärker auf das ländli-che Arbeitskräftepotential im Inland und Ausland zurückgreifen.

Die Umstrukturierung der Produktion in der Bundesrepublik weg von hand-werklich fundierten bzw. auf Facharbeiter-Qualifikationen beruhenden Formen in Richtung auf Massenprozesse war dem Ansatz zufolge also das Resultat des Umbruchs auf dem Arbeitsmarkt, zugleich aber auch das Ergebnis neuer Marktchancen gewesen: "Seit den frühen sechziger Jahren eröffneten ein wachsendes Volkseinkommen und die Erweiterung des europäischen Marktes der Bundesrepublik die Möglichkeit, in Märkte für in Massenproduktion hergestellte Konsumgüter einzudringen. Zur gleichen Zeit verengte sich der Arbeitsmarkt, als die letzten DDR-Flüchtlinge - in der Regel Facharbeiter - aufgenommen waren. Diese Kombination von Möglichkeiten und Hindernissen schien nur eine strategische Entscheidung zuzulassen: westdeutsche Unternehmen begannen, Frauen und Ausländer einzustellen, um sie Fließbandarbeiten nach amerikanischem Vorbild verrichten zu lassen, die keinerlei Fachkenntnisse voraussetzten" (Piore, Sabel 1985, S. 167). Im Zuge dieser Umstrukturierungen kam es zu einem relativen

Bedeutungsverlust des traditionellen Schwerpunktes der bundesrepublikanischen Wirtschaft, nämlich der Produktion von Investitionsgütern, die die starke
Stellung der westdeutschen Ökonomie auf dem Weltmarkt dereinst begründet
hatte. Die ökonomischen Erfolgsaussichten schienen durch das Beispiel der
Vereinigten Staaten von Amerika gesichert, und tatsächlich hat die Entwicklung von Absatz und Beschäftigung zunächst die Erwartungen bestätigt. Die
Tarifparteien – Unternehmerverbände und Gewerkschaften – einigten sich
auf Lohnerhöhungen, die die Beschäftigten vom Produktivitätszuwachs profitieren ließen, ohne die internationale   Wettbewerbsfähigkeit der Wirtschaft zu
gefährden.

Im Frühjahr 1967 erlebte das Land dann das erste Mal nach 1949 einen
ernsten wirtschaftlichen Rückschlag. Die Arbeitslosenquote sprang zeitweise
wieder auf 4,5 vH, das reale Bruttosozialprodukt fiel hinter den Vorjahresstand
zurück, Massenentlassungen führten hier und da zu Demonstrationsmärschen
der von ihnen betroffenen oder bedrohten Arbeitskräfte. Zwei Jahre später
war von der Krise nichts mehr zu spüren, es herrschte Überbeschäftigung,
doch die   Lohnerhöhungen blieben hinter den Rekordgewinnen der Unternehmen weit zurück. Im September 1969 reagierten Arbeiter in verschiedenen
Regionen des Bundesgebietes mit wilden Streiks auf die Diskrepanz zwischen
der ihnen abverlangten Lohnzurückhaltung und der enormen Steigerung der
Gewinne aus Unternehmertätigkeit. Bereits in den Jahren zuvor hatten sich in
Italien, aber auch in Frankreich, in den Vereinigten Staaten von Amerika und
in Schweden, Belegschaftsreaktionen auf Prozesse zunehmender Intensivierung
der Arbeit in der Massenfertigung gehäuft, die zu Produktionsproblemen
führten.

Diese industriellen Konflikte hatten die Erwartungen jener, die eine zunehmende Integration der Arbeiterschaft in das gesellschaftliche Ganze nach dem
Vorbild des "Mittelstandes" vermuteten, nachhaltig erschüttert. Das geistige
Klima, in dem sich entsprechende Erwartungen ausdrückten, schlug sich in
der Bundesrepublik in Begriffen wie "nivellierte Mittelstandsgesellschaft" oder
auch "formierte Gesellschaft" nieder. Tatsächlich haben industrielle Konflikte in
den westlichen Industriestaaten "nicht nur quantitativ zugenommen, sie haben
insbesondere ihr thematisches Profil geändert, haben sich qualitativ gewandelt:
Mitbestimmung über die Gestaltung   der Arbeitsabläufe, Verbesserung der
objektiven Arbeitsbedingungen (z. B. Reduzierung der Bandgeschwindigkeit)
als unmittelbare Streikursachen zeigte eine (Re-)Politisierung der industriellen
Auseinandersetzungen an" (Lutz, Schmidt [2]1977, S. 215). Zwei Ereignisse im
Jahre 1973 – so die paradigmatische Argumentation in bezug auf "neue
Produktionskonzepte" – enthüllten schließlich der bereits von den spontanen

Streiks von 1969 überraschten Öffentlichkeit, Wirtschaft, Politik und Wissenschaft die sozioökonomische Instabilität des neuen, auf Massenproduktion und Massenkonsum orientierten Produktionssystems in der Bundesrepublik: Die Welle von wilden Streiks, die von ungelernten ausländi-schen Arbeitskräften gegen den Widerstand deutscher Facharbeiter zur Durchsetzung verbesserter Bedingungen der Fließbandarbeit getragen wurde, verdeutlichte die Spannungen innerhalb der Arbeiterschaft; die drastische Verteuerung der Energie- und Industrierohstoffe (Stichwort: Ölpreiskrise) of-fenbarte die extreme Abhängigkeit hochspezialisierter Massenproduktion von ausländischen Bezugsquellen, und die dadurch bewirkte internationale Umverteilung des Reichtums tendenziell zugunsten rohstoffreicher Länder der sogenannten Dritten Welt verhalf einigen von ihnen zu einem Industrialisie-rungssprung im Bereich ausgereifter Produkte, deren niedrigere Lohnkosten je Produkteinheit für internationalen Wettbewerbsdruck sorgen und an den Nerv zahlreicher Arbeitsplätze in Unternehmen und ganzen Industriezweigen mit Standardproduktionen in der Bundesrepublik und in den anderen westlichen Industrieländern gehen.

Aus der Sicht Mitte der 1970er Jahre haben vor allem Volkswirtschaftler des Instituts für Weltwirtschaft in Kiel diese sozioökonomischen Spannungen immer wieder thematisiert. Die naheliegende Antwort auf die Frage, was in der Bundesrepublik zu tun sei, war mit abermaligem Blick auf die neueren Erfahrungen der Wirtschaft der Vereinigten Staaten von Amerika und Japans die Empfehlung, zur Produktion "intelligenter" Produkte überzugehen (vgl. dazu z. B. Dicke, Heitger 1977). Denn die Wettbewerbsvorteile der hochindustriali-sierten Bundesrepublik liegen, so die Überlegungen, in den ausbildungs-, kapital- und forschungsintensiven Bereichen, in denen sie das höhere Qualifikationsniveau ihrer Arbeitskräfte, ihren relativen Kapitalreichtum sowie ihre entwickelte Technik und Forschungskapazität zum Einsatz bringen könne.

2.1.3.2 Neue Produktionskonzepte statt Taylorimus?

Als diese Überlegungen formuliert wurden, waren jedoch weite Teile der bundesrepublikanischen Industrie bereits auf die Massenproduktion festgelegt und deren "Mensch-Maschine-Systeme" tayloristisch geprägt gewesen. Nun ist die Detailarbeit in der Massenproduktion nicht gerade das, was man sich unter produktiver Verwertung des "Humankapitals" (vgl. Giersch 1980, S. 61) vorzustellen hat. Gewisse betriebliche Erfahrungen im In- und Ausland mit

der tayloristischen Arbeitsorganisation, verbunden mit den sich wieder ver-
stärkenden industriellen Konflikten, förderten in Unternehmen der Massenproduktion die Einsicht, daß selbst unter engem ökonomischen Blickwinkel der
Taylorismus jenseits bestimmter Grenzen kontraproduktive Resultate hervorbringt. Dequalifikation, Monotonie und Sinnentleerung der Arbeitsvollzüge sowie Überbeanspruchung der physischen und psychischen Leistungsfähigkeit
der Arbeitskräfte schlugen um in Streiks, in Belegschaftsfluktuationen und in
hohen Abwesenheitsraten infolge Arbeitsunfähigkeit. Diese Entwicklung mußte
sich in der betrieblichen Kosten- und Gewinnrechnung niederschlagen.

Seit Ende der 1960er Jahre jedenfalls nahm die Zahl kritischer
Stellungnahmen zum Verhältnis von tayloristischen Arbeitsbedingungen und
Produktivitätsentwicklung sprunghaft zu. Vertreter der Privatwirtschaft, der
Gewerkschaften, der politischen Parteien und der Verbände meldeten sich mit
freilich unterschiedlicher Akzentuierung von Einwänden gegen den Taylorismus
in den einschlägigen Zeitschriften zu Wort. Das läßt sich aus der Sicht der
1980er Jahre so deuten, daß die tayloristische Arbeitsorganisation eine
Motivationskrise verursacht hatte, die mit materiellen Leistungsanreizen allein
offenbar nicht mehr zu bewältigen war.

An der Diskussion über die Arbeitsbedingungen beteiligten sich seit dem
Übergang von den 1960er zu den 1970er Jahren auch die Tarifparteien. Das
offizielle Organ der Bundesvereinigung der Deutschen Arbeitgeberverbände
erläuterte z.B. "die Chance zur verstärkten Humanisierung der Arbeit, die
nicht ungenutzt bleiben darf, wenn man nicht leichtfertig soziale Unruhen in
der Zukunft provozieren will" (Wellmann 1970, S. 751). Die neue Sichtweise
brachte es auf eine knappe Formel: "Neben die Kategorie der Produktivität,
der Effizienz (auf das Produkt bezogen) tritt die Kategorie der existentiellen
Sinnerfüllung (auf das Produzieren bezogen). Die 'soziale Produktion' gewinnt
gleichen Rang wie ihr Ergebnis, das Sozialprodukt" (Wellmann 1970, S. 751).
Nicht nur humane Rücksicht, auch die Ergebnisrechnung veranlaßte die
Unternehmensseite zur Auseinandersetzung mit den herkömmlichen Strategien
der Arbeitsintensivierung tayloristischer Prägung und ihren Resultaten.

Auch die Gewerkschaften hatten bald nicht mehr darüber hinwegsehen können, daß sich das Interesse der Beschäftigten nicht mehr nur auf hohen
Lohn, sondern überdies stärker auf bessere Arbeitsbedingungen richtete.
Dadurch bot sich in der Frage der Arbeitsgestaltung und Arbeitsorganisation
die Möglichkeit zur Kooperation der Tarifparteien, wobei die realisierten Formen freilich stets dem Primat der Wirtschaftlichkeit genügen mußten und
müssen.

Neben den Arbeitnehmerorganisationen und Teilen der Arbeitgeberseite waren es Akteure der staatlichen Politik, die sich an der Diskussion über neue Formen der Arbeitsorganisation beteiligten oder sie auch initiierten. Das Interesse des Staates richtete sich u. a. auf die Erhaltung bzw. Erneuerung seiner Legitimationsbasis im Bereich der Forschungs – und Technologiepolitik sowohl bei den Unternehmern wie bei den Arbeitnehmern (vgl. Fricke u. a. 1985, S. 24 f.).

Daraus ergab sich die Notwendigkeit einer differenzierten Strategie, die versuchte, den Interessen der Beschäftigten wie der privaten Wirtschaft gleichermaßen gerecht zu werden: zum einen Verstärkung des gesetzlichen Arbeitsschutzes sowie die Schaffung abgestufter Einflußmöglichkeiten der Arbeitnehmervertretungen in bezug auf bestimmte Bereiche, ohne daß jedoch das grundsätzliche Gestaltungsrecht der Unternehmen entscheidend tangiert wurde; zum anderen Auflage relativ aufwendiger betrieblicher Experimente mit neuen Formen der Arbeitsgestaltung, "die den Unternehmern einen Teil der Investitionskosten und des – risikos abnehmen, aber nur geringen Einflußmöglichkeiten oder gar Erfolgskontrollen von seiten des Staates unterworfen sind" (U. Mergner u. a. 1975, S. 176).

Fördergegenstand des 1974 von der sozial – liberalen Regierungskoalition aufgelegten Aktionsprogramms Forschung zur Humanisierung des Arbeitslebens sind exemplarische betriebliche anwendungsbezogene oder begleitende Forschungs – und Entwicklungsprojekte. Sie zielen ab auf die Erarbeitung von Schutzdaten, Richtwerten, Mindestanforderungen an Maschinen, Anlagen und Arbeitsstätten sowie auf die Entwicklung von menschengerechten Arbeitstechniken, auf die Erarbeitung von beispielhaften arbeitsorganisatorischen Modellen und auf die Gestaltung von Arbeitsplätzen. Unmittelbar nach der Bundestagswahl vom März 1983 legte das neue christlich – liberale Regierungsbündnis fest, daß künftig geförderte Projekte zur Verbesserung der Arbeitsbedingungen den Nachweis zu erbringen haben, unter betriebswirtschaftlichen Gesichtspunkten zumindest kostenneutral zu sein (vgl. Bericht der Bundesregierung zur Planung für die Weiterführung des Programms "Humanisierung des Arbeitslebens" 1983).

Unsere Suche nach sozioökonomischen Ereignissen, die Alternativentwürfe zur tayloristischen Arbeitsorganisation im Bereich der industriellen Fertigung angeregt haben, führt dazu, daß von

– der Zunahme industrieller Konflikte in bezug auf die Arbeitsbedingungen,

- der Anfälligkeit der gesellschaftlich wie einzelwirtschaftlich hoch speziali - sierten und extrem arbeitsteiligen Massenproduktion durch Veränderungen des weltwirtschaftlichen Rahmens,

- den steigenden sozialen Kosten der tayloristischen Arbeitsorganisation,

- dem mit der staatlichen Förderung privatwirtschaftlicher Forschungs - und Entwicklungsaktivitäten im Bereich der Technik verbundene Legitimati - onsdruck hinsichtlich der Arbeitnehmerinteressen

starke Impulse ausgegangen sind. So gesehen ist die "Humanisierung der Arbeit" das Schlagwort nicht nur für Programme zur Überwindung von Män - geln der tayloristischen Betriebsführung (vgl. G. Hobbensiefken 1980, S. 276), sondern ebenso für Konzepte zur Modernisierung der Volkswirtschaft in wachstumsfördernder Absicht sowie zur Sicherung der dafür notwendigen sozialen Stabilität.

Vor diesem Hintergrund stellen sich "Humanisierung der Arbeit" im Rahmen der Modernisierungsstrategie der bundesrepublikanischen Volkswirtschaft und "Sozialverträgliche Technikgestaltung" im Kontext der entsprechenden nordrhein - westfälischen Politik dar als politische Programme zur tendenziellen Aufwertung des industriellen "Gesamtarbeiters". In der industriellen Praxis freilich finden sich recht widersprüchliche Tendenzen in der Organisationsentwicklung und der Verwendung der Arbeitskräfte. "Während auf der einen Seite die klassischen Strategien der Rationalisierung fortgeführt und z. T. erheblich verfeinert werden, zeichnen sich auf der anderen Seite veränderte Unternehmensstrategien ab, die mit der Ablösung der traditionellen Produktionskonzepte fragmentierter Arbeit zugunsten einer eher umfassenden Nutzung der Arbeitskraft verknüpft sind" (Schuchardt 1985, S. 18), wird aus arbeitsorientierter Sicht die gegenwärtige Lage charakterisiert. Die Beobachtung deckt sich mit Argumenten, die kapitalorientierte Autoren bereits zu Beginn der 1970er Jahre in die Debatte über die Motivierung der Arbeitskräfte einführten. "Je nach der Art der Leistung, die zur Erfüllung einer Aufgabe erforderlich ist, muß die Leitung in der Lage sein, einmal Initiative und Verantwortungsbereitschaft bei den Mitarbeitern herauszufordern oder ein andermal sie durch bis ins einzelne gehende Anweisungen zur Leistungshergabe zu bewegen" (Müller - Hagen 1971, S. 263). Und auf kapi - talnaher Seite gab es auch schon frühzeitig Polemik gegen Kritik an der Monotonie, Widerworte gegen die Klage über die Gleichförmigkeit der Arbeit in Massenprozessen. Wer Monotonie und Gleichförmigkeit kritisiere, konnte man lesen, verteufele ja gleichsam auch die "gleichbleibende Zuverlässigkeit, die gleichmäßig bleibende Qualität, die unermüdliche Sorgfalt in der Überwachung schwieriger Vorgänge ..." (Edeling 1972, S. 463).

So gesehen ist es kein Paradoxon, daß im Fertigungsbereich die "wissenschaftliche" Organisation à la F.W. Taylor teils zwischen den Tarifparteien immer heftiger umstritten ist, teils von den Unternehmen selbst zugunsten neuer Produktionskonzepte verdrängt wird und sie in volks- und einzelwirtschaftlichen Funktionsbereichen gleichzeitig mehr und mehr Boden gewinnt. Warum das so ist, läßt sich auf die Möglichkeiten, im Fertigungsbereich mit mikroelektronisch gestützten Planungs- und Kontrollsystemen die Kostenfaktoren erstmals systematisch in den Griff zu bekommen, zurückzuführen.

Aber es wird noch ein zweiter Grund für die zeitgleiche Fortführung "klassischer" Rationalisierungsstrategien einerseits und ihrer Ablösung durch neue Produktionskonzepte mit vielleicht noch umfassenderer Arbeitskraftnutzung andererseits genannt: das notwendige Fortbestehen des industriellen Dualismus von flexibel produzierenden Bereichen, sei es als Lücke, die die Massenproduktion aus technischen oder ökonomischen Gründen nicht besetzen kann, sei es an ihrer Statt, wenn mikroelektronisch gestützte Steuerungen die Fließfertigung von 10 oder 100 Variationen eines Produktes gestatten, und Massenproduktion überall dort, wo der nationale und internationale Markt ein entsprechendes Nachfragevolumen aufweist.

2.1.4 Soziotechnische Evolution

Die Feststellung, daß es nur einige wenige Themenbereiche gebe, "die so stark zu Mythenbildung verführt haben und noch heute verführen, wie der Charakter moderner Technik und ihrer Rationalität, und die nach einer so langen Tradition akademischer Behandlung heute noch so kontrovers angesehen werden, wie die Dynamik der technischen Entwicklung" (Rammert 1982, S. 32), kann man ohne Abstriche auf die in diesem Text interessierende Frage nach dem Verhältnis von technischer und arbeitszeitlicher Entwicklung übertragen.

Aufklärung über den Charakter und die Dynamik technischer und arbeitszeitlicher Veränderungen bedeutet hier die Kritik der Idee einer sozialtechnischen und/oder sozioökonomischen Formbestimmung des Verhältnisses von Technik und Arbeitszeitorganisation ohne Gestaltungsspielräume durch ein Verständnis von Evolution als Ergebnis ökonomischer, sozialer oder funktionaler Entscheidungen unterschiedlicher zeitlicher Reichweite im historisch – gesell – schaftlichen Prozeß, das prinzipiell verändert werden kann und tatsächlich beständig Modifikationen erfährt.

Die Kritik der reduzierten Logik technisch determinierter Arbeitszeitstruktur muß positiv darauf hinauslaufen, ihr die sozialen Strukturen zurückzugewinnen. Und die Einwände gegen ökonomistische Konstruktionen, nach denen das Profit – streben grundsätzlich identische arbeitszeitliche Regeln und somit einheitliche Einsatzformen bei gleichartiger technischer Ausstattung erzwingt, sind so zu formulieren, daß sie Möglichkeiten alternativer arbeits(zeit)organisatorischer Gestaltung bei gegebenem technischen Niveau unter der Randbedingung der Rentabilität sichtbar machen. Entstehung und Wirkung von Technik und Ar – beits(zeit)organisation sind also in einen dynamischen Zusammenhang zu stellen, was bedeutet, Aspekte der Handlungsebene mit Aspekten der Sozialstrukturebene zu vereinen. Dabei können wir uns auf Überlegungen stützen, die in Weiterführung der Arbeiten des Münchner Instituts für So – zialwissenschaftliche Forschung für eine dimensionale Analyse technische Entwicklung und kapitalistische Strategieformen zu einem Modell verknüpfen, das hier für das Verhältnis von Arbeitszeitorganisation und Technik modifiziert wird.

2.1.4.1 Technisierung, Organisierung und Verwissenschaftlichung als Dimen – sionen der Produktivkraftentwicklung

Technische Entwicklungen folgen selbstverständlich keinen technikimmanenten Eigengesetzlichkeiten. Vielmehr sind sie als soziale Prozesse (vgl. Lutz 1969, S. 236) und als von sozioökonomischen Rahmenbedingungen (vgl. Altmann, Bechtle 1971, S. 55 ff.) sowie von der Kräftekonstellation gesellschaftlicher Interessen abhängig (vgl. Düll u.a. 1976, I, S. 1) anzusehen.

Um Veränderungen in betrieblich organisierten Produktions – und Dienstlei – stungsprozessen empirisch und analytisch erfassen und sie in ihrem sozialen Kontext verstehen zu können, hat das Institut für Sozialwissenschaftliche Forschung (ISF), München, einen analytischen Ansatz erarbeitet, der sich weniger für die technische Entwicklung als solche, sondern für "das Aufgrei –

fen, Verwenden und gezielte Fortentwicklung dieser technologischen Möglichkeiten unter gesellschaftlichen Zielsetzungen" interessiert (Institut für Sozialwissenschaftliche Forschung 1967, S. 6).

"Technischer Fortschritt", heißt es, korporiert die Absicht, "die Produktivität
menschlicher Arbeit zu erhöhen", wobei man "sich zu diesem Zweck verschiedener Mittel und Methoden bedient" (Lutz 1969, S. 236). Zur Geltung
gesellschaftlicher Interessen wird an anderer Stelle ausgeführt, daß die
"Steigerung der Produktivität gesellschaftlicher Arbeit der Befriedigung privater
Interessen des kapitalistischen Unternehmens dient" (Altmann, Bechtle 1971,
S. 13).

Die dazu eingesetzten Mittel und Methoden richten sich auf "zunehmende
'Technisierung', d. h. die Entwicklung technologisch autonomer Abläufe, die
unabhängig von menschlichen Eingriffen das Produktionsziel verwirklichen, und
zunehmende 'Organisierung', d. h. die Durchsetzung standardisierter und damit transparenter, berechen- und prognostizierbarer Abläufe" (Düll u. a.
1976, I, S. 1).

Strategien in den Dimensionen *Technisierung* und *Organisierung* zielen also
auf Produktivitätsgewinne im Kapitalverwertungsprozeß. Diese Dimensionen
technischer Entwicklung werden nicht unmittelbar auf das menschliche
Arbeitshandeln bezogen. Denn es kann nicht Untersuchungseinheit sein, was
"gerade durch diese Tendenz von Technisierung und Organisierung fundamental verändert, ja tendenziell ausgeschaltet wird" (Lutz 1969, S. 236) –
nämlich die konkrete menschliche Arbeit.

Strategien in der Dimension *Organisierung* sind auf Arbeitskräfte bezogen.
"Durch ihre räumliche Zusammenfassung an einem Ort, die sachliche
Differenzierung ihrer Aufgaben und die zeitliche Koordination ihres
Zusammenwirkens wird ein höherer Grad an Determiniertheit des
Produktionsprozesses erzielt, wodurch sich die Produktivkraft der Arbeit dann
erhöht" (Rammert 1982, S. 56). Strategien in der Dimension *Technisierung*
sind demgegenüber auf Arbeitsmittel gerichtet. "Durch die Erleichterung oder
Ersetzung menschlicher Arbeitsfunktionen durch mechanische Vorrichtungen,
durch ihre Verkettung untereinander zu einem technischen System und durch
eine Automatisierung von Steuerung und Kontrolle wird ein höherer Grad an
technischer Autonomie des Produktionsprozesses angestrebt, der eine weitere
Grundlage für eine Produktivitätssteigerung darstellt" (Rammert 1982, S. 56).

Die Möglichkeiten zur Produktivitätssteigerung mittels Strategien in den Dimensionen Technisierung und Organisierung hängen unter anderem ab von den spezifischen Merkmalen eines Produktions- und Dienstleistungsprozes- ses. Diese Prozeßmerkmale sind dem Ansatz zufolge

a) die Eigenschaften des zu verändernden Objekts,
b) die zu bewirkenden Veränderungen der prozeßrelevanten Operationen und
c) der zeitliche und sachliche Bezug von Operation und Objekt.

Diese Merkmale begründen die in der Realität vorfindbaren unterschiedlichen Verläufe technisch-organisatorischer Veränderungen und bilden die Grundlage für eine analytische wie tatsächliche Aufgliederung des jeweiligen Produkti- ons- bzw. Dienstleistungsprozesses in Prozeßarten "mit jeweils gleichartigem 'Weg' des technischen Fortschritts ..., d.h. gleichartigen 'Widerständen' gegen die Absicht der Produktivitätssteigerung" (Lutz 1969, S. 238; Lutz u.a. 1970, S. 77 f.; Düll u.a. 1976, I, S. 11; Altmann, Bechtle 1971, S. 36 f.).

Diese Widerstände können teilweise überwunden werden, indem die momen- tan noch nicht technisierungsfähigen Teilprozesse "abgesplittert" und als (vorläufig) verselbständigte Arbeitsaufgaben konstituiert werden. Der verblei- bende "Stammprozeß" wird dadurch weiterer Technisierung und Organisierung zugänglich. Auch die "abgesplitterten" Teilprozesse können bisweilen durch Zusammenfassung auf ein höheres technisch-organisatorisches Niveau gehoben werden. Komplementär zur Prozeßabsplitterung lassen sich bisher getrennte Prozesse verschmelzen und auf einem höheren technisch-organi- satorischen Plafonds installieren (vgl. Lutz 1969, S. 240).

Mit diesen Dimensionen lassen sich die nach Prozeßarten abgegrenzten Gewinnungs-, Verarbeitungs- und Dienstleistungsprozesse in Kategorien fassen, die "bedeutsam sind für die Analyse der Formen menschlichen Arbeitshandelns und dessen quantitativem Einsatz", und die "in diesen Begriffen erfaßten Bedingungen konditionieren die konkreten Formen menschlichen Arbeitshandelns in unterschiedlicher Art und unterschiedlichem Ausmaß" (Düll u.a. 1976, I, S 12 – im Original stellenweise hervorgehoben).

Der Vorzug dieses zweidimensional angelegten Analysekonzeptes besteht darin, die Schwächen von Phasen- und Stufenmodellen technischer Ent- wicklung, wie sie in den Sozialwissenschaften gang und gäbe waren, "mit der Wahl des umfassenderen Bezugspunktes des Produktionsprozesses von vornherein zu vermeiden" (Rammert 1982, S. 55) und dadurch die empirische Varietät von Technik und die Variabilität in den Verlaufsformen technischer Neuerungen in und zwischen betrieblichen Prozessen erfassen zu können.

Diese zweifache Dimensionierung im ISF–Ansatz ist von anderer Seite um eine dritte Dimension erweitert worden, da Technisierung und Organisierung auf der Achse der Produktivkräfte nicht mehr ausreichen, will man den aktu – ellen Prozeß hinreichend beschreiben: "Neben den Menschen in ihrer Funktion als Arbeitskräfte und neben den Dingen in ihrer Funktion als Arbeitsmittel stellen die symbolischen Repräsentationen in ihrer Funktion als Arbeits – und Organisationswissen einen dritten systematischen Bezugspunkt für die Stei – gerung der Arbeitsproduktivität dar. Durch Verfahren der Datensammlung, ih – rer analytischen Verarbeitung, ihrer experimentellen Überprüfung und ihrer theoretischen Synthese zu handlungsrelevanten Informationen können z.B. in – effektive Arbeitsformen beseitigt, neue Arbeitsverfahren entwickelt oder neue Güter und Dienstleistungen erfunden werden" (Rammert 1982, S. 56 – dort teilweise kursiv). Mit dieser dritten Dimension der *Verwissenschaftlichung* kann die Verdoppelung der wirtschaftlichen Aktivitäten in einen materiellen und einen ideellen Prozeß, kann die Loslösung des Wissens von ehedem ganz – heitlichen Verrichtungen, kann "die Methodisierung dieser Dimension in den Arbeits –, Technik –, Organisations – und Informationswissenschaften und die Rückanwendung dieser Methoden und Ergebnisse" auf Beschaffung, Fertigung von Gebrauchsgütern oder Erstellung von Dienstleistungen, Absatz sowie Gewinnung von Informationen über Markt – und Technikentwicklung ihrer Nutzung in die Analyse eingezogen werden (Rammert 1982, S. 56).

Durch die methodische Erzeugung positiven Wissens über Zusammenhänge der außermenschlichen Natur, über technische, wirtschaftliche, soziale, kul – turelle und politische Sachverhalte, von der als Charakteristikum der Dimen – sion der Verwissenschaftlichung gesprochen wird, durch die auf die Bedin – gungen der gesellschaftlichen Produktion und Reproduktion bezogene Arbeit, also durch reflexive Arbeit (vgl. Berger, Offe 1980, S. 45 ff.), "wird ein höherer Grad an Flexibilität in der Anpassung an Umwelterfordernisse und in der internen Programmierbarkeit erreicht" (Rammert 1982, S. 58). Er erweist sich bei Marktänderungen, erhöhter Dynamik wissenschaftlich – technischer Kenntnisfortschritte und Zunahme sozialer Konflikte nicht nur als Mittel der Produktivitätssteigerung, sondern erhöht überdies die Rationalität von Ent – scheidungen über Produktveränderungen, – verbesserungen oder – innova – tionen durch Marktforschung oder Forschungs – und Entwicklungsaktivitäten. Strategien in der Dimension Verwissenschaftlichung sind also "auf symbolische

Repräsentation bezogen, speziell in ihrer Funktion als instrumentelles Arbeits –
und strategisches Organisationswissen" (Rammert 1982, S. 58).

In den Dimensionen Technisierung, Organisierung und Verwissenschaftlichung
auf der Achse der Produktivkraftentwicklung erhält ein Produktions – bzw.
Dienstleistungsprozeß seine spezifische Prägung. Seine Abläufe werden nicht
nur unter technisch – funktionalen Gesichtspunkten koordiniert, sondern mit
den gesellschaftlichen Produktions – und Reproduktionsbedingungen, den
Marktverhältnissen, der Durchsetzungsmacht konkurrierender Einzelkapitale,
den Gegensätzen zwischen Lohnarbeit und Kapital sowie zwischen kapitalisti –
schen Unternehmen und ihrer nicht – kapitalistischen Umwelt, kurz: mit den
Produktionsverhältnissen verknüpft.

2.1.4.2 Ökonomische, organisatorische und politische Rationalisierung als un – ternehmensstrategische Dimensionen?

Der technisch – funktionale Aspekt der Koordination des Produktionsprozesses
wird vom sozialstrukturellen Aspekt der Dispositionsfreiheit der Unternehmer
und Manager über Arbeit und Kapital überlagert (vgl. Rammert 1982, S. 64).
Bei den Strategieformen auf Unternehmensebene werden nach diesem Ansatz
dann weiter drei Ausprägungen unterschieden.

Die Strategieform der *ökonomischen Rationalisierung* wird mit den privatwirt –
schaftlichen Akkumulations – und Konkurrenzmechanismen begründet, die
ständig einzelwirtschaftliche Maßnahmen der Steigerung des Nutzens und der
Senkung der Kosten der eingesetzten menschlichen und technischen
Produktionsmittel sowie der Roh – und Hilfsstoffe zur Sicherung der Existenz
erzwingen. Maßstab für arbeits(zeit)organisatorische Regelungen und für
produkt – und produktionstechnische Entwicklungen ist das auf die
Kapitalrechnung bezogene Kalkül der ökonomischen Effizienz und Rentabilität.

Die Strategieform der *organisatorischen Rationalisierung* bezweckt die
Subsumtion der menschlichen Arbeitskraft unter das Kapital und zielt auf den
reibungslosen Ablauf der Produktions – und Dienstleistungsprozesse durch
interne vertikale und horizontale Differenzierung der Funktionen mit dem Grad
der Integration und der Kontrolle als Erfolgsmaßstab.

Die Strategieform der *politischen Rationalisierung* auf der Unternehmensebene ergibt sich aus den Interessengegensätzen zwischen gesellschaftlicher Arbeit und privater Aneignung ihrer Ergebnisse und richtet sich auf die Gewährleistung der Dominanz des Kapitals im sozioökonomischen System durch Realisierung des Primats privater Investitionen vor öffentlichen und der Interessengeltung des Kapitals in der Formulierung und Durchsetzung staatlicher Politik bzw. öffentlicher Maßnahmen, auf die Externalisierung der Folgekosten der Produktions- und Dienstleistungsprozesse usw. Der Erfolg dieser Strategieform läßt sich am Verhältnis zwischen kapital- und arbeits-orientierten staatlichen Maßnahmen ablesen.

Mit der Unterscheidung zwischen den drei kapitalistischen Strategieformen auf der Ebene der Unternehmen wird ein funktionaler Bezugsrahmen für die Analyse der soziotechnischen Evolution vorgelegt, der auf die drei Dimensionen des Produktionsprozesses Bezug nimmt. Man gewinnt damit einen systematischen Überblick über die Felder, auf denen sich die gegensätzlichen Strukturen in einer typischen Verlaufsform von Problemerzeugung und Lösungsstrategien bewegen.

Die unternehmerischen Strategien der privatwirtschaftlichen Nutzung der auf verschiedenen Feldern vorhandenen Potentiale der Arbeitszeit- und Technikgestaltung verlaufen entlang einer Konfliktlinie. Diese Konfliktlinie ist durch die spezifischen Gegensatzpaare und ihre Kräfteverhältnisse in ihrer Dynamik und Form unterschiedlich bestimmt.

2.2 Symbiose der Ansätze in dieser Studie

Für eine theoretische Analyse von Struktur und Entwicklung des Arbeitszeit-Technik-Systems auf der Betriebsebene in Beziehung zur unternehmensrelevanten Umwelt kann die Unterscheidung von drei Strategieformen lediglich als grobes Modell dienen. Denn die analytische Differenzierung zwischen ökonomischer, organisatorischer (sozialer) und politischer Rationalisierung auf der Achse der Produktionsverhältnisse bezieht sich hauptsächlich auf das, was die "Funktionserfordernisse ... der kapitalistischen Entwicklung" (Rammert 1982, S. 67), ausmacht, d.h. auf die Gesellschaft als Ganzes. Sie läßt sich nicht einfach für eine Begründung von Strategieformen auf Unternehmens-ebene verwenden. Es hilft nichts, für jede der Strategieformen das Unterneh-men als "geronnene Strategie", "sozialen Ort" zu thematisieren: als

Ort der "einzelwirtschaftlichen Verwertung" (ökonomische Dimension), der "Kontrolle über die Arbeitskräfte" (organisatorische/soziale Dimension) und als Stätte "gesellschaftlich relevanter Entscheidungen" bzw. als "strategisches Machtzentrum" (politische Dimension) (Rammert 1982, S. 68). Der Informationsgehalt einer solchen "Verortung" ist gering, die Strukturannahmen sind unspezifisch und tendenziell konservativ. Die konservativen Tendenzen in den sozialstrukturtheoretischen Annahmen stimmen mit dem Wissenschaftsanspruch, der sich mit der Präsentation des entsprechenden Ansatzes verbindet, nämlich analytische Perspektiven einer dynamischen Techniksoziologie aufzuzeigen, insofern nicht ganz überein, als trotz der dort angezogenen Beispiele von erfolgreichen Widerstandsaktionen der Arbeitskräfte gegen unternehmerische Rationalisierungsstrategien und trotz expliziter Ablehnung einer "kapitalistischen Entwicklungslogik" die Argumentation am Ende doch metaphorisch in der Allmacht des Kapitals bzw. in der Ohnmacht der lohnabhängigen Arbeitskräfte endet.

Es wurde anschließend von selber Seite versucht, diese Schwächen der Bestimmung des Handlungspotentials von Akteuren als irgendwie zwangsläufiges Resultat der Stellung in der ökonomischen Struktur durch Aufwertung der Akteurperspektive zu überwinden. An der Technologieentwicklung partizipieren – so wird gesagt – in sozialer Hinsicht "– ob fördernd, herstellend, variierend oder verhindernd – immer mehr soziale Akteure mit eigenen Orientierungsvorstellungen ", die "sich weder auf ein einziges Interdependenzverhältnis, wie Produktionsmittelbesitzer und Arbeitskraftbesitzer, Technikproduzent und Technikkonsument oder Technikbetreiber und Technikbetroffene, zurückführen" lassen, "noch ist ihr jeweiliges Technik–Projekt ... – das sind ihre Orientierungen und Präferenzen, wie sie zum Beispiel in die Wahl eines 'neuen Produktionskonzepts' (vgl. Kern, Schumann 1984) eingehen – nur Ausdruck ihrer strukturellen Position, sondern Ergebnis einer Strategieformulierung, die sich auf die in der Vergangenheit erfahrene und für die Zukunft erwartete Dynamik der anderen Akteure in der Umwelt beziehen" (Rammert 1986, S. 29).

Wenn die Erklärung durch gesellschaftliche Strukturen beibehalten werden soll, ohne jedoch der Idee einer "Strukturlogik" oder eines "strukturellen Zwangs" das Wort reden zu wollen, und wenn die strukturschaffende und variierende praktische Handlungsfähigkeit historischer Akteure hervorgehoben werden soll, ohne Agenturtheorien des bloß utilitaristischen Kalküls bzw. der historischen Vernunft zu bemühen, "dann muß von einer Differenz von Akteur– und Systemperspektive ausgegangen werden und gleichzeitig ihre Einheit nicht als vorgegebene Logik, sondern als selbstproduziert und historisch sich verändernd entwickelt werden" (Rammert 1986, S. 31).

Durch Verknüpfung mit Elementen der Handlungsebene wird der Sozialstrukturansatz vom Mythos des alles beherrschenden Kapitals befreit und in die sozioökonomische Theorie integriert, ohne in ein naives Verständnis von Unternehmen als "umweltoffene" oder "gestaltungsoffene" Systeme abzugleiten.

Allerdings ist auch mit dem handlungstheoretisch "aufgeladenen" Sozialstrukturkonzept für den Betriebsansatz nichts gewonnen, wenn weiter mit Kategorien aus dem makrosozialökonomischen Arsenal gearbeitet wird. Um nichts anderes handelt es sich, wenn Handlungspotential bestimmt wird als Fähigkeit der sozialen Akteure, "Dinge oder Sachstrukturen zu erzeugen", "Handlungen oder Handlungssysteme zu organisieren" sowie "kulturelle Bedeutungen zu produzieren" (Rammert 1986, S. 33). Es fällt nicht schwer, in den drei Bestimmungen inhaltliche Analogien zur Differenzierung von ökonomischer, organisatorischer und politischer Rationalisierung im vorgängigen Konzept zu entdecken. Die Herstellung von Dingen oder Sachstrukturen und die Organisation von Handlungen und Handlungssystemen tragen – so wird weiter ausgeführt – den Stempel der Eigentumsverhältnisse. Von ihnen nicht oder nicht im selben Maße erfaßt sei das kulturelle Handlungspotential, das zumeist gar nicht gesehen bzw. dessen Relevanz für das Handlungspotential fast immer unterschätzt werde. Dieses "symbolische Kapital" bestehe darin, "Ereignisse und Sachverhalte zu benennen ..., den benannten Phänomen Bedeutung zu verleihen", "Interpretationen zu begründen und in der gesellschaftlichen Debatte als legitim durchzusetzen" (Rammert 1986, S. 33).

Die Wichtigkeit der kulturellen Komponente für die Handlungsorientierung der Akteure soll nun darin bestehen, "daß sie durch ihren jeweiligen geschichtlichen Bezug dazu sich von den strukturellen Zwängen der vorgegebenen Besitz und Machtverhältnisse freimachen und sie symbolisch überschreiten können", und darin, daß das "Handlungspotential für Kritik, Neuerung und Gesellschaftsveränderung (...) hier seinen konstitutiven Ort (hat)" (Rammert 1986, S. 33).

Nun ist die Bestimmung der Kultur als von Macht und Besitzverhältnissen am wenigsten geprägter gesellschaftlicher Bereich ganz und gar fiktiv. Denn immer muß Kultur – und das ist im Wortsinn alles menschlich Erschaffene – zum GesellschaftlichenSozialen, woher sie kommt und worauf sie zurückwirkt, in Beziehung gesetzt werden: zu allen auf analytischem Wege gewonnen sozialen Kategorien wie Zeitempfinden, Zeitstrukturen, Kunst,

Wissen, Normen usw., aber auch zu den technischen Grundlagen und Produkten der menschlichen Existenz samt ihren materiellen Substraten wie Werkzeuge, Geräte "als sinn- und geisteserfüllte Schöpfungen und Objektivationen" (Mühlmann 1972, II, S. 479), denen bereits bestimmte Handlungs- und Strukturelemente "eingeschrieben" sind. So werden in der soziokulturellen Dimension Zeitpräferenzen sowie Rationalisierungen von Technik und Wirtschaft im eigentlichen wie im Freud'schen Sinn (vgl. Habermas 1971, S. 48 ff.; Heinrich 1984, S. 64 f.) fortwährend auf diese die Gesellschaft konstituierenden sozialen Verhältnisse normativ oder informell zugeschnitten. Das Postulat von der Ideologiefreiheit der Kultur postuliert die Freiheit von der Ideologie und kann sich so nicht einmal zu sich selbst bekennen. Der Komplex von Voraussetzungen, Bedingungen und Hemmnissen, der die Zielsetzung sozialverträglicher Arbeitszeit- und Technikgestaltung umgibt, ist letzten Endes kulturell so einheitlich und so verschieden wie die Menschen, die ihn konstituieren. Finden sich Menschen zu kollektiven Handlungseinheiten zusammen, die folgenden drei Aspekten genügen: koordinierte Handlungsfähigkeit; aufeinander bezogene Interpretationen der Wirklichkeit und der programmatischen Zielsetzungen, dann handelt es sich um Akteure (vgl. Rammert 1986, S. 32), von denen hier die Rede ist. Im hiesigen Zusammenhang sind die Arbeitnehmer einer- seits und die Arbeitgeber andererseits die Handlungseinheiten, die Akteure, die bestimmte Beziehungen miteinander eingehen und eine wie auch immer zustande gekommene Produktionsstrategie verfolgen.

Von konkreten Produktionskonzepten statt abstrakten Strategieformen oder allgemeinen Handlungsorientierungen auszugehen empfiehlt sich nicht allein aus Gründen der empirischen Erleichterung. Nach Produktionsstrategien zu unterscheiden legt vor allem die auf dieser Ebene ablaufende Diskussion über "Neoindustrialisierung", "Formwandel der Rationalisierung" und "technische Po- tentiale für arbeitsorientierte Arbeitszeitflexibilisierung" nahe.

Produktionskonzepte, wie sie hier verstanden werden, können mit Hilfe von zwei Variablen charakterisiert werden: des Konkurrenztyps, dem das Produkt unterliegt, und des Volumens, in dem es hergestellt wird. Mit diesen beiden Variablen läßt sich die Produktion unterteilen in standardisierte mit Preis- konkurrenz und konsumorientierte mit Qualitätskonkurrenz einerseits und Klein- bzw. Großserienproduktion andererseits (vgl. Sorge, Streeck 1986).

Legt man dieses Schema zugrunde, tendieren "traditionelle Produktionskon- zepte entweder zur Kleinserienfertigung von konsumorientierten Gütern mit Qualitätskonkurrenz oder zu Großserienfertigung von standardisierten Gütern

mit Preiskonkurrenz" (Brödner 1987, S. 36). Mit der Verfügbarkeit hochlei-
stungsfähiger elektronischer Datenverarbeitung hat sich – folgt man der
gängigen Argumentation – das Wahlspektrum für Produktionsstrategien beträchtlich erweitert. Auf der Achse der Produktionsverhältnisse wird dies am
neuen Typ von Großserienproduktion konsumorientierte Güter unter Quali-
tätskonkurrenzbedingungen, kurz: der "diversifizierten Qualitätskonkurrenz",
sichtbar (vgl. Übersicht 2).

Übersicht 2: Einfache Klassifikation von Produktionsstrategien

	Standardisierte Produkte mit Preis-konkurrenz	Spezialanfertigungen mit Qualitäts-konkurrenz
niedriges Volumen	Spezialisierte Kom-ponentenproduktion	Handwerkliche Produktion
hohes Volumen	Massenproduktion	Diversifizierte Qualitätsproduktion

Quelle: Sorge, Streeck 1986 (mod.)

In der hier zugrunde liegenden Literatur wird davon ausgegangen, daß sich
die Produktion in Richtung auf eine Strategie der "flexiblen Spezialisierung" mit
erhöhter Profitabilität und Konkurrenzfähigkeit und die Massenproduktion sich
auf kleinere Losgrößen hin entwickeln wird (vgl. Brödner 1987, S. 36) –
natürlich existieren diese verschiedenen Produktionstypen oder
Produktionskonzepte seit jeher nebeneinander. Soweit absehbar, werden sie
auch künftig nebeneinander bestehen bleiben. Der Schwerpunkt, zumindest
der Diskussion, liegt bei der Kleinserienfertigung, und die Argumentation geht
in folgender Weise: Die bisherige Entwicklung der Kleinserienfertigung ist
durch drei Stufen gekennzeichnet gewesen. Im ersten Schritt war die Arbeit
horizontal geteilt worden, was die Einführung von Maschinen ermöglicht hatte.
Im zweiten Schritt war die Trennung von Planung und Ausführung
durchgeführt worden. Der dritte Schritt vertiefte die vertikale Arbeitsteilung,
indem die NC-Maschinen eingeführt und das Programmieren zu einer
Unteraufgabe der Planung wurde. Jeder der drei Schritte ist durch politisch-
ökonomische Erwartungen "auf bessere Kontrolle der Produktion, höhere
Produktivität und niedrige Kosten provoziert" worden, "ergab sich also nicht
einfach aus technischen Sachzwängen" (Brödner 1987, S. 36).

Ergebnis dieser Entwicklung ist, dem neuen Paradigma zufolge, der hoch-
differenzierte Werkstattfertigungsprozeß mit komplexen Konstruktions-, Pla-
nungs- und Kontrollfunktionen. Dreh- und Angelpunkt der "Fabrik von
heute und morgen" ist die Bewältigung von drei Problemen: erstens die
Nutzung des Kapitals im Zuge steigender Intensität; zweitens die langen und
wechselnden Durchlaufzeiten mit der Folge hoher Kosten der laufenden Produktion; drittens das "unausgewogene Verhältnis" von direkt und indirekt
produktiven Arbeitnehmern.

Zur Bewältigung dieser Probleme haben sich - nimmt man die aktuelle
Diskussion zum Maßstab - zwei entgegengesetzte Produktionskonzepte herausgebildet: der "technozentrierte" und der "anthropozentrische Ansatz" (vgl.
Brödner 1987, S. 37 ff.). Angesichts der herausragenden Rolle, die ein Produktionskonzept in Praxis und Theorie hat, wird es hier als sinnvoll angesehen, Produktionsstrategien als zweite Bezugsachse der theoretischen und
empirischen Analyse sozialverträglicher Arbeitszeitgestaltung beim Einsatz
Neuer Technik zu nehmen und sie mit den Dimensionen der Produktivkraftentwicklung in ein Verhältnis zu setzen (Übersicht 3). Wie aber läßt sich
nun das Anwendungsfeld von Technik in der industriellen Fertigung systematisch gliedern?

Übersicht 3: Prozeßdimensionen und Produktionsstrategien als analytische Achsen des Untersuchungsraumes

Dimensionen des Produktionsprozesses \ Produktionskonzepte	Standardisierte Produktion mit Preiskonkurrenz		Spezialanfertigung mit Qualitätskonkurrenz	
	Spezialisierte Komponentenproduktion (niedriges Volumen)	Massenproduktion	Handwerkliche Produktion (niedriges Volumen)	Diversifizierte Qualitätsproduktion (hohes Volumen)
Organisation	qualifikationsgestützte Gruppenarbeit	Arbeitszerlegung; hierarchische Leitung und bürokratische Kontrolle	Integration konstruktiver, planender und ausführender Tätigkeiten	funktionale Aufgliederung und Zusammenfassung von gleichartig qualifizierten Tätigkeiten zu Gruppen und Inseln
Technisierung	flexibel spezialisierte Aggregatsysteme	starr verriegelte Fließ- und Zwangslaufsysteme	ein- und mehrfunktionale Einzelaggregate	selbstregulierende offene Systeme integrierter Fertigung
Informatisierung	Expertensysteme	Zusammenfassung des Produktionswissens in EDV-Standardprogrammen	Entscheidungen in unmittelbarer Auseinandersetzung mit Arbeitsaufgaben	algorithmisierte interaktive Programme

2.3 Probleme der Technikbeschreibung

Zur systematischen Gliederung von technischen Objekten und Verfahren be – dürfte es bestimmter Kriterien, nach denen unterteilt und zugeordnet werden kann. Diese Kriterien müßten in einer Weise definiert werden, daß innerhalb einer Gruppe von Objekten oder Prozessen Homogenität und zwischen den Gruppen Heterogenität besteht.

Unter den Gründen für das Fehlen einer enzyklopädischen Technikbeschrei – bung spielt gewiß die Vielfältigkeit der Zusammenhänge eine zentrale Rolle. Hinzu kommt, daß der Umfang eines solchen Handbuches, würde es geschrieben, aufgrund des hohen Grades der disziplinären Ausdifferenzierung immens wäre. Zudem würde es im Zuge fast täglich stattfindender Wir – kungsgraderhöhungen, Qualitätsverbesserungen oder Handhabungserleichte – rungen rasch veralten. Darüber hinaus blieben dem Handbuch die interes – santesten entwicklungsfähigen Konstruktionen, Verfahren und Ideen teilweise oder vollständig verschlossen. Gilt allgemein für angewandte Technik ein ge – wisses Maß an Geheimhaltung, so trifft das erst recht auf ausbaufähige Linien zu (vgl. Rumpf u.a. 1976, I, S. 84 f.).

Technikbeschreibung findet sich jedenfalls nur partiell, d.h. unter speziellen Aspekten und Fragestellungen. Methodisch am weitesten entwickelt ist der systemanalytische Ansatz. Er gestattet die Strukturierung verhältnismäßig breiter Technikbereiche, und er vermag zudem den Fallmonographien einen Orientierungsrahmen zu setzen.

Ausgangspunkt des systemanalytischen Ansatzes ist die Überlegung, daß sich Technik heute nur noch unzureichend als Anhäufung von technischen Objekten (Automobile, Computer, Werkzeugmaschinen u.ä.) erfassen läßt. Statt dessen werden technische Sachverhalte als Systeme miteinander verzahnter und aufeinander bezogener Ketten und Hierarchien verstanden. Aus dieser Sicht umfaßt zum Beispiel die Technik des Automobiles auch die Treibstoff – herstellung, die Massenfertigung als Produktionstyp und das Reparatur –, Tankstellen – und Straßennetz. Die Betrachtung verschiebt sich damit von einzelnen Artefakten zu umfassenden Komplexen technischer Systeme. Ent – sprechend wird die auf den Arbeitsplatz oder auf die Nutzungsform bezogene traditionelle Mensch – Maschine – Perspektive durch eine Übersicht beispielhaf – ter Funktionen und Ersetzungsverhältnisse in soziotechnischen Systemmodellen abgelöst.

Die auf die Maschinerie oder Spezialverfahren gerichtete ältere "Technologie" mit ihrer Vorstellung einer relativen Geschlossenheit des Beschreibungsge- genstandes wird also durch die Kybernetik mit einer "Umwelt" in Beziehung gesetzt (vgl. Rammert 1982, S. 34 – 36). Jedes der Kettenglieder wird dann verstanden als ein in Raum und Zeit begrenztes System, das mit seinen Umgebungen in funktionaler Beziehung steht. Auf die Technikbetrachtung bezogen bedeutet das eine Akzentverlagerung zum Beispiel

von:	zu:
Maschinentechnik	technischem System
Mensch – Maschine – Beziehung	soziotechnischen Systemen
mechanischem Modell	organischem Modell
geschlossenem System	umweltoffenem System
Technologie	Kybernetik
Zweckrationalität	Systemrationalität
Produktplanung	Operations – und Standardi – sierungsplanung

Quelle: Rammert 1982, S. 35

Technik systemanalytisch zu beschreiben ist sinnvoll und hilfreich, wenn konkrete oder modellmäßige Zusammenhänge erfaßt oder zumindest veranschaulicht werden sollen. Umgangssprachlich kann "System" alles mögliche bedeuten. Systemtheoretisch ist System definiert als eine Gesamtheit von Elementen, zwischen denen irgendwelche Beziehungen bestehen oder hergestellt werden können (vgl. Rumpf u.a. 1976, I, S. 80).

Diese Beziehungen hängen davon ab,
– wie verschieden die Elemente sind, d.h. von der "Varietät",
– wie die Elemente im System zusammenhängen, d.h. von der "Konnekti – vität".

Beide Systemeigenarten haben miteinander zu tun. Denn für jedes System, das bestimmte Funktionen wahrnehmen soll, gibt es zwei Möglichkeiten der Verhältnisausprägung von Varietät zu Konnektivität. Das läßt sich an einer integrierten Schaltung verdeutlichen. Entweder besteht sie aus Elementen, die sich sehr wenig oder gar nicht voneinander unterscheiden, z.B. nur aus Transistoren; dann müssen für die Funktionsfähigkeit sehr viele Zusammenhänge zwischen den Elementen hergestellt werden (z.b. durch hohen Vernetzungsgrad). Oder die Schaltung umfaßt eine Vielfalt von Elementen, z.B. Transistoren, Widerstände, Kondensatoren; in diesem Fall wird mit weniger Zusammenhängen zwischen den Elementen dieselbe Funktion gewährleistet.

Alle Systemeigenarten der Varietät und der Konnektivität von Systemen wer‐ den unter dem Begriff Komplexität zusammengefaßt. Er ist ein Schlüsselbegriff für das Steuern und Regeln von Systemen (vgl. Siemens AG 1984, S. 16).

Eine Beschreibung des technischen Systems müßte sowohl die inneren funktionalen Abhängigkeiten zwischen den Elementen als auch die externen Einflüsse auf das System umfassen. Da Technik jedoch mit allen gesellschaftlichen Bereichen global verknüpft ist, würde ein solcher Versuch letztlich auf die Konstruktion eines äußerst differenzierten "Weltmodells" hin‐ auslaufen. Das ist nicht zu leisten.

Deshalb behilft man sich damit, das technische System aus seiner Umgebung herauszulösen und nur noch wenige Umweltverflechtungen zuzulassen. Aber auch dabei treten Schwierigkeiten auf. Denn faktisch lassen sich in der Technik beliebig viele komplizierte Systeme identifizieren. Vielfach sind deren interne Verknüpfungsgesetze nicht hinreichend bekannt. Bisweilen können nicht einmal die relevanten Elemente exakt angegeben werden. Die mangelnde Kenntnis der Verknüpfungen zwischen Elementen oder gar der Elemente selbst führt zum Verzicht auf eine systemanalytische Gesamtschau der Technik. Überhaupt ist systemanalytische Technikbetrachtung denselben Restriktionen unterworfen, die oben als Gründe für das Fehlen einer Synopse genannt worden sind: hoher Grad der Ausdifferenzierung der technischen Disziplinen, Dynamik des Neuerungsprozesses und Geheimhaltung. Alles zusammen erzwingt die Beschränkung auf bestimmte Sektoren, Verfahren oder auf Produkte (vgl. Rumpf u.a. 1976, I, S. 80‐83).

Sobald Systembeschreibungen konkret werden, sind sie selektiv. Decken sie einen großen Technikbereich ab, sind sie abstrakt. Ansatzpunkt einer Typologie produktionstechnischer Veränderungen für den Gesamtbereich der industriellen Produktion ist im systemanalytischen Konzept das industrielle Produkt. Die Herleitung des Fertigungssystems aus einem Produkt birgt keine Überraschungen. Die Gedankenführung sei kurz nachgezeichnet.

Industrielle Produkte werden aus natürlichen Rohstoffen erzeugt. Der Produktionsprozeß dient der schrittweisen Verwirklichung der elementarspezifischen Merkmale von industriellen Produkten. Jedes elementarspezifische Merkmal erfordert einen technisch abgrenzbaren Prozeßschritt. Konstruktionale Produkte, die das Zusammenfügen von minde- stens zwei Elementarprodukten voraussetzen, bedürfen als Prozeßschritt der Montage. Jeder Prozeßschritt entspricht einem einfachen Fertigungssystem. Ein Prozeßschritt umfaßt aus systemanalytischer Sicht das eigentliche Verfahrens- bzw. Fertigungssystem, das auch als Wirkzone bezeichnet wird, sowie weitere Fließgrößen (Operanden, z.B. Material, Information).

Ein idealtypisches Verfahrens- bzw. Fertigungssystem wird als aus Subsystemen zusammengesetzt aufgefaßt. Idealtypisch bedeutet, daß die Erzeugung eines elementarspezifischen Merkmals eines Produkts immer mehrere Subsysteme vorausgesetzt. Da nach der Annahme jedes einzelne elementarspezifische Merkmal einen besonderen Prozeßschritt erfordert, ergibt sich die für ein Elementarprodukt erforderliche Anzahl von Prozeßschritten aus der Anzahl der im Produkt vergegenständlichten elementarspezifischen Merkmale. Bei konstruktionellen Produkten kommen die notwendigen Montageschritte hinzu. Die Zahl der Montageoperationen ist durch die zwi- schen den Elementarprodukten eines Systems bestehenden Relationen festgelegt. Ist für die Erzeugung eines Produktes mehr als ein Prozeßschritt nötig, wurden die zugrunde liegenden einfachen Verfahrens- bzw. Fertigungssysteme in der Realität oftmals zu komplexeren Systemen zusammengefaßt.

Was nun die innere Struktur des idealtypischen einfachen Systems angeht, ergibt sie sich dem Konzept zufolge grundsätzlich aus sechs Subsystemen, nämlich dem

- Arbeitssystem (Wirkpaar)
- Antriebssystem (Bewegungsenergie für das Arbeitssystem)
- Bewegungssystem (Transformation kodierter Gestaltinformationen)
- Steuerungssystem (Transformation und Verteilung der Arbeitsinformation auf die Subsysteme)
- Werkstückhandhabungssystem (Beeinflussung des Materialflusses, z.B. Speichern, Zuteilen, Ein- und Ausgeben, Positionieren)
- Meß- und Prüfsystem (Informationsgewinnung für das Steuersystem) (vgl. Scholz 1974, S. 64 ff.).

Nunmehr ist es im Prinzip möglich, die Systemstruktur einer beliebigen Verfahrens- bzw. Fertigungstechnik als einzelne, kombinierte oder komplexe Prozeßschritte zu beschreiben. Die Operanden sind letztlich durch die elementarspezifischen Merkmale der Elementarprodukte, im Falle von konstruktionellen Produkten durch die zwischen den Elementarprodukten bestehenden Relationen darstellbar oder in Begriffen der Naturwissenschaften faßbar.

Um den Istzustand von (industrieller) Produktionstechnik zu erfassen, geht man vom *Arbeitssystem* aus. Es wird als der Ort im Prozeß verstanden, an dem einem Produkt mit oder auch ohne Fertigungsmittel ein elementarspezi- fisches Merkmal aufgeprägt oder eine Relation hergestellt wird. Dieser Vor- gang wird synonym als Arbeits- oder Fertigungsverfahren bezeichnet und als produktionstechnischer Kern eines Prozeßschrittes begriffen. Jedes einzelne der unterschiedenen Subsysteme des Fertigungssystems – Antriebssystems, Bewegungssystem, Steuerungssystem, Werkstückhandhabungssystem und Meß- und Prüfsystem – dient dem Arbeitsverfahren als Hilfstechnik. Dem- zufolge läßt sich ein produktionstechnisches System anhand der spezifischen Funktionen der Subsysteme für das Arbeitsverfahren darstellen. Wie das An- triebssystem dem Arbeitsverfahren die vom Fertigungsmittel geforderte Wirk- energie liefert, dient das Bewegungssystem der Führung der Fertigungsmittel, das Steuersystem der Korrektur und das Meß- und Prüfsystem der Kontrolle der Arbeitsausführung, während das Werkstückhandhabungssystem auf Pro- dukttransport und -positionierung gerichtet ist.

Fragt man weiter nach den Funktionsträgern, führt das zur Unterscheidung zwischen menschlicher Arbeitskraft und technischen Mitteln. Das Verhältnis beider zueinander in und zwischen den Subsystemen wird als *Mechanisie- rungs- und Automatisierungsniveau* eines Systems ausgedrückt. Es ist nach dem Arbeitsverfahren das zweite generelle Klassifizierungsmerkmal für Produktionstechnik.

Bei der Klassifizierung nach dem *Automatisierungsgrad* geht es darum, die Geschehnisabläufe eines produktionstechnischen Systems nach dem Grad ihrer technischen Autonomie zu ordnen. Das kann z.B. heißen, für das Antriebssystem den jeweiligen Beitrag der beiden Kraftquellen menschliche Arbeitskraft und Fremdenergie bei der Führung der Fertigungsmittel zu ermit- teln. Im Bewegungssystem sind Art und Flexibilität der Führung und Steue- rung der Fertigungsmittel von Interesse. Sein Automatisierungsniveau läßt sich mit Begriffen wie z.B. "kein Fertigungsmitteleinsatz" bzw. "elastische Pro- gramm- oder Folgesteuerung" fassen. In bezug auf das Steuersystem sind

die personellen und sachlichen Wahrnehmungs –, Signal – und Korrekturele –
mente und – verläufe zu identifizieren. Anzugeben wäre etwa, aufgrund
welcher Wahrnehmungsformen (z.B. durch "ausschließlich sinnliche Wahr –
nehmung" bzw. durch "Signale") Soll – Ist – Abweichungen festgestellt werden
und wie die Reaktionsmuster aussehen (z.B. "manuelle Unterbrechung des
Prozesses" bzw. "selbsttätige rückwirkende Fehlerkorrektur"). Was das Werk –
stückhandhabungssystem angeht, kommen Ordnungsbegriffe wie "manuell",
"Hilfswerkzeug mit Handantrieb", "Hilfswerkzeug mit maschinellem Antrieb",
"maschinell mit Zeitzwang" u.ä. in Betracht. Hinsichtlich des Meß – und Prüf –
systems geht es schließlich darum, die bei der Kontrolle der Arbeitsaus –
führung typischen Wahrnehmungs – bzw. Darstellungsformen fehlerhafter
Abläufe ("ausschließlich sinnliche Wahrnehmung", "mit Hilfe von Meßwerk –
zeugen" bzw. "Anzeige charakteristischer Merkmale", "Aufzeichnung
charakteristischer Merkmale") in ihrem zeitlichen Bezug zur Arbeitsausführung
(z.B. "Soll – Ist – Vergleich nach der Arbeitsausführung" oder "Soll – Ist –
Vergleich während der Arbeitsausführung") zu erfassen.

Bis hierher sind zwei Merkmale, nämlich das Arbeitsverfahren und das Au –
tomatisierungsniveau, mit denen sich industrielle Verfahrens – bzw. Ferti –
gungssysteme darstellen lassen, abgeleitet worden. Diese beiden mögen hin –
reichen, wenn es sich um einen extrem arbeitsteiligen Prozeß handelt. Eine
extreme Arbeitsteilung liegt z.B. vor, wenn sich ein Produktionsprozeß aus
einzelnen Arbeitsplätzen zusammensetzt, an denen jeweils nur ein einziger
Prozeßschritt realisiert wird. Hierzu zählen etwa bestimmte Bandarbeiten. Sind
jedoch einzelne Prozeßschritte miteinander verknüpft, sei es in Form eines
Fließbandes, sei es in Gestalt einer Transferstraße, macht die technische
Beschreibung mit den beiden bisher erarbeiteten Kriterien allein einige
Schwierigkeiten. Denn bei verknüpften Prozeßschritten ist das Endprodukt ei –
nes Kosystems stets das Ausgangsprodukt des unmittelbar folgenden Kosy –
stems. Das erfordert die Abstimmung der technischen Kapazitäten der
Teilfertigungssysteme untereinander und mit den Subsystemen. Die in einem
komplexen Fertigungs – bzw. Verfahrenssystem bestehenden Beziehungen
zwischen den Kosystemen und deren Relationen zu den Subsystemen kön – –
nen als *technisch – organisatorische Struktur* bezeichnet werden. Die tech –
nisch – organisatorische Struktur ist als drittes Merkmal produktionstechnischer
Systeme anzusehen. Mit ihm lassen sich die realtechnischen Beziehungen
zwischen Kosystemen und Kraftquellen (Antriebssystem), Arbeitsoperationen
(Bewegungssystem), Wirkungsweg der Regelung (Steuersystem), Umgang mit
dem Arbeitsstück (Werkstückhandhabungssystem) und der Steuerkette der
Meßwerterfassung und – verarbeitung (Meß – und Prüfsystem) beschreiben.

Eine Abstimmung der Eingangs – /Ausgangs – Kapazitäten in bezug auf die Ko – und Subsysteme eines produktionstechnischen Gesamtsystems läßt sich z.B. durch eine Vervielfachung jener Teilsysteme bewerkstelligen, die einzeln genommen Kapazitätsengpässe hervorrufen würden, d.h. durch eine Veränderung der technisch – organisatorischen Struktur. Die Anpassung der Eingangs – /Ausgangs – Kapazitäten kann aber auch über eine entsprechende Dimensionierung einzelner Ko – oder Subsysteme vollzogen worden sein. Beispiele dafür sind Stufengetriebe oder stufenlose Antriebe zur Abstimmung der Bewegungen mehrerer Fertigungsmittel untereinander. Die Dimension ist also das vierte Merkmal, das für eine systematische Darstellung von Produktionstechnik taugt. Aussagen über Dimensionen von Sub – und Kosystemen eines produktionstechnischen Prozesses sind stets quantitativer Natur. So läßt sich das Antriebssystem in Leistungseinheiten für die Energieformen darstellen, das Bewegungssystem in Größen für Reichweite und Richtung oder auch in Freiheitsgraden des Bewegungsablaufs, das Steuersystem durch Angaben über die Menge und über die Kompensationsleistungen der Bauglieder im Wirkungsweg, das Werkstückhandhabungssystem mit Maßzahlen für den Materialdurchsatz oder für den Energieaufwand, das Meß – und Prüfsystem endlich durch Angaben über die Zahl der gesteuerten Größen, der Meßstellen sowie in Kennziffern für die Informationsverarbeitungskapazität.

Wer im Zusammenhang mit Arbeitszeitbedingungen eine Technikdarstellung braucht, muß sie sich in aller Regel selbst erarbeiten. In erster Linie gehört dazu die Ausarbeitung eines gegenstandsadäquaten Bezugsrahmens nach dem hier gezeigten Muster.

Es ist klar, daß das systemanalytische Konzept zur Darstellung eines Istzustandes von Produktionstechnik auch geeignet ist, produktionstechnische Veränderungen zu ordnen. Entsprechend der Typologie produkttechnischer Veränderungen läßt sich der Neuheitscharakter von Umstellungen bezüglich Arbeitsverfahren, Automatisierungsniveau, technisch – organisatorische Struktur und Dimension eines Systems auf Typen der Gewinnung neuen technischen Wissens zurückführen.

Durch einen Vergleich des technischen Istzustandes eines realtechnischen Prozesses vor und nach einer Umstellung werden die Veränderungen sichtbar. Häufig müssen die Gegebenheiten vor produktionstechnischen Neuerungen rekonstruiert werden, weil sie real nicht mehr vorhanden sind. Das Hauptinstrument bei der Rekonstruktion vergangener Systeme ist die Befragung von seinerzeit beteiligten Akteuren.

Alles in allem lassen sich also produktionstechnische Prozesse und Veränderungen nach den spezifischen Ausprägungen der relevanten Merkmale von in
ihnen enthaltenen Subsystemen typologisieren. Je größer der zu beschrei-
bende Technikbereich ist, desto abstrakter muß die Merkmalsbeschreibung
ausfallen und um so ungesicherter geraten Aussagen zum Verhältnis zwischen Technik und Arbeitszeitorganisation. Um diese Relation und die inter-
venierenden Variablen empirisch fundiert analysieren zu können, ist allemal
eine Beschränkung auf bestimmte Technikfelder bzw. überschaubare Teilprozesse vonnöten.

III. EINIGE EVIDENZEN

1. BRANCHENEBENE

Die empirischen Untersuchungen haben in Betrieben des Textil–, des Bekleidungs– und des Druckgewerbes stattgefunden. Für diese Wirtschaftszweige soll nun anhand der wichtigsten verfügbaren Indikatoren ein Grobportrait der wirtschaftlichen Entwicklung, des Technikeinsatzes und der Arbeitszeitstruktur gezeichnet werden. Zum einen interessiert dabei, ob zwischen den hier thematisierten Komplexen systematische Zusammenhänge bestehen und welcher Art diese sind. Zweitens soll die branchenmäßige Grobskizze helfen, die betrieblichen Untersuchungsbefunde einzuordnen und zu bewerten.

1.1 Ökonomische Indikatoren

1.1.1 Produktion

Die wirtschaftliche Entwicklung der drei Wirtschaftszweige seit 1970 zeigt ein sehr unterschiedliches Bild. Während die Produktion, gemessen an der realen Bruttowertschöpfung, im Textil– und noch ausgeprägter im Bekleidungsgewerbe rückläufig ist, expandiert sie im Druckgewerbe. Allerdings liegen hier die jährlichen Zuwachsraten seit 1980 unter denen des Verarbeitenden Gewerbes. Demgegenüber ist die Produktionsentwicklung in der Phase von 1970 bis 1980 im Druckgewerbe dynamischer verlaufen als im Verarbeitenden Gewerbe. Besonders auffallend ist die stark rückläufige Produktion im Bekleidungsgewerbe, die in den 80er Jahren noch kräftiger ausfiel als in den 70er Jahren.

Tabelle 1: Effektives Bruttowertschöpfungsvolumen [1]

Wirtschaftszweig	Mill. DM in Preisen von 1980			Veränderung in vH	
	1970	1980	1986	1970 – 80	1980 – 86
Druckerei, Vervielfältigung	9.349	11.426	11.814	2,0	0,6
Textilgewerbe	13.469	12.817	12.138	– 0,5	– 0,9
Bekleidungsgewerbe	9.253	7.855	6.268	– 1,6	– 3,7
Verarbeitendes Gewerbe	376.936	446.931	474.126	1,7	1,0

1) Betriebe des Verarbeitenden Gewerbes mit 20 und mehr Beschäftigten

Quelle: DIW 1987; eigene Berechnungen

Da die betrieblichen Untersuchungen ausschließlich in Nordrhein – Westfalen stattfanden, interessiert die Frage, inwieweit sich die relative Bedeutung der drei Wirtschaftszweige von der Bundesebene unterscheidet. Gravierende Unterschiede bestehen nicht zwischen den beiden Betrachtungsebenen. Das Druckereigewerbe spielt in NRW eine geringfügig kleinere Rolle als im Bundesgebiet. Dafür ist das Textilgewerbe etwas stärker vertreten als im Vergleichsraum. Wichtig für die weiteren Betrachtungen ist, daß sich die relative Bedeutung der drei Wirtschaftszweige sowohl auf Bundes – als auch auf der Landesebene parallel entwickelt. Insofern können die weiteren Aussagen, die sich wegen des sehr viel unproblematischeren Datenzugangs allein auf die Ebene des Bundesgebietes beziehen, zumindest der Tendenz nach auch für das Entwicklungsmuster in NRW als bestimmend angesehen werden.

Tabelle 2: Bruttowertschöpfung im Bundesgebiet und in Nordrhein – Westfalen

Gegenstand	Bruttowertschöpfung in Preisen von 1980 – Strukturanteil – [1]					
Wirtschaftszweig	Bundesgebiet			Nordrhein – Westfalen		
	1970	1980	1985	1970	1980	1985
Druckerei, Vervielfältigung	2,6	2,3	2,3	2,3	1,1	2,0
Textilgewerbe	3,4	2,6	2,4	3,8	2,8	2,6
Bekleidungs – gewerbe	2,5	1,9	1,6	2,5	1,9	1,7
1) Verarbeitendes Gewerbe = 100						

Quelle: Statistisches Bundesamt; Landesamt für Datenverarbeitung und Statistik Nordrhein – Westfalen; eigene Berechnungen

1.1.2 Internationaler Wettbewerb

Bei der Bewertung des Zusammenhangs von Technikeinsatz, ökonomischen Faktoren und Arbeitszeitgestaltung ist der internationale Wettbewerbsdruck in den Untersuchungszweigen zu berücksichtigen. Als einen groben Indikator für den internationalen Wettbewerb kann man das Verhältnis von Ausfuhr zu Einfuhr heranziehen (vgl. Tabelle 3). Die Unterschiede zwischen den drei Wirtschaftszweigen sind beträchtlich. Während im Bereich der Druckerzeugnisse die Exporte die Importe um mehr als das Dreifache übertreffen, ist die Bilanz sowohl bei den Textilien als auch bei den Bekleidungsgütern negativ. Die Importe liegen deutlich über den Exporten. Besonders ungünstig ist die Bilanz im Bereich der Gütergruppe Bekleidung. 1980 lagen hier die Importe um mehr als das Doppelte über den Exporten. Allerdings zeichnet sich seit 1980 auf beiden Gütermärkten eine Verbesserung der Wettbewerbsposition ab. Das Handelsdefizit ist bei diesen beiden Pro – duktsegmenten kleiner geworden. Aber immer noch sieht sich die heimische Wirtschaft einem starken Importdruck ausgesetzt. Sicherlich würde sich ein sehr viel differenzierteres Bild zeigen, wenn man die Gütergruppen stärker disaggregieren würde. Eine solche Branchenanalyse geht aber über den Rahmen des hier diskutierten Themas weit hinaus.

Tabelle 3: Verhältnis von Ausfuhren und Einfuhren

Gütergruppe Erzeugnisse der:	Ausfuhr – Einfuhr – Quotient		
	1970	1980	1986
Druckerei, Vervielfältigung	1,67	2,96	3,34
Textilien	0,64	0,64	0,73
Bekleidung	0,47	0,45	0,58
Gütergruppen insges.	1,10	0,99	1,22

Quelle: Statistisches Bundesamt 1988

In welchem Umfang ein Wirtschaftszweig für den heimischen Markt bzw. für den Export produziert, läßt sich ablesen, wenn man die Ströme jener Güter erfaßt und zuordnet, die in die Produktionsprozesse anderer Wirtschaftszweige als Vorleistungen eingehen. Rechnet man die für die Ausfuhr bestimmte Endnachfrage und die entsprechenden Vorleistungen zusammen, dann hat die Textilindustrie die höchste Ausfuhrabhängigkeit der drei Wirtschaftszweige: 1984 wurden rund 52 vH für den Export produziert, während es 1970 knapp 30 vH waren. Für die Druckindustrie lauten die entsprechenden Werte 33 vH bzw. 22,5 vH und für das Bekleidungsgewerbe 19,4 vH bzw. 7,4 vH (vgl. DIW 1988, S. 204).

Tabelle 4: Beschäftigte 1)

Wirtschaftszweig	in 1.000					Struktur in vH				Entwicklung 1986/80 Index 1980 = 100				
	Insgesamt	davon: Vollbeschäftigte	Teilzeitbeschäftigte	Auszubildende	Frauen	Vollbeschäftigte	davon: Teilzeitbeschäftigte	Auszubildende	Frauen	Insgesamt	Vollbeschäftigte	Teilzeitbeschäftigte	Auszubildende	Frauen
Druckerei, Vervielfätigung	215	182	19	13	73	84,8	9,1	6,1	34,1	96	94	108	112	95
Textilgewerbe	254	225	19	11	131	88,4	7,3	4,4	51,3	77	76	82	98	74
Bekleidgs.gewerbe	231	185	24	21	187	80,3	10,6	9,1	81,0	76	76	75	78	75
Verarbeit. Gewerbe	8012	7089	306	616	2255	88,5	3,8	7,7	27,6	94	93	101	105	90

1) Sozialversicherungspflichtig Beschäftigte am 30.06.

Quelle: Bundesanstalt für Arbeit; eigene Berechnungen

1.1.3 Beschäftigung

In allen drei Bereichen verlief die Beschäftigungsentwicklung seit 1980 negativ, wobei das Druckgewerbe noch am besten abschneidet. Hier ist der Rückgang weniger ausgeprägt als im Produzierenden Gewerbe. Starke Verluste mußten sowohl das Textil- als auch das Bekleidungsgewerbe hinnehmen. Innerhalb von sechs Jahren ging mehr als ein Fünftel der Beschäftigung verloren.

Enorme Unterschiede zeigt die Struktur der Beschäftigten. Besonders stark streut der Anteil der weiblichen Arbeitnehmer. Mit 81 vH liegt er im Bekleidungsgewerbe am höchsten; man kann deshalb von einem "frauentypischen" Wirtschaftszweig sprechen. Auch im Textil- und Druckgewerbe sind Frauen relativ stärker vertreten als im Verarbeitenden Gewerbe. Angesichts dieser Verteilung überrascht nicht, daß der Anteil der Teilzeitbeschäftigten im Bekleidungsgewerbe mit 10,6 vH am höchsten ist. In den beiden anderen Bereichen ist diese Beschäftigungsform ebenfalls überdurchschnittlich verbreitet, wobei vor allem das kräftige Vordringen von Teilzeitarbeit im Druckgewerbe auffällt. Eher unterdurchschnittlich ist, sieht man vom Bekleidungsgewerbe ab, die Ausbildungsintensität. Im Druckereibereich hat sie sich in den letzten Jahren jedoch etwas verbessert. Offensichtlich stößt hier der Bedarf an qualifizierten Arbeitskräften auf ein zu geringes Angebot.

Die unterdurchschnittliche Ausbildungsintensität in der Druckindustrie ist wegen des hohen Anteils an qualifizierten Arbeitskräften in diesem Wirtschaftszweig wenig plausibel. Mit 66,7 vH (Anteil an den sozialversicherungspflichtig Beschäftigten) lag er 1986 deutlich über dem Durchschnitt des Verarbeitenden Gewerbes. Erst mit einigem Abstand folgen das Bekleidungsgewerbe (56,5 vH) und das Textilgewerbe (46 vH).

1.1.4 Produktivität

In allen drei Wirtschaftszweigen zeigt das Produktivitätswachstum eine Verlangsamung, wobei der überdurchschnittlich starke Tempoverlust im Bekleidungsgewerbe auffällt. Für die abnehmenden Produktivitätsraten im Verarbeitenden Gewerbe werden verschiedene Faktoren als ursächlich angesehen. Eine zentrale Rolle wird dem verlangsamten Tempo im Anstieg der

Kapitalintensität zugewiesen (vgl. Ifo – Institut 1987, S. 118). Dieser regressionsanalytisch gestützte Zusammenhang erscheint plausibel, da der technische Fortschritt zum großen Teil über Investitionen "transportiert" wird.

Tabelle 5: Produktivität je Beschäftigtenstunde [1]

Wirtschaftszweig	DM in Preisen von 1980			Veränderung in vH	
	1970	1980	1986	1970 – 80	1980 – 86
Druckerei, Vervielfältigung	23,57	35,97	43,86	4,3	3,4
Textilgewerbe	15,17	25,53	32,88	5,3	4,3
Bekleidungs – gewerbe	14,45	20,66	22,21	3,6	1,2
Verarbeitendes Gewerbe	23,06	34,43	41,93	4,1	3,3
1) Betriebe des Verarbeitenden Gewerbes mit 20 und mehr ·Beschäftigten					

Quelle: DIW 1987; eigene Berechnungen

Ein etwas anderes Bild erhält man, wenn man anstelle des in Tabelle 5 verwendeten "mengenbezogenen" Effizienzmaßes (Bruttowertschöpfung je geleistete Beschäftigtenstunde) die Einkommensproduktivität zugrunde legt (vgl. Schmidt, Gundlach 1987, S. 46). Bei diesem Indikator wird die Bruttowert – schöpfung um einen einheitlichen Preisindex, den Deflator für die gesamtwirtschaftliche Bruttowertschöpfung, bereinigt. Im Unterschied zu branchenspezifischen Preisindices, wie sie bei der Mengenproduktivität verwendet werden, bleiben Veränderungen in der Preisstruktur erhalten. In den Unterschieden spiegelt sich die Preissetzungsmacht der Branchen bzw. die Wettbewerbsintensität auf den einzelnen Märkten. So errechnet das Kieler Institut für Weltwirtschaft eine durchschnittliche jährliche Veränderungsrate für das Textilgewerbe im Zeitraum 1979 bis 1985 von 3,6 vH bei der Mengen – und 2,8 vH· bei der Einkommensproduktivität. Die entsprechenden Werte lauten für das Bekleidungsgewerbe 2,8 vH und 2,2 vH und beim Verarbeitenden Gewerbe 2,9 vH und 2,5 vH (vgl. Schmidt, Gundlach 1987,

S. 47). In beiden Bereichen ist offensichtlich die Preissetzungsmacht wegen starker Importkonkurrenz eingeschränkt, um über Änderungen der Absatzpreise Gewinnsteigerungen erzielen zu können.

1.1.5 Kapitalausstattung der Arbeitsplätze

In den meisten Wirtschaftszweigen des Produzierenden Gewerbes hat sich das Wachstum des Kapitalstocks im Verhältnis zur Entwicklung der Beschäftigten verlangsamt – so auch in den drei untersuchten Branchen. Die in Tabelle 6 ausgewiesenen Werte beziehen sich auf Vollzeitbeschäftigte. Aufgrund dieser Umrechnung werden Verzerrungen vermieden, die durch die branchenmäßig unterschiedlich starke Ausweitung der Teilzeitbeschäftigung entstehen würden, wenn man den Kapitaleinsatz auf die Zahl der Beschäftigten ungeachtet ihrer jeweiligen Arbeitszeit bezieht.

Über die Ursache der nachlassenden Kapitalintensivierung gibt es keine einheitliche Auffassung in der Forschung. Einigkeit besteht allenfalls darin, daß der verringerte Anstieg der Löhne im Vergleich zum Kapitalnutzungspreis eine gewisse Rolle gespielt haben dürfte (vgl. Ifo – Institut 1987, S. 107).

Tabelle 6: Kapitalintensität (Brutto – Anlagevermögen zur Zahl der Vollzeit erwerbstätigen, in Preisen von 1980)

Wirtschaftszweig	1986 (1.000 DM)	Jahresdurchschnittliche Veränderungsraten in vH		
		1961/1973	1974/1980	1981/1986
Druckerei, Vervielfältigung	142,1	6,3	7,1	4,7
Textilgewerbe	158,1	7,3	5,0	3,4
Bekleidungsgewerbe	45,8	8,3	5,7	4,6
Verarbeitendes Gewerbe	131,0	6,7	3,9	3,0

Quelle: Ifo – Institut 1987, S. 106

Ein anderes Bild ergibt sich, wenn man den Kapitaleinsatz betrachtet, der notwendig gewesen wäre, um 1986 einen neuen, zusätzlichen Arbeitsplatz einzurichten. Wie hoch die marginale Kapitalintensität ist, hat eine vom Ifo-Institut durchgeführte Befragung herauszufinden versucht (vgl. Gerstenberger u.a. 1988, S. 35). Die in Tabelle 7 wiedergegebenen Werte für einen Arbeitsplatz in einem komplett neu eingerichteten Werk liegen weit über der durchschnittlichen Kapitalintensität. Deutlicher Spitzenreiter ist das Textilgewerbe. Hier liegt die marginale Kapitalintensität fast doppelt so hoch wie im Verarbeitenden Gewerbe. Wenn die Unterschiede zwischen den Industriezweigen bei der durchschnittlichen Kapitalintensität sehr viel geringer ausfallen, dann kann dies mit den unterschiedlichen Betriebsnutzungszeiten zu tun haben, die im Rahmen der Unternehmensbefragung nicht berücksichtigt wurden. Allerdings ist zu beachten, daß viele Arbeitsplätze in vorhandenen Gebäuden eingerichtet werden und deshalb mit geringerem Kapitaleinsatz auskommen dürften. Sicherlich würden ganz andere Werte für den Kapitaleinsatz pro Beschäftigten bzw. pro Arbeitsplatz herauskommen, wenn man an Stelle der betrieblichen Durchschnittswerte auf gezielte Angaben für einzelne Produktionsabteilungen zurückgreifen könnte. Selbst innerhalb der Produktionsabteilungen können erhebliche Unterschiede in der Kapitalintensität bestehen, vor allem, wenn es sich um mehrstufige Betriebe mit differenzierten Produktionsvorgängen handelt. So muß zum Beispiel ein mehrstufiger Betrieb in der Textilindustrie für die Bereiche der Spinnerei, der Weberei und der Näherei jeweils einen sehr unterschiedlichen Kapitaleinsatz pro Arbeitsplatz aufbringen. Wie noch weiter unten zu zeigen sein wird, können mit den von Produktionsbereich zu Produktionsbereich unterschiedlichen Kapitalintensitäten auch entsprechend unterschiedlich gestaffelte Betriebsnutzungszeiten korre-spondieren.

Tabelle 7: Kapitaleinsatz je Arbeitsplatz

| Wirtschaftszweig | Kapitaleinsatz in 1.000 DM pro | | | |
| | vorhandenem Arbeitsplatz [1] | | neuem Arbeitsplatz [2] | |
	1981	1985	1981	1985
Druckerei, Vervielfältigung	120	160	120	170
Textilgewerbe	140	180	330	430
Bekleidungsgewerbe	50	60	50	120
Verarbeitendes Gewerbe	120	150	180	230

1) Brutto - Anlagevermögen zu Wiederbeschaffungspreisen je Vollzeiterwerbstätigen
2) Kosten pro Arbeitsplatz bei der Errichtung eines neuen Werkes

Quelle: Gerstenberger u. a. 1988, S. 35

Im Hinblick auf die Gestaltung der Arbeitszeit und die Entwicklung der Betriebsnutzungszeiten ist in diesem Zusammenhang nicht unbedeutsam, ob der technische Fortschritt kapitalsparend wirkt oder nicht. Als kapitalsparend läßt sich technischer Fortschritt bezeichnen, wenn der zur Produktion einer bestimmten Ausbringungsmenge benötigte Kapitaleinsatz abnimmt, wenn also der Kapitalkoeffizient sinkt.

Tabelle 8: Kapitalkoeffizient [1]

Wirtschaftszweig	Bruttoanlagevermögen zu Bruttowertschöpfungs- volumen 1970	1980	Veränderung in vH 1970-80	1980-86
Druckerei, Vervielfältigung	1,21	1,43	1,7	2,9
Textilgewerbe	2,35	2,51	0,7	-1,0
Bekleidungs- gewerbe	0,80	1,10	3,2	3,3
Verarbeitendes Gewerbe	1,61	1,82	1,2	0,1

1) Betriebe des Verarbeitenden Gewerbes mit 20 und mehr Beschäftigten

Quelle: DIW 1987; eigene Berechnungen

Für die drei Wirtschaftszweige zeigt sich ein sehr differenziertes Bild. Während im Textilgewerbe der Kapitalkoeffizient in der Phase 1980 bis 1986 fallend ist, hat sich in den beiden anderen Branchen der Anstieg noch beschleunigt. Hier hat sich im Unterschied zum Textilgewerbe die Produktivität des Faktors Kapital ungünstiger entwickelt. Auf welche Faktoren sich das differenzierte Entwicklungsmuster zurückführen läßt, ist in der Literatur bislang nicht geklärt. Mehr Transparenz über die Wirkungen moderner Technik auf den Ka- pitaleinsatz wird erwartet, wenn der Diffusionsprozeß der Neuen Techniken weiter fortgeschritten ist (vgl. Gerstenberger u.a. 1988, S. 66). Offensichtlich dauert der Prozeß der technischen Neuerungen von der Einführung bis zu ihrer optimalen Nutzung doch länger, als häufig angenommen wird.

1.1.6 Löhne und Rendite

Eine wichtige Rolle für die Investitions- und Innovationsaktivitäten der Unternehmen spielen die relativen Faktorpreise, die Rendite, die sich aus der Investitionstätigkeit erzielen läßt, sowie die Ausstattung mit Eigenkapital oder die Möglichkeiten, Fremdkapital einzusetzen. Aus neueren Untersuchungen geht hervor, daß die Nicht-Innovatoren ihren Innovationsverzicht mit den zu geringen Renditen begründen, die sie aus der Innovationstätigkeit ziehen können. Gleichzeitig wird aber auch eine zu geringe Eigen- und Fremdkapitalausstattung beklagt (vgl. Ifo -Institut 1988, S. 55; IfS 1988, C 3 -8). Dem steht als einer der zentralen Gründe für die Einführung von Neuerungen das Ziel gegenüber, die Produktionskosten zu reduzieren (vgl. Ifo-Institut 1988, S. 182). Es droht eine Zwickmühle, einerseits dem Erfordernis nachzukommen, durch Innovationen die Finanz- und Ertragskraft der Unternehmen zu stärken und andererseits. den dafür notwendigen Ressourceneinsatz mobilisieren zu können. Dabei spielen auch die Lohnkosten eine Rolle und die Erwartungen über ihre zukünftige Entwicklung. Je höher der zukünftige Lohnanstieg eingeschätzt wird, desto größer dürften die Anstrengungen sein, arbeitssparende Produktionsverfahren einzuführen. Diese Zusammenhänge gelten natürlich auch retrospektiv für in der Vergangenheit angestellte Investitionsüberlegungen.

Für die Ertragslage der Unternehmen ist weniger die Nominallohnentwicklung maßgeblich als vielmehr derjenige Anstieg der Lohnkosten, der sich nicht auf die Absatzpreise überwälzen läßt und deshalb die Ertragslage schmälert. Dies sind die realen Lohnkosten, deren Anstieg sich in den 80er Jahren deutlich verlangsamt hat (vgl. Tabelle 9). Die durchschnittlichen Veränderungsraten der realen Lohnkosten liegen in den drei Wirtschaftszweigen seit 1980 sehr viel enger zusammen, als dies im Zeitraum zuvor der Fall war. Dementsprechend haben sich die branchendurchschnittlichen Lohnrelationen auch nur geringfügig verschoben: Im Bekleidungsgewerbe beträgt das Verhältnis des Bruttoeinkommens aus unselbständiger Arbeit je Beschäftigtenstunde konstant etwa 82 vH, und nur das Druckereigewerbe hat seine Einkommensposition etwas verbessern können: 1973 lag das Einkommen 1 vH unter dem Durchschnitt des Verarbeitenden Gewerbes und 1985 6 vH-Punkte darüber (vgl. HWWA 1987, S. 97).

Tabelle 9: Entwicklung der Stundenlöhne

| Wirtschaftszweig | Jahresdurchschnittliche Veränderung in vH | | | |
	Nominallohnsatz [1] 1980/73 1986/80		Reale Lohnbelastung [2] 1980/73 1986/80	
Druckerei, Vervielfältigung	9,1	4,8	3,3	1,6
Textilgewerbe	8,1	5,3	5,3	1,4
Bekleidungsgewerbe	8,3	4,7	4,5	1,4
Verarbeitendes Gewerbe	9,3	5,5	5,2	1,5

1) Bruttoeinkommen aus unselbständiger Arbeit je Arbeitsstunde der beschäftigten Arbeitnehmer
2) Bruttoeinkommen aus unselbständiger Arbeit je Arbeitsstunde der beschäftigten Arbeitnehmer deflationiert mit den Preisen der Bruttowertschöpfung (1980 = 100)

Quelle: DIW 1987, S. 47

Angesichts der rückläufigen Zuwächse bei den realen Lohnkosten überrascht nicht, daß die Sachkapitalrenditen (Unternehmenseinkommen bezogen auf das eingesetzte Sachkapital) vor allem für die Jahre 1984 bis 1986 sehr hohe Werte erzielen. 1986 lag die Sachkapitalrendite in den drei untersuchten Wirtschaftszweigen deutlich über dem Durchschnitt des Verarbeitenden Gewerbes. Sie haben möglicherweise auch davon profitiert, daß sie die z.T. preisbedingten Entlastungen im Vorleistungsbereich nicht in ihren Absatzpreisen weitergegeben haben (vgl. DIW 1988, S. 183).

Tabelle 10: Sachkapitalrendite

| Wirtschaftszweig | Sachkapitalrendite in vH | | | | | |
	1973	1980	1983	1984	1985	1986
Druckerei, Vervielfältigung	16,5	22,3	17,5	24,3	21,1	25,1
Textilgewerbe	9,1	12,8	13,4	15,0	16,1	24,3
Bekleidungsgewerbe	20,6	17,7	20,6	19,8	20,9	26,7
Verarbeitendes Gewerbe	18,5	14,5	15,7	16,5	17,3	22,4

Quelle: DIW 1987, S. 44

1.2 Arbeitszeitstrukturen

Sowohl Betriebs- als auch Arbeitszeiten werden von der amtlichen Statistik nur äußerst dürftig erfaßt. Es ist deshalb nicht möglich, differenzierte Arbeits-zeitprofile für die einzelnen Wirtschaftszweige zu erstellen und deren Veränderungen im Zeitablauf zu vergleichen. Die wenigen zur Verfügung stehenden Daten geben für die einzelnen Wirtschaftszweige lediglich Durch-schnittswerte wieder. Ausgeblendet bleiben vor allem flexible Arbeitszeitformen, die gerade in den letzten Jahren an Bedeutung gewonnen haben dürften. Es lassen sich keine Angaben darüber machen, wie sich die Arbeitszeit einzelner Arbeitnehmer oder Arbeitnehmergruppen oder auch ganzer Belegschaften im Laufe eines bestimmten Zeitintervalls verteilt, welche Abweichungen von der Normalarbeitszeit sich herausgebildet haben, wie der zeitliche Ausgleich von Abweichungen erfolgt. Vor allem läßt sich nichts darüber sagen, wie die Dispositionsbefugnisse über die Gestaltung der Arbeitszeit geregelt sind. Was ferner fehlt sind Zeitreihen, die Längsschnittanalysen gestatten. All diese Mängel lassen sich nicht im Rahmen von einigen Betriebsuntersuchungen beheben. Hierzu bedarf es systematischer Erhebungen auf Branchenebene. Was also bleibt ist der Rückgriff auf die wenigen im Rahmen von Einzelun-tersuchungen gewonnenen Befunde bzw. auf die regelmäßig erhobenen Daten der Überstundenstatistik.

1.2.1 Die Verbreitung von Schichtarbeit

Die Verbreitung von Schichtarbeit und die Dauer der Betriebsnutzungszeit sind für den Zeitpunkt September 1984 im Rahmen einer Unternehmensbefragung vom IAB/Ifo erfaßt worden (vgl. Reyher u.a. 1985). 1989 folgte eine weitere Untersuchung (Vogler – Ludwig 1990). Da diese Erhebung auf einem teilweise anderen methodischen Verfahren beruht, lassen sich die jeweiligen Ergebnisse nur sehr bedingt vergleichen. Ferner liefern die Ergebnisse des Mikrozensus von 1989 weitere Anhaltspunkte über die Verbreitung von Samstags – und Sonntagsarbeit (vgl. Statistisches Bundesamt 1990).

Im Durchschnitt des Verarbeitenden Gewerbes arbeiteten 1984 etwa 25 vH der Beschäftigten regelmäßig mehrschichtig, 8,7 vH sogar im Drei – Schicht – System, was Nachtarbeit einschließt, und 4,3 vH sind auch am Wochenende tätig. Schichtarbeit hat in den letzten Jahrzehnten zugenommen. Zu Beginn der 60er Jahre lag der Anteil der Schichtarbeit bei 14 vH (vgl. Vogler – Ludwig 1986, S. 220). Die Abweichungen vom Durchschnittswert des Verarbeitenden Gewerbes sowohl nach oben wie nach unten sind enorm. Spitzenreiter ist das Textilgewerbe, wo 46 vH der Beschäftigten regelmäßig Schichtarbeit leisten. Am anderen Ende der Skala rangiert das Leder – und Bekleidungsgewerbe.1) Hier spielte zumindest im Jahre 1984 Schichtarbeit noch keine Rolle. Demgegenüber ist im Druckereigewerbe die Schichtarbeit mit einem Anteil von 30 vH der Beschäftigten überdurchschnittlich stark ver – breitet.

---

1) In der Betriebsbefragung wird nicht zwischen diesen beiden Wirtschaftszweigen unterschieden, so daß sie in den weiteren Erörterungen gemeinsam abgehandelt werden müssen.

Tabelle 11: Schichtarbeit (Anteil an den Beschäftigten in vH; Oktober 1984)

Wirtschaftszweig	Schichtarbeiter insgesamt	darunter: im Zwei–Schicht–Betrieb	Drei–Schicht–Betrieb	darunter: in Wochenend–schichten	Betriebszeit der Produktions–anlagen (Stunden)
Druckerei, Vervielfältigung	30,6	17,5	13,1	4,0	63,9
Textilgewerbe	46,0	13,2	32,7	20,5	81,3
Bekleidungs–gewerbe	1,7	0,3	1,4	0,9	41,3
Verarbeitendes Gewerbe	24,8	16,1	8,7	4,3	60,6

Quelle: Reyher u. a. 1985

Signifikante Unterschiede lassen sich außerdem für die einzelnen Schichtsysteme feststellen. Im Durchschnitt des Verarbeitenden Gewerbes dominiert dort, wo im Schichtbetrieb gearbeitet wird, das Zwei – Schicht – System. Etwa 65 vH der Schichtarbeiter arbeiten nach diesem Muster. Im Bereich der Holzverarbeitung und der Herstellung von Musikinstrumenten ist dies sogar die ausschließliche Schichtform. Das Drei – Schicht – System kommt hier nicht vor. Demgegenüber dominieren in anderen Wirtschaftszweigen dreischichtige Arbeitszeiten, so vor allem im Textilgewerbe (Anteil: 71,3 vH). Im Druckereigewerbe arbeiten 57,2 vH der Schichtarbeiter zweischichtig und 42,8 vH dreischichtig. Im Bekleidungsgewerbe ist Schichtarbeit eine seltene Ausnahme, aber wenn sie vorkommt, dann eher in Form des Drei – Schicht – und seltener in Form des Zwei – Schicht – Systems.

Deutliche Unterschiede bestehen schließlich bei der Verbreitung von Wochenendschichten. Spitzenreiter ist auch hier wiederum das Textilgewerbe, wo 20,5 vH der Schichtarbeiter auch am Wochenende arbeiten müssen. Umgekehrt gehört das Bekleidungsgewerbe mit einem Anteil der Wochenendarbeit von 0,9 vH zu den Schlußlichtern. Interessant ist der Befund, daß im Druckgewerbe Schichtarbeit zwar überdurchschnittlich stark verbreitet ist, die Wochenendarbeit aber leicht unter dem Durchschnittswert für das Verarbeitende Gewerbe liegt. Dieser Befund überrascht um so mehr, als in diesem Bereich für die Zeitungsherstellung aus Gründen der Aktualität Wochenendarbeit zulässig ist. Offensichtlich ist es zumindest bis 1984 gelungen, die Wochenendarbeit weitgehend auf diesen Tätigkeitsbereich zu begrenzen und ein Ausufern auch auf andere Druckerei – Aktivitäten zu verhindern.

Aufschlußreich wäre in diesem Zusammenhang sicherlich, wenn man die Querschnittanalyse durch längsschnittanalytisch gewonnene Befunde ergänzen könnte. In Ermangelung von statistischen Daten, die einen methodisch abgesicherten Vergleich zulassen, ist dies leider nicht möglich. So bleibt nur der Hinweis, daß die enormen Unterschiede in der Betriebsnutzungszeit zwischen dem Bekleidungs – und dem Textilgewerbe erst in den letzten Jahrzehnten entstanden sind. In den ersten Nachkriegsjahren herrschte auch in der Textilindustrie das Ein – Schicht – System vor. Erst Mitte der 50er Jahre wurde im Rahmen von breit angelegten Rationalisierungsprozessen das Zwei – Schicht – System eingeführt. Anfang der 60er Jahre folgte unter dem Druck der sich verschärfenden internationalen Konkurrenz die Einführung der dreischichtigen Arbeit. Seit der tariflichen Rahmenregelung über die Optimierung von Maschinenlaufzeiten in der Textilindustrie im Jahre 1988 kann die Vier – Schicht – Arbeit eingeführt werden.

Ähnlich wie bei der Schichtarbeit sind auch die branchenmäßigen Unterschiede bei der gesamten Betriebsnutzungszeit verteilt. Zwischen den einzelnen Branchen liegen arbeitszeitliche Welten. Mit 81,3 Stunden pro Woche ist die Betriebsnutzungszeit im Textilgewerbe am längsten. Hier betragen die Maschinenlaufzeiten mehr als das Doppelte der tariflichen Normalarbeitszeit der Beschäftigten. Völlig anders ist dagegen die Situation im Bekleidungsgewerbe, wo die Betriebsnutzungszeit mit 41,3 Stunden pro Woche kaum von der tariflichen Normalarbeitszeit abweicht. Im Druckereigewerbe laufen die Maschinen mit durchschnittlich 63,9 Stunden etwas länger als im Verarbeitenden Gewerbe.

1.2.2 Überstunden

Überstunden sind eine weitere Möglichkeit, die Betriebsnutzungszeit auszudehnen. Gegenüber der Schichtarbeit sind vor allem zwei Unterschiede relevant. Zum einen handelt es sich um ein befristetes Abweichen von der Normalarbeitszeit. Zum anderen lassen sich Überstunden in kleineren Portionen dosieren als Schichtarbeit. Insofern bietet sich diese Arbeitszeitform aus betrieblicher Sicht vor allem an, um kurzfristigen und vorübergehenden Mehrbedarf an Arbeit abzudecken und saisonale Schwankungen des zur Produktion benötigten Arbeitsvolumens zu bewältigen.

Obwohl sich die konjunkturelle Lage aller drei Wirtschaftszweige seit dem Tiefpunkt im Herbst 1982 deutlich verbessert hat und die Kapazitätsauslastung bis September 1987 kräftig gestiegen ist, verläuft der Überstundeneinsatz sehr unterschiedlich. Nur im Druckgewerbe ist eine konjunkturell bedingte Ausweitung der Überstundenzahl (bei den männlichen Arbeitern) zu beobachten. In den beiden anderen Bereichen sind die Ausschläge nur sehr gering.

Tabelle 12: Überstunden (nur für Arbeiter, in Stunden)

Wirtschaftszweig	männlich Okt. '82	Okt. '87	Veränd. '82 bis '87	weiblich Okt. '82	Okt. '87	Veränd. '82 bis '87
Druckerei, Vervielfältigung	1,9	2,3	+ 0,4	–	–	–
Textilgewerbe	2,4	2,5	+ 0,1	0,4	0,4	± 0
Bekleidungs – gewerbe	1,6	1,5	– 0,1	0,2	0,2	± 0
Verarbeitendes Gewerbe	1,8	1,9	+ 0,1	0,3	0,5	+ 0,2

Quelle: Statistisches Bundesamt, verschiedene Jahrgänge

Etwas anders ist das Verlaufsmuster in saisonaler Hinsicht. Nur geringe Schwankungen im Jahresverlauf lassen sich im Bekleidungsgewerbe beobachten. Bei den Arbeitern bewegte sich die wöchentlich geleistete Überstundenzahl zwischen 1,3 und 1,5 Stunden. Im Druckgewerbe ist die Spannbreite weiter und liegt zwischen 1,8 und 2,3 Stunden und im Textilgewerbe zwischen 1,9 und 2,5 Stunden. In allen drei Wirtschaftszweigen fällt der saisonale Tiefpunkt in aller Regel in die Ferienzeit im Juli. Auffallend ist schließlich, daß die saisonalen Ausschläge bei den Männern sehr viel ausgeprägter verlaufen als bei den Frauen, bei denen die Überstundenarbeit ohnehin auf einem weitaus niedrigeren Niveau stattfindet.

1.3 Zur Verbreitung moderner Technik

Methodisch ist es nicht einfach, genaue Aussagen über die Verbreitung mo – derner Techniken zu treffen. Erstens existiert keine regelmäßige statistische Breitenerfassung. Einzelerhebungen können diese Lücke nur bedingt schlie – ßen. Hierbei stellt sich ein zweites Problem. Es werden unterschiedliche Meßverfahren verwendet, die sich unterschiedlicher Indikatoren bedienen (vgl. Ifo – Institut 1987, S. 124). Es kann zu Ungenauigkeiten bei der Erfassung von Modernisierungsaktivitäten kommen, da es an standardisierten Kriterien mangelt, neue von traditioneller Technik trennscharf abzugrenzen. Als weniger gravierend erscheinen diese keineswegs einfach zu lösenden Probleme, wenn es lediglich um Tendenzaussagen gehen soll, die in etwa beschreiben, wie der Modernisierungsprozeß in den einzelnen Wirtschaftszweigen vorankommt.

Wie verschiedene Untersuchungen zeigen, haben die modernen Fertigungskonzepte noch längst nicht den Ausbreitungsgrad erreicht, den man ursprünglich prognostiziert hatte (vgl. im Überblick: Dolata 1988). Wegen der hohen Investitionen und des nicht immer gesicherten Wirtschaftlichkeitsnachweises vollzieht sich die maschinelle Neuausstattung eher als ein beständiger Prozeß der kleinen Schritte. Dabei lassen sich zwischen den einzelnen Wirtschaftszweigen allerdings erhebliche Unterschiede ausmachen, wie eine neuere Erhebung am Institut für Stadtforschung und Strukturpolitik zeigt (zitiert nach: Schmidt, Gundlach 1987, S. 131 ff.). Für insgesamt 31 Wirtschaftszweige des Verarbeitenden Gewerbes wurde versucht, die einzelnen Branchen nach dem Grad ihrer Technikintensität zu ordnen. Für den Technikeinsatz werden fünf Felder unterschieden: Konstruktion, Fertigungssteuerung, Maschinensteuerung, Kaufmännischer Bereich, Telekommunikation.

Alle drei der hier näher betrachteten Wirtschaftszweige rangieren im letzten Drittel der Rangskala: das Druckgewerbe auf Platz 24, das Textilgewerbe an 25. und das Bekleidungsgewerbe an 29. Stelle. Relativ technologieintensiv ist im Druckgewerbe der Bereich Konstruktion. Dies gilt ebenso für das Bekleidungsgewerbe. Im Textilgewerbe hat die moderne Technik noch am ehesten im Bereich der Fertigungssteuerung Einzug gehalten.

Diese Befunde decken sich weitgehend mit den Ergebnissen einer anderen Untersuchung (vgl. ISG 1988, S. 47 ff.). Für insgesamt 47 Wirtschaftszweige wird mit Hilfe der finanziellen Innovationsaufwendungen eine branchenmäßige Rangfolge für die technisch-organisatorischen Modernisierungsaktivitäten gebildet. Es werden die Investitionen in technikintensive Produktgruppen und die monetären Innovationsaktivitäten (inklusive Vorleistungen) auf die Zahl der Beschäftigten für die Periode 1980 bis 1985 bezogen und die relativen Veränderungen ermittelt. Das Ergebnis sieht für die drei Wirtschaftszweige eine Placierung im Mittelfeld bzw. im unteren Drittel der Wirtschaftszweige vor: An 19. Stelle steht das Druckgewerbe, das Textilgewerbe an 24. und das Bekleidungsgewerbe an 44. Stelle.

Zusätzlich zu dieser anhand der finanziellen Innovationsanstrengungen vorge-nommenen Typisierung werden qualitative Innovationsindikatoren zur Klassifizierung der Branchen herangezogen (vgl. ISG 1988, S. 49 ff.). Auf der Basis von Informationen über Ziele und die Art der Beschaffung des zur Imple – mentierung neuer technischer Entwicklungen notwendigen technischen Wissens erfolgt dann im Rahmen einer Clusteranalyse für die Jahre 1982 bis 1985 eine Zuordnung der Wirtschaftszweige zu fünf Innovationstypen. In einem weiteren Schritt werden die Ergebnisse sowohl dieser Typisierung als auch die der rangmäßig finanziellen Innovationsklassifizierung zusam – mengespielt und in drei Typen gegliedert: a) dynamische Innovatoren mit einer vergleichsweise weiten Diffusion moderner Technik; b) zögernde Innovatoren mit einem durchschnittlichen Verbreitungsgrad neuer Technik und c) zurückhaltende Innovatoren mit einer defensiv – abwartenden Haltung. Während das Druck – und das Textilgewerbe dem Typ b) zugeordnet werden können, entspricht das Bekleidungsgewerbe dem Typ c).

Tabelle 13: Kennziffern zur Nutzung von Informations – und Kommunikationstechnik

Wirtschaftszweig	Investitionen in An – lagen der IuK – Technik je Vollzeiterwerbs – tätigen 1982 – 1986 (in DM)	Bruttoanlagevermögen an Büromaschinen und Datenverarbeitungs – anlagen je Vollzeit – erwerbstätigen 1986 (in DM)
Druckerei, Vervielfältigung	2070	9910
Textilgewerbe	700	3040
Bekleidungsgewerbe	270	1240
Unternehmen	1180	3220

Quelle: Gerstenberger u. a. 1988, S. 100

Ebenfalls nur unter dem Durchschnitt des Verarbeitenden Gewerbes liegende Werte erzielen das Textil – und das Bekleidungsgewerbe, wenn man für den Modernisierungsgrad eine Kennziffer verwendet, die den Anteil der jeweils letzten beiden Investitionsjahrgänge am Bruttoanlagevermögen mißt (vgl. DIW 1988, S. 226). Während im Verarbeitenden Gewerbe 1986 durchschnittlich 17,0 vH des Anlagevermögens neu waren, hatten das Textilgewerbe nur zu

13,9 vH und das Bekleidungsgewerbe zu 15,2 vH modernisiert. Das Druckgewerbe hatte mit 18,5 vH einen höheren Modernisierungsgrad. Allerdings hat das Textilgewerbe sein Modernisierungstempo erhöht. In den letzten Jahren wurde ein größerer Teil des Anlagevermögens ersetzt, als das früher der Fall war.

1.4 Informations- und Kommunikationselektronik als übergreifende technische Linie

Was ist nun das Besondere am Computer, das der Auffassung von Technik als gesellschaftsdeterminierender Kraft, d.h. im konkreten Fall die Annahme, die Anwendung von Informations- und Kommunikationstechnik in der Fertigung würde bisherige "Entkoppelungsgrenzen" in "Mensch-Maschine-Systemen" (vgl. Staudt 1982) überwinden, zur Wiederbelebung verholfen hat?

Greift man den Topos von Werkzeugen und Maschinen als Organverstärker, als Prothesen, auf, mit denen der Mensch sich die Arbeit erleichtert (vgl. Weizenbaum 1978, S. 21 f.), so haben die bisherigen Arbeitsmittel die physischen Kräfte des Menschen potenziert. Aber seit der Erfindung des Digitalrechners gibt es Werkzeuge, Maschinen, die intellektuelle Funktionen – wenngleich in bescheidenem Umfang – ausführen können. Die Fähigkeit von Computern, bedingte Verzweigungsbefehle zu befolgen – d.h. den Kontrollfluß ihrer Programme als Funktion eines Resultats zu modifizieren, das sich bei der Überprüfung von Zwischenergebnissen herausstellt, die der Computer selbst errechnet hat –, ist eine ihrer entscheidenden Eigenschaften, weil jedes effektive Verfahren auf eine Reihe einfacher Befehle reduziert werden kann (d.h. Aussagen von der Form "tu dieses" oder "tu jenes"), die von bedingten Verzweigungsbefehlen unterbrochen ist. Außerdem braucht man dazu lediglich binäre Sprungbefehle (d.h. Anweisungen von der Form "falls das und das der Fall ist, tu dies; andernfalls tu das"). Wenn die Entscheidung darüber, ob das und das der Fall ist oder nicht, ihrerseits komplexe Verfahren erforderlich macht, so können auch diese in Form von Befehlen und binären (d.h. Zweiweg-)Sprungbefehlen dargestellt werden (vgl. Weizenbaum 1978, S. 135 f.).

Die Bedeutung mikroelektronischer Rechner für die Fertigung liegt in ihrer Einsetzbarkeit als Steuerungsinstrument für NC- und CNC-Maschinen, Handhabungsmaschinen ("Industrieroboter"), flexible Fertigungssysteme, rechnerunterstützte Konstruktion und Fertigung, Meßwertaufnehmer (Sensoren), rechnerintegrierte Fertigung (CIM).

Der entscheidende Schritt war die Entwicklung der "numerischen Steuerung". Sie beruht auf folgendem Konzept:

- Darstellung der Bewegung eines Bearbeitungswerkzeuges in Koordinaten und Speicherung dieser Koordinaten in Lochkarten, später in Lochstreifen und auf Magnetbändern;

- Entwicklung eines Gerätes, das diese Lochkarten an der Maschine lesen und die Koordinaten als Sollvorgabe für auszuführende Bewegungen an die Maschine weitergeben sollte;

- Reduzierung der zu speichernden Koordinaten auf Punkte, die den Bearbeitungsweg als Kurvenzug eindeutig definieren; Erzeugung der dazwischenliegenden Koordinatenpunkte durch einen Rechner an der Maschine;

- Übertragung der Koordinatenwerte in Stellbewegungen der Maschine durch eine Anpaßelektronik und Elektromotoren zur Bewegung der Maschinenschlitten, auf denen Werkzeuge oder Werkstücke befestigt sind.

Die Eingabe einer Folge von Zahlen löst also – vereinfacht ausgedrückt – eine Folge von Steueranweisungen aus. In diese ursprüngliche Steuerungsmaschine wurden nach und nach die Fortschritte der Mikroelektronik integriert.

Die Steuerungsanweisungen formulierte man zunächst in einer der Steuerung unmittelbar "verständlichen" Maschinensprache. Analog zur Entwicklung höherer Programmiersprachen in der Rechnertechnik wurde die manuelle Programmierung durch maschinelle Programmierverfahren ergänzt. Sie ermöglichen die Beschreibung der Bearbeitungsaufgabe in einer höheren, problemorientierten Programmiersprache.

Die Anwendung der numerischen Steuerung ermöglicht es, einen einmal ausgeführten Bearbeitungsvorgang an einem Werkstück beliebig lange auf dem Datenträger zu speichern und immer wieder abzurufen. Bedienfunktionen, die zuvor durch Menschen wahrgenommen werden mußten, können somit durch eine Maschine ausgeführt werden.

Die Automatisierung von Fertigungsprozessen war bis in die 1950er Jahre hinein der Großserienfertigung vorbehalten. Durch die NC – Maschine wurde die Automatisierung der Fertigung zunächst für kleine Serien, bald auch für die Einmal – bis Mittelserienfertigung möglich. In der Automobilindustrie als Vorreiter der Entwicklung besteht heute die Möglichkeit, den Fertigungsablauf für jedes einzelne Fahrzeug unterschiedlich zu gestalten und auf diese Weise Fahrzeuge mit abweichender Ausstattung auf demselben Montageband her – zustellen.

1.4.1 NC – und CNC – Technik

Mit der Entwicklung von Mikrorechnern wurde eine große Leistungssteigerung elektronischer Bauelemente bei gleichzeitiger Kostensenkung möglich. Damit können NC – Steuerungen hergestellt werden, die als zentrales Steuerungs – element einen programmierbaren Prozeßrechner enthalten. Leistungszuwachs und Flexibilität dieser CNC (= Computer Numerical Controlled) – Steuerungen führten zur Entwicklung eines neuen Konzeptes, das die Verlagerung der Programmierung an die CNC – Steuerung in der Werkstatt gestattet. Programmspeicherung, Programmänderung und Programmoptimierung an der Werkzeugmaschine sind der aktuell erreichte technische Spitzenstandard.

Der Einsatz von NC – und CNC – Technik bei der Maschinenführung bedeu – tet, daß die Arbeitsabläufe bei der Herstellung eines Produktes vorher festgelegten Anweisungen folgen. Direkt an der Maschine oder durch einen Datenträger in das Ablaufprogramm eingegeben, definieren die Daten die Funktionsweisen der einzelnen Subsysteme für das Arbeitsverfahren. Die Programmierung kann sich z.B. darauf richten, die vom Antriebssystem bereitgestellte Wirkenergie wechselnden Qualitätsmerkmalen des eingesetzten Rohstoffes anzupassen, die vom Bewegungssystem ausgeübte Führung der Fertigungsmittel ein – oder mehrdimensional auszulegen, die Korrektur der Arbeitsausführung durch das Steuersystem oder automatischer Anpassung des Prozesses an die Zielparameter über Rückkoppelungsschleifen durchzuführen, bei der Werkstückhandhabung die Zuführung, Positionierung und Abführung des Arbeitsgegenstandes mit den Bedingungen der vor – und nachgelagerten Kosysteme abzustimmen und – schließlich – für das Meß – und Prüfsystem Kontrollwerte in bezug auf die Arbeitsausführung festzulegen. Wird eine Koppelung von mehreren NC – Steuerungen an einen größeren Zentralrechner vorgenommen, läßt sich auch der Zustand der Maschinen oder der

Arbeitsfortschritt erfassen und ein die verschiedenen Kosysteme verbindendes Transportsystem steuern.

Die bisher aufgeführten Beispiele über das Anwendungspotential von NC- und CNC-Steuerungen in den Subsystemen eines Arbeitsverfahrens, verstanden als produktionstechnischer Kernbereich eines Prozeßschrittes, lassen sich hinsichtlich des zweiten systemanalytischen Merkmals von industriellen Fertigungsverfahren, nämlich das Mechanisierungs- und Automatisierungs- niveau, in folgender Weise zusammenfassen: Die Bedienungsfunktionen des traditionellen Facharbeiters an Maschinen werden durch mikroelektronisch gestützte Programmabläufe ersetzt. Es ist gar keine Frage, daß der Autonomiegrad technischer Abläufe, das heißt die Möglichkeit, ohne beständige menschliche Eingriffe das Prozeßziel zu verwirklichen, daß der Technisierungsgrad durch den Einsatz von NC- und CNC-Maschinen zunimmt. Denn der Einsatz einer NC- oder CNC-Steuerung, und sei es auch nur in einem einzigen Subsystem des Fertigungsverfahrens, ist unter technischen Gesichtspunkten nur dann rational, wenn die Maschinenleistung insgesamt zunimmt.

NC- und CNC-Technik bedeutet die Durchsetzung standardisierter und damit transparenter, berechen- und prognostizierbarer Abläufe. Bei den einfachsten numerischen Maschinenabläufen werden die Arbeitsmittel vorher auf die herzustellenden Maße eingestellt und sodann während des Prozesses nacheinander zum Eingriff gebracht. Eine weiterentwickelte Form der numerischen Maschinensteuerung tastet ein Musterwerkstück oder eine dem Musterwerkstück entsprechende Schablone ab und bearbeitet das jeweils neu eingesetzte Werkstück entsprechend. Das Musterstück oder die Schablone ist also der Formspeicher des zu erzeugenden Werkstücks, während der Arbeitsgangspeicher jeweils durch Mikroschalter, welche die geforderten Operationen (z.B. Farbeintrag) auslösen, dargestellt wird. Der Informationsweg verläuft auch nach der Umstellung auf mikroelektronische Bauelemente vom Informationsspeicher (z.B. Lochstreifen oder Magnetband) über Lesegerät, Zwischenspeicher, Zwischenwertberechner und Maßvergleichsstelle zum Arbeitsgegenstand.

Um das technische Leistungspotential numerischer Maschinensteuerung zur Geltung bringen zu können, ist eine Kapazitätsabstimmung mit den vor- und nachgelagerten Kosystemen des Fertigungsverfahrens und der Subsysteme untereinander notwendig. Die Optimierung der technisch-organisatorischen Struktur, des dritten Merkmals der hier zugrunde liegenden systemanalytischen Prozeßbeschreibung, kann ihrerseits mittels CAD/CAM-Systemen

erfolgen. Bei der Optimierung werden z.B. Bearbeitungsmaschinen, Lagerbe-
stände, Durchlaufzeiten, Absatzprognosen und unternehmenspolitische Prioritäten in Rechnung gestellt. Durch Verknüpfung von Systemanalyse mit In-
formations- und Kommunikationselektronik ist die Erstellung von sachlich,
zeitlich und örtlich detaillierten Flußdiagrammen der Prozeßschritte möglich.

Damit kommt die Dimensionierung der Anlagen als viertes Merkmal ins Spiel.
Einfunktionale Maschinensteuerungen stellen andere Anforderungen als mehr-
funktionale Aggregatsteuerungen an die Unterteilbarkeit der Wirkenergie, an
die Reichweite, Geschwindigkeit und Freiheitsgrade des Bewegungssystems
bei der Führung der Fertigungsmittel, an die Kompensationsleistung des
Steuersystems, an die Kapazität und Sensibilität des Meß- und Prüfsystems.

Die in bezug auf die NC- und CNC-Steuerung dargelegten Beziehungen
zwischen Subsystemen bzw. Kosystemen und Merkmalen von Fertigungsverfahren gelten im Prinzip auch für die oben genannten anderen mikroelektronisch gestützten Arbeitsmittel bzw. Fertigungs- und Konstruktionssysteme.

1.4.2 Flexible Fertigungssysteme

Eine Gruppe von numerisch gesteuerten Bearbeitungs- bzw. Verarbeitungsmaschinen, die geeignet sind, eine abgegrenzte Menge von Arbeitsgegenständen mit ähnlichen Bearbeitungs- bzw. Verarbeitungsanforde-
rungen herzustellen, wird als flexibles Fertigungssystem bezeichnet. Es besteht
also aus einem Satz programmierbarer automatischer Maschinen. Die Maschinen sind durch automatische Transport- und Maschinenbe-
schickungseinrichtungen für Arbeitsgegenstände und Werkzeuge zu einem
Aggregatsystem verbunden. Die Steuerung der Werkstückhandhabung und die
Übermittlung der Steuerungsinformation für einzelne Teile leistet ein zentraler
Rechner. Trifft ein Werkstück bei einer Maschine ein, so gibt der Zentral-
computer Anweisung, welches Fertigungsmittel einzusetzen ist. Anschließend
überträgt er ein Programm zur Ausführung der Prozeßschritte auf den
Microcomputer, der seinerseits die Funktionen der Subsysteme in bezug auf
das Arbeitsverfahren der Maschinen steuert. Meist werden mehrere Maschinen
von einem Minicomputer gemeinsam gesteuert. Dieser Minicomputer wiederum
ist zusammen mit anderen einem Zentralrechner untergeordnet (vgl. Gunn
1982, S. 90-98; Specht 1988 c, S. 8). Durch Wechsel der Fertigungsmittel

können unterschiedliche Arbeitsgegenstände in beliebiger Reihenfolge bearbeitet oder verarbeitet werden.

Die wirtschaftliche Anwendung ist gegenwärtig noch an ein relativ schmales Spektrum von Arbeitsgegenständen mit langfristig konstanter Stückzahl gebunden. Bereits heute können flexible Fertigungssysteme stundenlang ohne Unterbrechung arbeiten. Da sie auch als "unbemannte" Systeme für eine begrenzte Zeit selbsttätig weiterarbeiten können, kommt ihnen arbeitszeitstrategische Bedeutung zu. Daß in der ersten Schicht die zu bearbeitenden Werkstücke an der Anfangsstation des flexiblen Fertigungssystems bereitgestellt werden und in der zweiten und dritten Schicht das System dann autonom die Prozeßschritte realisiert (vgl. Gunn 1982, S. 95), gehört zu den Zielvorstellungen, wohl kaum aber schon zur Realität. Gegenwärtig ist noch nicht einmal die selbsttätige Abarbeitung der Programmaufgaben in der dritten Schicht möglich, da es noch nicht gelungen ist, "Steuerung und Kontrolle auch für die selbsttätige Beseitigung vorhersehbarer Fehler auszulegen und den Systemen damit eine größere, wenn auch nach wie vor begrenzte Stabilität in der selbsttätigen Arbeitsweise zu sichern" (Specht 1988 c, S. 8).

Aus der bisherigen Skizze der flexiblen Fertigungssysteme folgt, daß ihr Automatisierungsniveau über alle Sub- und Kosysteme vergleichsweise hoch ist, aber auf dem gegenwärtigen Wissens- und Technikstand die selbsttätige Beseitigung vorhersehbarer Funktionsfehler der Teilsysteme ein weitgehend ungelöstes Problem darstellt. Was die technisch-organisatorische Struktur flexibler Fertigungssysteme angeht, so stellt sie sich dar als Verbund von mechanisch, elektrisch-elektronisch und informationstechnisch bestimmte Anlage von hoher Komplexität. Die Dimensionierungsprobleme liegen auf der Hand und bedürfen daher hier keiner weiteren Erörterung.

1.4.3 CAD/CAM - Rechnergestützte Konstruktion und Fertigung

Der Begriff rechnerunterstütztes Konstruieren (CAD = Computer Aided Design) wird im allgemeinen in dem Sinne verstanden, daß beim Konstruieren zu lösende Aufgaben in "Dialogen" zwischen Menschen und Rechnern bearbeitet wird. Konstruieren meint in diesem Zusammenhang sowohl die Zusammensetzung einzelner Teile zu einem Ganzen als auch die Gestaltung der einzelnen Teile selbst. "Konstruieren kann somit Zusammensetzen,

Anordnen, Formen und Gestalten, aber auch Entwerfen, Hervorbringen, Bilden und Erfinden bedeuten" (Specht 1988 c, S. 8).

Programme zur rechnergestützten Konstruktion können geometrische Umfor-mungen so schnell ausführen, daß man "nicht nur Aufsicht, Seiten- und Vorderansicht eines Werkstücks auf seinem Bildschirm betrachten kann ..., das Werkstück läßt sich vielmehr um jede Raumachse drehen, in beliebigen Ausschnitten vergrößern, um Details zu betrachten, aber auch verkleinern, wenn man einen Gesamteindruck bekommen will" (Gunn 1982, S. 83). Auf dem Bildschirm können Schnitte durch das Werkstück dargestellt werden; sollen verschiedene Teile zusammenmontiert werden, lassen sie sich zuvor auf dem Schirm sozusagen ineinanderstecken, um zu prüfen, ob sie passen. Der Bau von Modellen und Prototypen ist auf diese Weise oftmals über-flüssig.

Mit einer vom Rechner gesteuerten Zeichenmaschine (Plotter) lassen sich von einer Computerzeichnung, die einmal auf Magnetband oder -platte abge-speichert ist, leicht Kopien auf Papier anfertigen. Entwürfe lassen sich mit wenig Aufwand beliebig oft abwandeln.

Da man in der Fertigung die gleichen geometrischen Daten benötigt, um Werkzeugmaschinen wie Drehbank oder Fräse für die Herstellung eines be-stimmten Werkstücks einrichten oder numerisch steuern zu können, und da Rechner in der Fertigung für weitere Aufgaben (langfristige Planung der herzustellenden Teile, Zuordnung von Bearbeitungsaufgaben zu den Ferti-gungsmitteln, Erzeugung von Anforderungslisten für die Materialbereitstellung) genutzt werden (rechnerunterstützte Fertigung; CAM = Computer Aided Manufacturing), kommt es zur Anwendung integrierter Systeme. Die Verbin-dung von CAD- und CAM-Systemen kann bei Arbeitsplanungsprozessen zur Simulation von Fertigungsabläufen genutzt werden.

Die gespeicherten Daten für ein bestimmtes Werkstück und für die zugehö-rigen Prozeßschritte eignen sich oftmals auch als Grundstock für typenähn-liche Bauteile. Anhand einer elektronischen Kartei, in der alle im Betrieb ge-fertigten Teile katalogisiert sind, und eines Sortiersystems, das die Daten nach verschiedenen Werkstückmerkmalen ordnet, lassen sich Fertigungspla-nung und maschinelle Fertigung rationalisieren. Bei der Herstellungsplanung für ein neues Werkstück werden die Daten ähnlicher Produkte abgerufen, und die Planung besteht dann hauptsächlich darin, die Änderungen festzulegen. Auch die Maschinen können nach ihren jeweiligen Produkten sortiert oder zu kleinen Gruppen, die jeweils eine bestimmte Familie von Werkstücken herstellen, zusammengefaßt werden. Das Speichern von Werkstückdaten bzw. von Maschinendaten nach bestimmten Merkmalen und deren Verwendung bei der Planung und Fertigung wird als Gruppentechnologie bezeichnet (vgl. Gunn 1982, S. 84 f.; Brödner 1987, S. 38 f.).

In bestimmten Wirtschaftsbereichen sind Ansätze "technozentrischer" Lösungen erkennbar: Beginnend in der rechnergestützten Konstruktion könnte der Informationsfluß künftig über die rechnergestützte Arbeitsplanung zu DNC - Systemen (DNC = Data Numerical Controlled) führen, die eine Fertigungs - steuerungskomponente enthalten und die NC - und CNC - Anlagen mit Fer - tigungsprogrammen versorgen. Möglich würde dadurch eine fertigungsorien - tierte Kontrolle der Maschinen und Änderungen des Fertigungsprogramms, die über das zentrale Rechensystem an Arbeitsplanung und Konstruktion zu - rückgeleitet werden. Damit würde ein System auf hohem Automationsniveau mit hohem Integrationsgrad der technisch - organisatorischen Strukturen in fast das Betriebsganze umfassender Dimensionierung entstehen, und am Ende dieser weitreichenden Entwicklung fänden "sich einerseits ein integriertes Computersystem, andererseits eine zerstückelte Arbeitsstruktur" (Brödner 1987, S. 38).

Allerdings liegen auf dem Wege zur rechnerintegrierten Fertigung (CIM = Computer Integrated Manufacturing) neben einigen ökonomischen Problemen (extrem hohe Ausgaben und Risiken; steigende Inflexibilität usw.) auch einige technische Hindernisse. Es müßten Konstruktion, Speicherung und Überwa - chung der produktbezogenen Daten, Einsatz von Arbeitskräften, Maschinen und Material entsprechend der Auftragslage, dem Materialnachschub, der Steuerung von Werkzeugmaschinen und anderen Spezialmaschinen und schließlich der Steuerung von Industrierobotern (vgl. Gunn 1982, S. 83) mit Hilfe eines Großrechners koordiniert werden. Voraussetzung dafür ist wie - derum, daß jeder Bereich bereits mit hochleistungsfähigen Rechnern ausge - stattet ist. Neben dem Integrationsproblem bliebe aber auch noch die Auf - gabe der Herstellung von Wissensbeständen und Expertensystemen für die Benutzung in sämtlichen Prozeßbereichen zu lösen.

1.4.4 Handhabungsautomaten ("Industrieroboter")

"Industrieroboter" sind programmierbare Automaten zur selbsttätigen Handha - bung von Objekten. Sie sind so konstruiert und programmierbar, daß sie

unabhängige Bewegungen um mehrere Achsen hinsichtlich Position, Orientierung und Bewegungsgeschwindigkeit ausführen können. Für diese Handha-
bungssysteme, deren Subsysteme (Antriebssystem, Bewegungssystem,
Steuersystem, Meß- und Prüfsystem, Arbeitssystem) von den zu bewältigenden Arbeitsaufgaben abhängen, wurden spezielle Steuerungen entwickelt,
"die durch erweiterten Funktionsumfang und größere Rechenleistung an die
Anforderungen von Handhabungsaufgaben angepaßt wurden" (Specht 1988 c,
S. 7).

Handhabungsautomaten wurden am Anfang ihrer Entwicklung für einfache
Aufgaben der Werkstückhandhabung (Zuführen, Positionieren, Abführen,
Stapeln usw.) konzipiert. Die technischen Leistungen waren zu Beginn durch
den elektromechanischen Steuerungsaufbau begrenzt. Mit dem Einsatz von
Mikroprozessoren können sie auch als flexiblere Alternative zu unbeweglichen
Bearbeitungs- und Verarbeitungsmaschinen genutzt werden. Haupteinsatzge-
biet von "Industrierobotern" ist immer noch die Beschickung von Werkzeugmaschinen und die Entnahme der fertigen Teile. Sie finden sich aber auch
zunehmend auf Anwendungsfeldern, die aufgrund belastender Arbeitsbedingungen (Hitze, Lärm, Schmutz, schwere Lasten usw.) von Arbeitskräften gemieden werden. Die neue Generation von Handhabungsautomaten
läßt sich häufig auf einfachere Weise als z.B. CNC-Maschinen programmieren. Ein Bediener stellt den Programmspeicher des Roboters auf "Lernen"
und bringt den Arm des Automaten nacheinander in die entsprechenden
Positionen; sie werden elektronisch registriert und als Meßdaten abgespei-
chert. Durch diese freie und schnell veränderliche Anpassung an
unterschiedliche Handhabungsaufgaben entfällt die Dateneingabe eines Satzes
kodierter Befehle in einer hochentwickelten Computersprache, obgleich auch
dies möglich ist.

Trotz einiger Verbesserungen der Sensorik sind Steuer- sowie Meß- und
Prüfsysteme der Handhabungsautomaten die entscheidenden Schwachstellen,
die einer breiten Anwendung im Wege stehen. Bis heute wurde es nicht ge-
schafft, sie so auszulegen, daß sie aus einer Kiste mit wahllos orientierten
Teilen ein bestimmtes herausgreifen können.

1.4.5 Sensoren

Sensoren sind Meßwertaufnehmer und wesentliche Elemente in automatisierten
Systemen. Sie ermöglichen eine Rückmeldung über Zustandsveränderungen

von Arbeitsverfahren und den Funktionen der Subsysteme. Die Anpassung technischer Systeme an wechselnde Arbeitsaufgaben und Arbeitsumgebungen und die Früherkennung und Fehlerbeseitigung wird erst durch die enge Ein-bindung von Sensoren in die Befehlskette zur Steuerung, Kontrolle und Korrektur möglich. Das eigentliche Problem scheint weniger in der Sensorik selbst als in der nachgeschalteten Elektronik zu liegen. Es mangelt an einer aufgabenorientierten Bedieneroberfläche und an einer international standardi-sierten Schnittstelle zwischen Sensoren und Elektronik. Hohe Kosten der Hardware sowie Entwicklungskosten für aufgabenspezifische Programme drücken überdies auf die Wirtschaftlichkeit der verfügbaren Sensorsysteme, von denen nur wenige hohen Ansprüchen in bezug auf Empfindlichkeit und Regelungsverlauf genügen.

1.5 Anwendungsbereiche der Informations- und Kommunikationstechnik im Untersuchungsfeld

Wo liegen nun die zentralen Anwendungsbereiche der Informations- und Kommunikationselektronik in den untersuchten Branchen dieser Studie? Haben die integrierten Schaltkreise wie zuvor vielleicht nur der Elektromotor in ihnen bereits viele traditionelle Fertigungsschritte auf völlig neue Weise ermöglicht? Während über die sozioökonomischen Voraussetzungen und Folgen der traditionellen Mechanisierung einigermaßen klare Vorstellungen vorliegen, sind die im Zusammenhang des Einsatzes heutiger Erscheinungsformen des uni-versellen Rechenautomaten: Mikroprozessor, elektronische Datenverarbei-tungsanlagen und Super-Computer, auftretenden Probleme noch zu sehr im Fluß, um generelle Aussagen machen zu können. Als Tendenz zeichnet sich lediglich ab, daß die drei untersuchten Branchen in unterschiedlichem Ausmaß vom Einsatz Neuer Technik betroffen sind. Ihre Anwendung auf breiter Basis wird durch Schwierigkeiten bei Versuchen zur Umstellung der Einzelprozesse bzw. Prozeßschritte auf kontinuierliche Kreislaufprozesse behindert.

1.5.1 Anwendungsbereiche in der Druckindustrie

Technische Entwicklungen im Maschinen-, Apparate- und Anlagenbau haben in allen Bereichen der graphischen Produktion zu teilweise erheblichen Lei-

stungssteigerungen geführt. Das Ausmaß der Steigerung von Ausbringungs –
menge und/oder Qualität an drucktechnischen Erzeugnissen war jedoch von
Verfahren zu Verfahren unterschiedlich. Dadurch haben sich die Anteile der
einzelnen Druckverfahren an der Gesamtproduktion im Laufe der letzten 30
Jahre deutlich verschoben (Tabelle 14).

Tabelle 14: Anteile der Druckverfahren an der Gesamtproduktion von
Druckerzeugnissen

Jahr	Hochdruck vH	Flachdruck vH	Tiefdruck vH
1955	68,8	19,3	11,9
1960	65,7	19,5	14,8
1965	63,7	20,2	16,1
1970	57,5	24,2	18,1
1975	50,0	32,3	17,7
1980	41,2	39,9	18,9
1985	26,3	55,4	18,3

Quelle: Ullmann 1987, S. 900

Neben der Substitution eines Verfahrens durch ein anderes aufgrund stei –
gender technischer Leistungsfähigkeit der einen gegenüber der anderen
Druckart (zumeist Umstieg vom Hochdruck auf Offsetdruck) spielt die unter –
schiedliche Nachfrageentwicklung einzelner Produktgruppen für den
Bedeutungszuwachs des Flachdrucks eine erhebliche Rolle. Zum Flachdruck
zählen in der Statistik neben dem Offsetdruck auch der Siebdruck und der
Lichtdruck. 1955 entfiel erst knapp ein Fünftel des gesamten Produktions –
wertes auf den Flachdruck, 1985 waren es – nach einer ungebrochenen
dynamischen Aufwärtsentwicklung dieser Sparte – rund 55 vH. Ursächlich
hierfür ist vor allem die fortschreitende Substitution des Zei –
tungsrotationshochdrucks durch den Rollenoffsetdruck.

Im Gegenzug sank der Anteil des Hochdrucks von 68,8 vH in 1955 auf –
im Zuge kontinuierlicher, aber nach 1970 rapider Verluste – 26,3 vH im
Jahre 1985. Die Quote des Tiefdrucks stieg von 11,9 vH in 1955 auf
18,1 vH in 1970 stetig an und zeigt seither eine stagnierende Anteilsentwick –

lung mit Anzeichen eines weiteren Quotenverfalls von 18,3 vH in 1986 und 17,5 vH im Durchschnitt der ersten drei Quartale von 1986 (vgl. Ullmann 1987, S. 900).

Der Tiefdruck in Farbe ist eine Domäne der Produktion von qualitativ hoch- wertigen Vervielfältigungen (Zeitschriften, Illustrierte, Kataloge und Werbe- drucksachen) bei Auflagen von über 100.000 Exemplaren (vgl. Weitpert 1987, S. 886; Müller 1987, S. 946). Wird auf Farbgebung und Detailzeichnung weniger Wert gelegt oder geht es darum, Papier mit rauher Oberfläche mehrfarbig zu bedrucken oder um die drucktechnische Reproduktion von Aquarellfarben von kleinen bis zu großen Auflagen, dann kommt der Offset- druck als die heute unter den Flachdruckverfahren ganz eindeutig vorherr- schende Form zur Anwendung; kleinere Auflagen oder großformatige Vorlagen werden im Bogenoffset-, auflagenhohe und von den Abmessungen her ge- sehen rotationsfähige Vorlagen werden im Rollenoffsetverfahren abgewickelt. Der Hochdruck wird vornehmlich bei der Herstellung von Büchern eingesetzt, bis in die 1970er Jahre hinein auch für die Produktion von Tages- und Wochenzeitungen im Einfarbendruck (d.h. schwarz auf weiß). Für alle Druckverfahren gelten zwei unterschiedliche Anforderungen: Jedes der Ver- fahren muß zum einen in der Lage sein, die jeweiligen Auflagenserien in großer Gleichmäßigkeit herzustellen. Zugleich sollen die produktionstechnischen Grundlagen variabel genug sein, oft wechselnde, in ihren formalen Reproduktionsanforderungen und Aktualitätsansprüchen variierende Objekte zu vervielfältigen.

Diese für die Druckindustrie wirksamen Ansprüche sind wie die in anderen wirtschaftlichen Sektoren sowohl Voraussetzungen als auch Folge des Ein- satzes elektronischer Informations- und Kommunikationstechnik. Drucktech- nische Kernbereiche und Vorstufen sind bisher in unterschiedlicher Weise auf die Entwicklung und Anwendung der Neuen Technik hin ausgerichtet.

1.5.1.1 Offsetdruck

Der werbewirtschaftliche Zug zu Farbdrucken hat dem Offsetdruck, der Drucksachen bis mittleren Formats und mittlerer Auflage ohne allzu große Ansprüche an Farbgebung und Konturgenauigkeit auf Papier geringerer Qualität zu kostengünstigen Bedingungen ermöglicht, ein weites Anwen- dungsgebiet erschlossen (vgl. Hügle 1987, S. 902).

Beim Bogenoffset verläuft die Entwicklung zugunsten der "handlichen" Formatklasse III b; bei den Vierfarbmaschinen ist diese Formatklasse heute am
häufigsten vertreten, wobei auf Schön- und Widerdruck umstellbare Anlagen
erheblich an Boden gewinnen, die bei den Fünffarbenmaschinen bereits heute
mit einem Anteil von nahezu zwei Dritteln vertreten sind (vgl. Schillinger 1987,
S. 930). Großformatige Bogenoffsetmaschinen sind gegenüber dem
"handlichen" III b-Format und den Offsetrollen mehr und mehr ins
Hintertreffen geraten.

"Strukturgewinner", um eine Redeweise aufzunehmen (vgl Kern, Schumann
1984), der produktionstechnischen Verfahrensentwicklung ist eindeutig der
Rollenoffsetdruck. Ihm ist der Hauptteil der wertmäßigen Produktionszunahme
aller im Flachdruck hergestellten Prospekte, Kataloge und anderer Werbe-
drucksachen zugefallen, die allein zwischen Mitte 1982 und Mitte 1987 mit
einer Rate von fast 50 vH stieg. Gängig sind beim Rollenoffset neben den
16- und 32-Seiten-Anlagen mehr und mehr auch 8-Seiten-Rollenoff-
setmaschinen. Die Entwicklung im Offsetdruck, sei es Bogen-, sei es Rollenoffset, geht nur noch teilweise in Richtung Produktivitätssteigerung über
Erhöhung der Fortdruckfrequenz.

Beim Bogenoffset sind mechanisch erreichbare Höchstdruckgeschwindigkeiten
von 13.000 bis 15.000 Bogen pro Stunde für die nächste Zukunft avisiert. Die
derzeitig realisierbare Höchstlast liegt bei etwa 10.000 Bogen pro Stunde (vgl.
Schillinger 1987, S. 930).

Vor dem Hintergrund vor allem von der Werbewirtschaft gewünschter
Reduktion und Differenzierung der Auflagenhöhe (z.B. im Zuge regionalisierter,
nach Einkommenshöhe und Sozialschichtung ausgerichteter Werbekampagnen)
sind Spitzengeschwindigkeiten allmählich weniger bedeutsam als die Rüst-
und Einrichtezeiten. Der Schwerpunkt der produktionstechnischen Innovati-
onsorientierungen verlagerte sich deshalb auch im Bogenoffset inzwischen
deutlich von der Fortdruckgeschwindigkeit auf die Umrüstung und Einrichtung
der jeweiligen Anlagen für wechselnde Aufträge. Mit Offsetplattenlesern für
Farbwerkvoreinstellsysteme für die zonenweise Farbdosierung zur Verkürzung
von Stillstandzeiten und mit Ferneinrichtungen für Farb- und Feuchtigkeits-
dosierung, mit der Anwendung der Mikroelektronik für Seiten- und Um-
fangregister hat die Neue Technik Anwendung im Offsetdruck im allgemeinen
gefunden (vgl. Hügle 1987, S. 920 f.; Schillinger 1987, S. 930).

Grundlegend für den breiteren Einsatz mikroprozessorgestützter Farbsteue-
rungsanlagen war, wie immer, wenn es um die Anwendbarkeit neuer Infor-
mations- und Kommunikationstechnik in der Fertigung geht, die Standardisierung der Abläufe generell wie die Vereinheitlichung der Rastertonwerte
im Druck in Abhängigkeit von den Rastertonwerten des Films im besonderen.

Die auf Mikroelektronik aufbauenden Druckplattenleser überbrücken die
Schnittstelle zwischen Druckplattenherstellung und Druck. Druckplattenleser
tasten belichtete Druckplatten auf ihren Farbbedarf ab. Die Daten werden zur
Voreinstellung der Farben an den Offsetdruckmaschinen verwendet. "Das be-
deutet schnelleres Einstellen der Druckmaschine auf einen neuen Auftrag,
Senkung der Rüstzeiten und Prozeßstabilisierung" (Hügle 1987, S. 903).

Im Rollenoffset, das in bezug auf die hier diskutierte technische Linie bei
höheren Auflagen lohnt, sind entsprechende rüstzeitverkürzende Maßnahmen
gang und gäbe. Mikroprozessorgestützte Voreinstellungen in bezug auf
Farbgebung und Feuchtigkeit finden analog zu den Bestrebungen im
Bogenoffset auch im Rollenoffset Anwendung. Im Rollenoffset wird mit zunehmender Geschwindigkeit die Trocknung der bedruckten Bahnen zum
Problem. Die mechanisch mögliche Fortdruckgeschwindigkeit gerät nicht nur
beim Rollenoffset, sondern auch beim Rotationsdruck immer wieder in Konflikt
mit Qualitätsansprüchen. Bei der Stabilisierung der Produktionsqualität mit
unterhalb des Möglichen bleibenden Fortdruckgeschwindigkeiten wird für
Überwachung und Steuerung in zunehmendem Maße Mikroelektronik eingesetzt. Die erreichbaren Bahngeschwindigkeiten sind - unter Beachtung von
Qualitätsstandards - weitgehend von Format und Maschinenkapazität abhängig, wobei gegenwärtig bis zu 10,5 m/s erreicht werden.

1.5.1.2 Tiefdruck

Im Tiefdruck geht die Entwicklung im Rotationsbereich in Richtung auf Verbreiterung, Umfangerhöhung und Umlaufgeschwindigkeitssteigerung der
Druckzylinder. Fortgeschrittene rotationsdrucktechnische Linien haben eine
Papierbreite von 2,40 m bis 3,00 m und eine Produktionsgeschwindigkeit von
mindestens 12,5 m/s "bei gleichzeitiger Auslegung für höchste Qualitätsan-
sprüche" (Hügle 1987, S. 903).

Das Rotationstiefdruckverfahren kommt da zur Anwendung, wo es um Produktionen mit hoher Seitenzahl, Qualitäts- und Aktualitätsanforderungen, z.B.
wie in der Zeitschriftenherstellung, geht. Es sind stets Großanlagen, die immer
auch logistische Probleme bei Zufuhr des Rollenpapiers und Abfuhr der
Produkte aufwerfen. So gibt es z.B. ein Mißverhältnis zwischen der Ausbringungsmenge einer Rotationstiefdruckmaschine "der Arbeitsbreite 2,40 m von
bis zu 250.000 Exemplaren pro Schicht gegenüber einer Schichtleistung eines
Sammelhefters von etwa 50.000 Exemplaren" (Müller 1987, S. 947). Zudem
stellen steigende Arbeitsbreite und zunehmende Arbeitsgeschwindigkeit der
Rotationstiefdruckmaschinen Anpassungserfordernisse an die Anlagekapazitäten
im Vorstufenbereich.

Neben der Verbreiterung und Geschwindigkeitserhöhung der Tiefdruckrotati-
onsmaschinen richten sich die auf den drucktechnischen Kernbereich orientierten Rationalisierungsstrategien an der Optimierung der Druckzylinderher-
stellung im Bezug auf Gravurtoleranzen der Oberflächenqualität aus.

Beim eigentlichen Gravurvorgang ist der Einsatz mikroprozessorgestützter
Graviermaschinen mit Diamantsticheln die gegenwärtig fortgeschrittenste technische Linie. Es gibt indessen handfeste Hinweise darauf, daß dieses zeit-
aufwendige mechanische Gravurverfahren durch Lasergravur oder/und durch
Elektronenstrahlgravur abgelöst werden wird, wobei die bereits praktizierte
elektronische Bildverarbeitung mit der Gravur unmittelbar verknüpft werden
könnte.

Im unmittelbaren Vorfeld der Gravur hat der Einsatz Neuer Technik die
Automatisierung des galvanischen Grundkupferauftrags in der Formherstellung
vorangetrieben (vgl. Müller 1987, S. 946).

Um die Abstimmung zwischen dem (veränderlichen bzw. schwankenden)
Verhalten des Bedruckstoffes mit den Prozeßparametern im Vorstufen- und
Druckbereich zu optimieren und um ein 4/4-farbiges Objekt größeren
Ausmaßes im Wettbewerb mit einer möglichen Offsetproduktion wirtschaftlich
zu fertigen, wird mit der Anwendung der Offsettiefdruckkonversion der kost-
spielige Maschinenandruck zur Identifizierung von Satz- und Reproduktions-
fehlern und ihrer Korrektur durch Zwischenkontrolle über Proof oder Offset-
andruck "nach vorn verlagert" (vgl. Hügle 1987, S. 903; Müller 1987, S. 947).
Die Prozeßoptimierung betrifft vor allem die Parameter Andruckverhalten,
Glätte und Ruppigkeit und dabei wiederum vornehmlich die leichten Ton-
wertbereiche, wo ASA-Anlagen unabkömmlich sind.

1.5.1.3 Vorstufen

Zu den Druckvorstufen aller Verfahren zählen Satz und Reproduktion. Dies sind auch die Bereiche, in denen die Anwendung elektronischer Datentechnik im Vergleich zum drucktechnischen Kernbereich und gegenüber der Druck – weiterverarbeitung auf breitester "Front" geschieht.

Neben der elektronischen Verarbeitung von Bildern erfolgt auch die Textver – arbeitung seit Mitte der 1960er Jahre auf mikroelektronischer Grundlage (vgl. Reister 1980; Wiebe 1987; Kummer 1987; Schornstein 1987; Zapf 1987; Zeitvogel 1987). Die Satzherstellung wurde durch die Einführung des Foto – und des Lichtsatzes und durch die anschließende mikroelektronische Stützung und Überwachung beider Verfahren grundlegend verändert. Auf dem digitalen Prinzip beruhende Setzmaschinen verdrängten bereits in den 1960er Jahren die über Belichtung von Schriftnegativen arbeitenden Fotosatzsysteme. Parallel zum Fotosatz wurde der Lichtsatz (Basis: Kathodenstrahlbildröhre), der ohne Schriftbildträger auf elektronischer digitaler Speicherbasis arbeitet, eingeführt (vgl. Hell GmbH 1987, S. 1087 ff.).

Mikroelektronisch gestützter Foto – und Lichtsatz bedeutet den Übergang von der "heißen" (Bleiguß) zur "kalten" Satzherstellung (vgl. Reister 1980, S. 112f.). Bahnbrechender Vorgänger beider neuer Verfahren der Satztechnik war das Teletyp – Setter – System.

Beim Teletyp – Setter – System wird der Text nicht mehr über die Tastatur der Setzmaschine eingegeben, sondern räumlich getrennt von der Setzmaschine in ein Lochband gestanzt. Der Lochstreifen steuerte die Zeilengießmaschine wie zuvor die menschliche Betätigung der Tastatur die maschinelle Setz – und Gießtechnik. Vom Schriftsetzer in die entsprechende Zusatzapparatur der Setzmaschinen eingelegt, goß und setzte sie, nachdem Zeilenbreite, Schrifttyp und – größe festgelegt waren, Zeile für Zeile nach Programm. In einem anschließenden Technisierungsschritt wurde der Lochstreifen von einem Satz – rechner nach programmierten Regeln verarbeitet. Das Ausschließen und Trennen ging vom Setzer auf den Satzrechner über, die Satzherstellung an der Zeilengießmaschine erfolgte wie oben skizziert. Allerdings waren mit der erhöhten Satzleistung von 15.000 bis 25.000 Zeichen pro Stunde die tech – nischen Grenzen der Bleisatzherstellung erreicht. Sie wurden, wie bereits er – wähnt, durch rechnergestützte Satzherstellungssysteme und anschließend durch rechnergesteuerte Textsysteme, d.h. flexible Fertigungssysteme, über – wunden.

Rechnergesteuerte Textsysteme fassen alle Arbeitsgänge im Fotosatz in einem Geräte- und Systemverbund zusammen. Der Verbund besteht aus dem Satzrechner mit Massenspeicher, der Fotosetzmaschine sowie Peripherie- geräten (Bildschirm usw.). Der Arbeitsablauf - Manuskriptverarbeitung, Text- erfassung, Textverarbeitung, Textausgabe, Korrektur, Montage bis zur Kopie - folgt dabei weitgehend programmgesteuerten Regeln. Die eingegebenen Texte können auf den Bildschirm geholt, sofort kontrolliert, korrigiert und im Rechner gespeichert werden. Mit Hilfe vorgespeicherter Befehle bringt der Satzrechner die eingegebenen Texte in die vorgesehene Form, und die Fotosetzmaschine, deren Belichtungsvorgang rechnergesteuert abläuft, gibt den fertigen Satz auf Papier oder Film aus - es sei denn, das Satzsystem arbeitet ausschließlich auf Speicherbasis.

Die jüngsten Systeme gestatten den formatgesteuerten Ganzseitenumbruch und integrieren dabei, u.a. belichtet als Mehrfarbsatz, Reproduktions- und Satzsysteme (Bild und Text).

1.5.1.4 Weiterverarbeitung

Neben konstruktiven Verbesserungen war es der Einsatz von elektronischen Steuerungen und Regelungen, der in der Weiterverarbeitung zu Leistungs- steigerungen beitrug.

Im Schneidebereich, von dem das reibungslose Funktionieren der nachfol- genden Fertigungsstufen abhängt, hat Mikroelektronik die Integration zu einem

Gesamtsystem vom Rütteln bis zum Abstapeln vorangebracht (vgl. Friedrich 1987, S. 950-954).

Um das Problem der Entsorgung von Tiefdruckrotationsauslagen und deren Weiterverarbeitung zu lösen, vollzieht eine fortgeschrittene technische Linie die weiteren Fertigungsschritte mittels Doppelaufrollstationen auf verschiedenen räumlichen Ebenen. Dadurch können die Druckbogen der Zeitschriften ohne Zwischenlagerung simultan mit dem Druckprozeß der Rotation gesammelt, geheftet, geschnitten und paketiert werden. Die Produktion wird nach dem Verpacken der Pakete automatisch in die zentrale Versand- und Kommis- sionieranlage transportiert und dort verladen.

Die Konfiguration der Weiterverarbeitungstechnik ist auf allen (vier) Ebenen gleich. Die Rotationsauslagen werden von Doppelaufrollstationen aufge - nommen, welche automatisch die Anleger der Sammelhefter beschicken. In die Sammelheftanlagen sind weitere Anleger für Beihefter und Kartenkleber eingebaut. Auf diese Weise können die bekannten Verarbeitungsarten von Druckbogen, Karten und Warenmustern mit Leistungen bis zu 50.000 Exem - plaren pro Stunde und Etage bewerkstelligt werden. Die Doppelaufrollstationen einschließlich ihrer genannten Komponenten arbeiten selbsttätig, so daß die Anlage lediglich mit Transport - und Überwachungspersonal betrieben werden kann.

Für die Weiterverarbeitung von Komplettdruck steht auf jeder Produktions - ebene eine Hochleistungsrotationsschneideanlage zur Verfügung. Sie ist über Transportsysteme mit den Falzapparaten der Tiefdruckrotation verbunden. Es können 50.000 Komplettdruckexemplare bis zu 96 Seiten pro Stunde geschnitten und paketiert werden (vgl. Müller Martini 1987).

Bei dem hier umrissenen System handelt es sich um ein flexibles Ferti - gungsverfahren der Massenproduktion; die Eingangs - /Ausgangsgrößen hin - sichtlich aufeinander folgender Fertigungsschritte werden über Vermehrung der gegenüber der Rotation technisch leistungsschwächeren Weiterverarbeitungs - anlagen abgestimmt. Das Automationsniveau steigt bei Einsatz des Systems deutlich an, die technisch - organisatorische Struktur weist einen hohen Inte - grationsgrad, aber gleichzeitig Sicherheitsvorkehrungen (Doppelaufroll - Not - überlauf) für den Fall des Stillstandes vorgelagerter Kosysteme auf.

Ganz anders sehen die Verhältnisse in den beiden anderen Branchen aus, die untereinander wiederum erhebliche Unterschiede bei der Anwendung von Informations - und Kommunikationselektronik im Fertigungsprozeß zeigen. Der folgende Abschnitt hat Anwendungsbereiche Neuer Technik in der Textil - industrie zum Gegenstand.

1.5.2 Anwendungsbereiche in der Textilindustrie

Was in der Wirtschafts - und Sozialstatistik als Textilindustrie ausgewiesen wird, ist ein außerordentlich heterogener Bereich. Im Rahmen dieser Unter - suchung wird unter Textilindustrie die Gesamtheit jener Industriezweige ver - standen, "die sich mit der Herstellung von Gespinsten (Garnen), Geweben,

Geflechten, Gewirken und ähnlichen Erzeugnissen aus tierischen und pflanz –
lichen Fasern sowie mit der Weiterverarbeitung von Chemiefasern befassen"
(Koch, Satlow 1966, S. 471).

Die Textilproduktion, ehedem Leitbranche der Industriellen Revolution (vgl.
Specht 1988 a), hat ihre Führungsrolle bei der Produktivkraftentwicklung
schon längst an andere Wirtschaftszweige abgeben müssen. Das bedeutet
nicht, daß die Textilindustrie keine Leistungsverbesserungen mehr erzielt. Zu
den nach wie vor erheblichen Leistungssteigerungen aufgrund technischer
Neuerungen treten im Textilsektor jedoch zunehmend solche, die auf
Nutzungsoptimierung der installierten Anlagen beruhen. So wurde im Herbst
1988 eine tarifliche Rahmenregelung über die Verlängerung der
Maschinenlaufzeit in der Textilindustrie bis zu 144 Wochenstunden
abgeschlossen. Die weitergehende Forderung der Arbeitgeber nach Nutzung
des Kapitalstocks an allen sieben Wochentagen und Arbeit "rund um die
Uhr", die sich auf eine entsprechende Praxis in anderen Ländern beruft (vgl.
u.a. Neundörfer 1985, S. 11), findet bislang noch im generellen Arbeitsverbot
an Sonn – und Feiertagen Grenzen. Zwar scheinen sich die Vertragsparteien
einig zu sein in der Erwartung, daß längere Maschinenlaufzeiten zur Erhaltung
der Wettbewerbsfähigkeit "und damit zur Schaffung neuer sowie zur Sicherung
bestehender Arbeitsplätze in der Textilindustrie" beitragen (Gewerkschaft
Textil – Bekleidung 1988, Präambel). Wenn es aber im Kommentar der
Gewerkschaft Textil – Bekleidung heißt, die Arbeitgeber in der Textilindustrie
müßten sich an diesem gemeinsamen Bekenntnis messen lassen, sobald die
tariflichen Grundlagen in den Betrieben angewandt werden, dann kann man
das ohne weiteres als Indiz für Befürchtungen der Arbeitnehmervertreter
nehmen, daß der Anpassungsprozeß abermals wie schon in den vergangenen
30 Jahren in der Form des Verdrängens ehemals arbeitsintensiver Fertigun –
gen durch kapitalintensive Produktionen ablaufen werde.

Diese Befürchtungen sind vor dem Hintergrund der bisherigen technischen
Entwicklung in der Textilindustrie, die im folgenden skizziert werden soll, nur
allzu verständlich. Einen ersten Eindruck von den erreichten Leistungssteige –
rungen der Maschinen gewinnt man am Beispiel der Weberei: 1948 bediente
ein Weber sechs bis zehn Webstühle, die eine Breite von einem Meter
hatten; 1988 hat ein Textilmaschinenführer in der Weberei im Extremfall 50
Stühle, die bis zu drei Meter breit sein können, zu bedienen.

Die Informations – und Kommunikationselektronik fand in der Textilindustrie im
Vergleich zur Druckindustrie und zu anderen Industriezweigen erst relativ spät
Eingang. Seit Anfang der 1980er Jahre ist jedoch eine Diffusionsexpansion zu

beobachten. Auf der Grundlage eines recht hohen mechanisch – fertigungs –
technischen Automatisierungsniveaus ist der verzögerte Zugriff auf Neue
Technik beim ersten Hinsehen irritierend, hätte ihr früherer Einsatz doch
womöglich einen Wettbewerbsvorsprung auf dem Weltmarkt mit sich gebracht.
Vergegenwärtigt man sich freilich die technisch – organisatorische Struktur
allein einer Weberei mit ihren gewöhnlich mehreren hundert nebeneinander
produzierenden Webmaschinen, so erscheint die geübte Zurückhaltung ver –
ständlicher. Um sich des Rationalisierungspotentials der Informations – und
Kommunikationselektronik bedienen zu können, bedurfte es zunächst einmal
jener flexiblen System – Architektur, wie sie in der Tat erst am Übergang von
den 70er zu den 80er Jahren zu erschwinglichen Preisen greifbar war. Sie
ermöglichte die schrittweise Einführung von Teillösungen in einzelnen Funktionsbereichen der Fertigung (sog. Insel – Lösungen), die dann anfangs in den
Funktionsbereichen selbst und dann allmählich über diese hinaus aufgebaut,
ausgebaut und miteinander zu einem Gesamtsystem verbunden werden
können (vgl. Pollen, Sattler [2]1987, S. 27 ff.; Gewerkschaft Textil – Bekleidung
[4]1984, S. 58 ff.).

Es gab zwar Textilunternehmen, die bereits in den ersten 70er Jahren sich
der Neuen Technik bedienten. Sie bildeten aber die Ausnahme, und der
Anwendungsbereich war im wesentlichen auf den Webbereich und die An –
wendungsart auf die Betriebsdatenerfassung beschränkt. Die Webstühle
wurden mit entsprechenden Schalt – und Meßvorrichtungen, die Lauf – und
Stillstandzeiten, Anzahl der Kett – und Schußfadenbrüche, Schußeinträge u.ä.
registrierten und die Informationen auf einen Zentralrechner übertrugen, aus –
gestattet. Dadurch wurde die traditionelle Webstuhlkarte, auf der vom Weber
Leistungsart und Leistungsumfang der von ihm bedienten Maschinen festge –
halten wurden, überflüssig.

Heute sind Betriebsdatenerfassungsanlagen (BDE – Anlagen) auf Basis der
Mikroelektronik grundsätzlich für alle Textilmaschinen (z.B. Baumwollmischan –
lagen, Spinnmaschinen, Veredlungsanlagen, Warenschauanlagen) vorhanden.
Finden sie in allen textilindustriellen Funktionsbereichen Eingang, können
BDE – Systeme im Zuge der Verkoppelung mit Zentralrechnern zu einem
(flexiblen) Fertigungssystem ausgebaut werden. Doch bis dahin ist es noch
ein weiter Weg, denn zuvor müssen die einzelnen Fertigungsstufen selbst
informations – und kommunikationselektronisch erschlossen werden, bevor es
zu einem übergreifenden System kommen kann. Die folgende Skizze über die
bisherige Ausbreitung mikroelektronischer Steuerungen auf verschiedenen

Fertigungsstufen erhebt zwar keinen Anspruch auf Vollständigkeit, sie ist aber mehr als eine willkürliche Linienführung; der Kern der Sache ist mit ihr erfaßt.

1.5.2.1 Spinn - und Spulbereich

Im Bereich der Spinnereivorbereitung sind rechnergestützte Anlagen zum Öffnen und Abtragen der Baumwollballen sowie zum Mischen und Dosieren der Rohbaumwolle im Einsatz. Dabei handelt es sich oft um frei program - mierbare Steuerungen.

In der Rotorspinnerei (open - end - spinning), bei der überwiegend Baumwolle verarbeitet wird, lassen sich Rotordrehzahlen von 80.000 bis 90.000 Um - drehungen pro Minute erzielen. Die OE - Spinnerei hat in die Ringspinnerei (Flyer) eine Bresche geschlagen und den Arbeitsaufwand für die Herstellung von 1 kg (Nm 35) von 24 Minuten in 1948 auf etwas mehr als zwei Minuten in 1988 reduziert. Als neue Maschinengeneration etwa 1967 aufgekommen, arbeitet die Rotor - Spinnmaschine nach dem seinerzeit ganz neuen Prinzip, Garn durch Verwirbelung zu bilden. Das Anwendungsspektrum des OE - Spinnens ist in den 20 Jahren seiner Verfügbarkeit erheblich erweitert worden. Dennoch wird das Ringspinnen in der absehbaren Zukunft für feine und mittlere Garnqualitäten sowie für das Vorspinnen von Wolle Bedeutung behalten. Die Spindeldrehzahlen bei Ringspinnmaschinen lagen vor rund 20 Jahren bei maximal 14.000 Umdrehungen pro Minute. Heute werden bis zu 18.000 Umdrehungen realisiert. Schon heute repräsentieren Ring - spinnmaschinen ein hohes Automatisierungsniveau (Autoconer, Spulenabzug per Doffer, automatische Anknoter). Mit sprunghaften Leistungssteigerungen ist künftig nicht mehr zu rechnen, es sei denn, die durch die Läufergeschwin - digkeit gesetzten Grenzen lassen sich überwinden. Neue Verfahren wie das Umwindespinnen und das Friktionsspinnen werden entwickelt, um die äußerst schnellläufigen Spinnereimaschinen flexibel dem Webprozeß anzupassen; sie sind jedoch technisch noch nicht ausgereift, so daß sie in absehbarer Zeit die etablierten Verfahren nicht verdrängen werden.

Die maschinelle Entwicklung in der Spinnerei und Spulerei ist durch den Übergang von der Mechanisierung zur Teil - und Vollautomatisierung durch Einsatz von Kontroll - und Steuersystemen auf elektronischer Grundlage ge - kennzeichnet. Vollautomatische Kreuzspulautomaten sind seit langem bekannt. Neu ist jedoch die automatische Kopsbeschickung der Maschinen. Mensch -

liches Arbeitshandeln ist dabei darauf reduziert, die vollen Hülsenkästen vor die Maschine zu schieben und die Kästen für die leeren Hülsen zu entneh – men.

Verfügbar sind bereits Verbundsysteme zwischen Ringspinnmaschinen und Spulmaschine. Bei diesen Verbundsystemen erfolgt das Abziehen der fertigen Zwirnspulen mit Hilfe eines Doffers, und auch das Aufstecken neuer Hülsen geht automatisch vonstatten. Die gezwirnten Kopse werden über ein Fördersystem dem Spulautomaten zugeführt. Sozusagen als Restaufgabe verbleibt das Einstecken leerer Hülsen in den Spulautomaten durch Arbeits – kräfte.

Inzwischen zeichnet sich ab, daß technische Entwicklung in Richtung auf funktional vollautomatische Aggregate zu Lasten der Produktionsflexibilität geht. So bleibt es schwierig, den vergleichsweise ineffizienten Webvorgang den Leistungssteigerungen in den vor – und nachgelagerten Bereichen an – zupassen.

1.5.2.2 Gewebeherstellung

Die erste einsatzfähige Industriemaschine, die von einem gespeicherten Pro – gramm gesteuert wurde, kommt aus der Textilindustrie, genauer: aus der Seidenindustrie. Es ist der Jacquard – Webstuhl. Das Programm hatte die Form einer Lochkartenserie, auf der gestanzte Lochfelder die Steuerungsbe – fehle verschlüsselten. Jeder Befehl entsprach einem bestimmten Lochmuster auf der Karte, das ein mechanisches "Lesegerät" decodierte. Der Webstuhl stellte das Webmuster nach einem ausgeklügelten System nach Maßgabe der Lochkartenmuster her.

Das "Lesegerät" bestand aus einer Nadelreihe. Diese Nadelreihe, mechanisch mit den parallel angeordneten Kettfäden verbunden, tastete die Lochreihen ab. Rastete eine Nadel in ein Loch ein, wurde der entsprechende Kettfaden im nächsten Arbeitsschritt angehoben, wodurch er an der Oberfläche des Gewebes erschien. Traf eine Nadel kein Loch, dann blieb der zugehörige Kettfaden an Ort und Stelle und kam schließlich auf der Unterseite des Gewebes zu liegen.
Die Lochkarten, Vorläufer des Lochstreifens der numerisch gesteuerten Werkzeugmaschine, ermöglichten der Maschine, einen komplizierten

Bewegungsablauf automatisch auszuführen. Und sie gestatteten auch, den Ablauf nach Bedarf zu ändern, indem man ein anderes Lochmuster wählte. Das Gerät wurde von dem französischen Weber J. – M. Ch. Jacquard 1801 erfunden.

Auch heute noch gibt es Jacquardwebereien, die allerdings die Seide vielfach durch andere Fasern ersetzt haben. An die Stelle des "Lesegerätes" (Nadelreihe) ist jedoch zunächst der Lochstreifenleser und heute in den meisten Fällen ein kleiner, an der Maschine angebrachter Digitalrechner getreten (zu den Funktionsprinzipien des ursprünglichen Jacquardwebstuhls vgl. Gunn 1982, S. 91 und 96).

Das Anwendungspotential mikroelektronischer Steuerungen ist freilich nicht auf die Fertigung von gemustertem Gewebe reduziert; jede andere Webart kann sich entsprechender Systeme bedienen. Das gilt auch für Luftdüsenwebma - schinen, den hinsichtlich des Schußeintrags (1.600/min) leistungsfähigsten Stühlen. An ihnen können wie an jeder anderen Webmaschine verschiedene Einstellwerte (z.B. Fadenblockierung, Düsendruck, Stillstandsposition bei Kett - und Schußfadenbrüchen sowie die Werkstücklänge) durch einen Mikropro - zessor gesteuert und überwacht werden. Auf mikroelektronischer Basis steu - erfähig sind aber auch Wirkmaschinen, Strickmaschinen usw. Fast immer handelt es sich um Einzelsteuerungen an einfunktionalen Maschineneinheiten.

In der Textilverarbeitung, z.B. bei der Fertigung von Freizeitkleidung (Bade - und Strandkleidung u.a.), kommen allmählich in der Bekleidungsindustrie, auf die weiter unten etwas näher eingegangen wird, und in allen anderen Fertigungsverfahren, in denen es um die Formgestaltung, d.h. um Konstruk - tion, um das Zusammensetzen oder Trennen von Werkstoffen, um die Ab - satzvorbereitung oder Fertigungsplanung geht, rechnergestützte Konstrukti - onsverfahren in Gebrauch.

Ein weiterer faktischer Anwendungsbereich für Informations - und Kommu - nikationselektronik ist die Veredlung.

1.5.2.3 Veredlung

Der Bereich Veredlung umfaßt so unterschiedliche Verfahren wie Bleichen, Appretieren, Färben, Drucken usw. Stattet man die entsprechenden Anlagen mit Sensoren aus und verbindet sie mit elektronischen Steuerungs- und Regelungssystemen, ist es grundsätzlich möglich, die Veredlungsschritte selbsttätig ablaufen zu lassen. Dabei sind Eingabeverfahren gebräuchlich, bei denen der zu programmierende Arbeitsablauf schrittweise im Handbetrieb ausgeführt und hierbei gespeichert wird (z.B. Farbrezeptur, Färbeanlagen-steuerung). Daß die Sensortechnik eines der Hindernisse ist, die einer Erhö-hung des Automatisierungsniveaus vor allem im Segment der Qualitätsproduktion im Wege steht, ist oben im Zusammenhang mit der Dar-stellung der Informations- und Kommunikationselektronik als übergreifende technische Linie in ihren konkreten Ausprägungen als unterschiedlich dimen-sionierte, strukturierte und automatisierte Steuerung schon erwähnt worden. So ist auch die textilindustrielle Nutzung sensor-elektronischer Steuer- und Prüfsysteme (als Beispiel für ein branchenspezifisches Prüfsystem sei die vollautomatische Warenschau mit rechnergestützter Fehlersuche und -kennzeichnung genannt) auf Standardproduktionen beschränkt.

Hebt sich - faßt man das Bisherige zusammen - die Textilindustrie hin-sichtlich der Anwendungsbreite und -systematik von Informations- und Kommunikationselektronik von der Druckindustrie durch einen geringeren Durchdringungs- und Integrationsgrad ab, so trifft das erst recht für die Bekleidungsindustrie im Verhältnis zu den beiden vorgängigen Wirtschaftsbe-reichen zu.

1.5.3 Anwendungsbereiche in der Bekleidungsindustrie

Daß im Vergleich der drei hier betrachteten Wirtschaftszweige und im Ver-hältnis zum gesamten Verarbeitenden Gewerbe die Bekleidungsindustrie krasse Mängelerscheinungen in bezug auf die Verfügbarkeit über Neue Technik zeigt, ist im Rahmen systematischer Branchenanalysen (vgl. insbe-sondere Projektgemeinschaft ifo-Institut u.a. 1983; GAT 1 1986; GAT 2 (unveröffentlicht); GAT 3 1986) zur Evidenz gebracht worden. Auf der Suche nach dafür ausschlaggebenden Faktoren stößt man in der Literatur immer wieder auf eine Erklärung, die - übertragen auf die hier zugrunde gelegte Begrifflichkeit des theoretisch-analytischen Rahmens - auf die Eigenschaften des zu verarbeitenden Objekts als besonderes Prozeßmerkmal der Beklei-dungsmontage abstellt. Es ist die "Biegeschlaffheit" (vgl. Pollen, Sattler 1986, S. 7) oder - was dasselbe meint - die "Stabilisierungsproblematik" (vgl. Weißbach 1984, S. 5, Anm. 2) bei den meisten der in der Bekleidungsindustrie zu montierenden Textilteile, die Versuchen, den Fertigungsprozeß auf ein höheres technisches Niveau zu heben, "Widerstand" entgegensetzt. Das Fehlen einer "festen Form" der zu verarbeitenden Gewebe gilt denn auch als eine der wesentlichen Ursachen für die relativen Technisierungsrückstände der Bekleidungsindustrie und in ihr insbesondere der Montagetechnik (Nähtechnik) bzw., ökonomisch ausgedrückt, für die seit jeher geringe Substitution von Arbeit durch Kapital in diesem Gewerbezweig. Deshalb auch setzen Anpas-sungsstrategien an veränderte Marktbedingungen in der Bekleidungsindustrie vor allem und in erster Linie beim Faktor Arbeit an. Dabei richten sie sich vorrangig darauf, den Preis für die Arbeitskraft zu verbilligen. Einfache Ferti-gungstechnik, die mit angelernten Arbeitskräften auskommt, erleichtert den Zugang zu billigen Arbeitsmärkten. Vor diesem Hintergrund ist die überwie-gende Frauenarbeit, die hohe Ausländerquote und die vorherrschende Standortnahme der Betriebe in ländlich – peripheren und zudem meist noch strukturschwachen Regionen zu sehen. Lohnfertigung im Inland (Heimarbeit, Zwischenmeister) und im Ausland wirkten in dieselbe Richtung. Solange diese Strategie sozioökonomisch durchsetzbar ist, wirkt sie als Neuerungshemmnis (vgl. Projektgemeinschaft ifo – Institut u.a. 1983, S. 30 ff.). Gemessen an der Gesamtindustrie und an der Textilindustrie ist die Fertigung in der Beklei-dungsindustrie deshalb stets unter den andernorts geltenden technischen Standards geblieben. Die notwendige Folge ist eine höhere Arbeitsintensität, die – da sich das technische Fertigungsniveau weltweit mehr und mehr nivelliert und sich somit der fertigungstechnische Wissensvorsprung verkürzt – bei höherem Lohnniveau mit höheren Fertigungskosten verbunden ist. Daraus folgt wieder erhöhter Wettbewerbsdruck, der u.a. durch fortschreitende Arbeitsteilung zu mildern versucht wird. Die Rationalisierung hat in der Be-kleidungsindustrie die Entwicklung einer Maschinentechnik von der Universal-nähmaschine zu einer Fülle von Spezialmaschinen begünstigt (vgl. Pro-jektgemeinschaft ifo – Institut u.a. 1983, S. 23 – 29). Aus der beständig wirkenden Tendenz zu fortschreitender Arbeitsteilung ergibt sich für die technische Entwicklung, daß standardisierbare Prozeßschritte "abgesplittert" und für deren Realisierung sodann Sondermaschinen mit enger Einsatzbreite optimiert werden. Sind Arbeitsgänge nicht standardisierbar, kommen Universalmaschinen zum Einsatz, die bestimmten Bearbeitungsschritten, z.B. durch feste Vorrichtungen, angepaßt sind. Die hochgradige Arbeitsteilung in Verbindung mit der Spezialisierung der Produktionsmittel auf ein enges Objekt – und Operationsfeld wirft in der Bekleidungsindustrie immer dasselbe Grundproblem auf: das der Optimierung des Gesamtsystems. Aus syste-manalytischer Sicht geht es darum, eine optimale Faktorkombination des Gesamtsystems durch Abstimmung aller Subsysteme hinsichtlich Arbeitsver –

fahren, Funktionsträger, technisch – organisatorischer Struktur und Dimension zu erreichen.

Die Gestaltungsprobleme können an drei recht gut dokumentierten Anwen – dungsbereichen von Informations – und Kommunikationselektronik in der Be – kleidungsindustrie illustriert werden: Zuschnitt, Werkstücktransport und Nähen (vgl. GAT 1 1986; GAT 2 (unveröffentlicht); GAT 3 1986).

1.5.3.1 Zuschnitt

Rechnergestützte Zuschneidetechnik unterscheidet sich von den bisherigen Arbeitsverfahren, die weitgehend manuell bestimmt waren und auf Erfahrungen der Arbeitskräfte beruhten, durch Automatisierung von Funktionen bzw. Teil – funktionen im Gesamtbereich des Zuschnitts. Im Rahmen einer Erhebung über die Verfügbarkeit von Neuer Technik für zehn Funktionen im Zuschnittbereich im weiteren Sinne (vgl. GAT 1 1986) stellte sich heraus, daß es zwar für jeden einzelnen der Teilbereiche rechnergestützte Lösungen gibt, aber kein anwendungsreifes Komplettsystem, das alle Teilfunktionen integriert. Die Ma – schinenhersteller (z.b. für rechnergesteuerten Zuschnitt) und die Programme, soweit sie eigens für die eine oder andere der Teilfunktionen des Zuschnitts geschrieben wurden, setzen also an der gegebenen detaillierten Arbeitsteilung an und heben sie sozusagen auf ein höheres technisches Niveau. Die Folge dieser Technisierung ist die weitere Entwertung ohnehin schon stark segmentierter Tätigkeitsinhalte seitens der Arbeitskräfte. Aber noch etwas anderes ist von Bedeutung. Werden Technisierung (z.B. Einsatz einer CNC – gesteuerten Stofflegemaschine) und Verwissenschaftlichung (z.B. Digitalisierung der Schnitteile/Modelle) auf eine oder mehrere Funktionen beschränkt, kann es zu "Insel – Lösungen" kommen: Was soll das vollautomatische, zeitspa – rende und flexibel einsatzbare Zuschnittgerät, wenn die Schnitteilauslage nicht über angekoppelte Transportvorrichtungen in die Näherei gelangt (vgl. GAT 2 (unveröffentlicht))?

1.5.3.2 Transportsysteme

Je kurzzyklischer die Arbeitsgänge sind, desto ausgeprägter ist die Tendenz zu zeitsparenden Investitionen. Bei Fließfertigung, die in der Bekleidungsindustrie vorherrscht, dürften Investitionen in erster Linie auf eine Verringerung der Fertigungsnebenzeiten zielen (vgl. Projektgemeinschaft ifo – Institut u.a. 1983, S. 28). Als Beitrag zur Lösung dieses Problems bieten Maschinenhersteller seit einiger Zeit rechnergesteuerte Transportsysteme an (vgl. die Angebotsanalysen in bezug auf Hängefördersysteme der GAT 3 1986) und in der Praxis bereits eingesetzt (vgl. Projektgemeinschaft awfi u.a. 1987, S. 47).

Neu an den rechnergestützten Transportsystemen ist, daß sie den Materialfluß, die Platzbelegung, die Durchlaufzeit sowie die Betriebs– und Fertigungsdaten steuern, optimieren bzw. erfassen, ohne am Prinzip der kurzen Vorgabezeiten und geringer Arbeitsinhalte zu rütteln (vgl. Pollen, Sattler [2]1987, S. 27). Sie können Nähteile in beständig wechselnder Folge auf die Arbeitsplätze verteilen und die dort anfallenden Betriebs– und Fertigungsdaten erfassen.

Wie schon die rechnergestützten Zuschnittsysteme sind auch die neuen Transportsysteme am herkömmlichen Konzept der Einzelarbeitsplätze mit monotonen Tätigkeiten und geringen Qualifikationsanforderungen ausgerichtet. Eine Ausweitung des Transportsystems in die vor– und nachgelagerten Bereiche der Fertigung ist grundsätzlich möglich.

Über einen Sortierkreis, der gleichzeitig Puffer ist, sind die einzelnen Arbeitsplätze mit dem Hauptförderstrang verbunden. Jeder Arbeitsplatz ist mit einem Arbeitsplatzrechner mit Tastatur und Schriftfeldanzeige, der alle Steuerungsfunktionen in bezug auf den Arbeitsplatz wahrnimmt, versehen. Mit Eintritt des Förderträgers – die Einspeisung des Materials in den Hauptförderstrang erfolgt an einer Ladestation – in das Fördersystem erhält der Zentralrechner selbsttätig die Informationen hinsichtlich der mitgeführten Materialien, Artikel und des Fertigungsauftrags und darüber, an welchem Arbeitsplatz der Trolley sich befindet.

Bei dieser Art von vollautomatischer Materialsteuerung ermittelt der Rechner aus verschiedenen Dateien (Personalverzeichnis, Maschinenverzeichnis, –belegplan, Arbeitsgangdatei usw.) die Arbeitsschrittfolge und steuert die Förderträger "nach Prinzipien der Wegoptimierung und Verzögerungsfreiheit von Arbeitsplatz zu Arbeitsplatz" (Pollen, Sattler [2]1987, S. 33). Gleichzeitig wird die Materialversorgung des einzelnen Arbeitsplatzes sichergestellt; jene Station, die den geringsten Vorrat an Arbeitsgegenständen aufweist, wird automatisch als erste versorgt. Lohnrelevante Leistungsdaten werden für Ab – rechnungszwecke erfaßt.

Zu Beginn einer jeden Schicht meldet die einzelne Näherin ihre Arbeitsauf – nahme, indem sie die personenbezogene Magnet – Kennkarte in den Arbeits – platzrechner steckt; dort bleibt die Karte bis zum Arbeitsende. Alle im Programm festgelegten arbeitsplatz – oder arbeitskraftbezogenen "Tatbestände" werden mit der Magnet – Karte verknüpft. Die Näherin hat mit Hilfe der Tastatur am Arbeitsplatzrechner die Möglichkeit, Codes für definierte Sach – verhalte (z.B. Arbeitsmangel, Arbeitsplatzwechsel) einzugeben. Die Systeme können aber so ausgelegt werden, "daß die Näherin ohne Erlaubnis der Steuerungszentrale bzw. des Vorgesetzten weder ihren Arbeitsplatz noch Arbeitsgänge, falls dies die Materialsituation erfordert, wechseln kann" (Pollen, Sattler [2]1987, S. 35).

1.5.3.3 Nähtechnik

Im Unterschied zur zweidimensionalen Materialbearbeitung im Zuschnitt und damit zur Möglichkeit einer relativ einfachen automatischen Steuerung der Zuschnittwerkzeuge wirft die Dreidimensionalität der Materialbearbeitung während des Nähvorganges im Zusammenhang mit der "Biegeschlaffheit" des Materials gewisse Stabilisierungsprobleme auf. Diese Probleme werden als Technisierungswiderstände bzw. Flexibilisierungssperren im Montagebereich wirksam. Dort findet noch immer die lediglich um Zusatzeinrichtungen und perfektionierte Antriebe ergänzte Nähmaschine Anwendung (vgl. Weißbach 1984, S. 8 f.). Sieht man von Nähmaschinen mit Kleinteilezuführung einmal ab, ist die für den Nähprozeß wesentliche Funktion der Materialsteuerung (Zuführung, Materialführung, Abführung) immer (noch) reine Handarbeit. Unter Beachtung der spezifischen Materialeigenschaften "ist die Steuerung des Materials durch die Näherin ... immer noch eine relativ optimale Lösung im Verhältnis zu denkbaren sensorgesteuerten Lösungen, verbunden mit chemi – scher Stabilisierung des Materials" (Weißbach 1984, S. 8) und ihren Fol – geproblemen (z.B. schneller Verschleiß von Nadeln und anderen mechani – schen Maschinenteilen durch Schmirgelwirkung der chemischen Stabilisatoren).

Und soweit mikroelektronische Steuerungstechnik in der Näherei des Bekleidungsgewerbes auch Materialhandhabungsfunktionen wahrnimmt, wie das an
den auf Schnellnäherbasis weiterentwickelten Maschinen/Automaten der Fall
ist, dann treten erhebliche Flexibilitätsverluste hinsichtlich Losgrößen und
Materialien aufgrund der starr aufeinander bezogenen Subsysteme
(Arbeitssystem, Antriebssystem, Bewegungssystem, Steuerungssystem, Werkstückhandhabungssystem, Meß- und Prüfsystem) zutage, werden die einge-
tretenen Pfade der streng gegliederten Arbeitsteilung nur selten verlassen.
Denn zumeist geht es auch bei der Montage darum, die Rüstzeiten zu verkürzen und gleichmäßige Qualität der Arbeitsausführung zu erzielen. Letztes
kann z.B. dadurch geschehen, daß die Teilführung beim Nähen automatisiert,
also menschlicher Handhabung entzogen wird. Automatisierte Fertigung be-
wirkt in diesem Falle keine Flexibilisierung eines etablierten Standard-
verfahrens, sondern hält es am Leben. Der NC- oder CNC-Ta-
schenaufnähautomat nimmt in der hochgradig arbeitsteiligen Fertigung der
Bekleidungsindustrie im Grunde keine andere Arbeitsposition ein als ein kon-
ventioneller. Und auch die rechnergestützte Nähmaschine durchbricht nicht die
Einseitigkeit ihrer schablonengesteuerten Vorgängerin, sondern spitzt sie noch
zu. Denn programmierte Nähtechnik bedeutet nach heutigem Standard, daß
die Aufgabe der Näherin sich darauf beschränkt, "das Teil einzulegen, das
Pedal anzutippen und sich auf die Führung des Nähgutes zu konzentrieren,
das Teil herauszunehmen und abzulegen" (Rombold GmbH 1986, zit. nach:
Pollen, Sattler 1986, S. 40). Da auch Vorschub- und Transportgeschwindig-
keiten des Nähvorgangs programmiert sind, lassen sich dann nur noch Zuführung und Abführung des Nähgutes von der Näherin beeinflussen. Wird der
rechnergestützte Nähbereich mit Neuer Transporttechnik verknüpft, ergeben
sich weitere Verkürzungen der Handhabungszeiten (vgl. zur Neuen Nähtechnik
GAT 2 (unveröffentlicht)).

1.6 Zusammenfassende Bewertung

Zieht man ein vorläufiges Resümee, dann lassen sich zwischen den ökonomischen Indikatoren der Kapitalintensität und der Arbeitsproduktivität, den Innovationsaktivitäten der Unternehmen sowie der Arbeitszeitstruktur gewisse
Zusammenhänge ausmachen. Jedenfalls deutet die jeweilige Konstellation
dieser Größen auf systematische Unterschiede zwischen den drei Wirtschaftszweigen hin. Die Unterschiede zwischen dem Bekleidungsgewerbe
einerseits und dem Druck- und Textilgewerbe andererseits erscheinen aus-

geprägter als die Unterschiede zwischen den beiden zuletzt genannten Be-reichen. Auffallend ist das geringe Niveau der Kapitalintensität und der Arbeitsproduktivität im Bekleidungsgewerbe. Hiermit korrespondieren die eher zurückhaltenden Innovationsaktivitäten. Moderne Techniken fassen im Beklei-dungsgewerbe nur sehr allmählich Fuß, obwohl Wertschöpfung und Beschäf-tigung seit geraumer Zeit negativ verlaufen. So wie die Indikatoren Produktivität und Technikeinsatz diesem Wirtschaftszweig einen Platz am unteren Ende der Rangskala zuweisen, so trifft dies auch für die Betriebsnutzungszeiten zu. Trotz des mächtigen internationalen Wettbewerbsdrucks scheint die Dauer der Betriebsnutzungszeiten wegen des vergleichsweise sehr geringen Kapitaleinsatzes pro Arbeitsplatz nur eine untergeordnete Rolle zu spielen. Der internationale Wettbewerbsdruck überträgt sich offensichtlich weniger über die Kapitalkosten als über die Arbeitskosten, was sich in dem niedrigen Lohnniveau widerspiegelt.

In einem gewissen Kontrast zu diesem Bild stehen die beiden anderen Wirt-schaftszweige. Kapitalintensität und Arbeitsproduktivität liegen auf einem deut-lich höheren Niveau. Gegenüber modernen Techniken scheint die Innovati-onsbereitschaft im Druckgewerbe jedoch größer zu sein als im Textilgewerbe. Auffallend ist in diesem Zusammenhang der seit einigen Jahren sinkende Kapitalkoeffizient im Textilgewerbe. Es sieht so aus, als ob der technische Fortschritt in diesem Wirtschaftszweig kapitalsparende Wirkung habe. Sollte dieses Bild einigermaßen zutreffend sein, dann bleibt die Frage offen, warum das Textilgewerbe nicht die Rangliste der innovationsfreudigen Wirtschafts-zweige anführt.

Bei den Betriebsnutzungszeiten liegt das Textilgewerbe allerdings wieder vorn. Eine Interpretation für diesen Tatbestand könnte sein, daß im Textilgewerbe, einem seit Jahren schrumpfenden Wirtschaftszweig, der internationale Kon-kurrenzdruck sehr viel stärker zu spüren ist als in der Druckindustrie und dieser Faktor im Zusammenhang mit der hohen Kapitalintensität eine ent-scheidende Rolle für die außergewöhnlich langen Betriebsnutzungszeiten spielt.

Als ein weiteres Zwischenergebnis sind die geschlechtsspezifischen Unter-schiede in der Überstundenpraxis festzuhalten. Durchgängig in allen drei Wirtschaftszweigen wie auch im Verarbeitenden Gewerbe insgesamt leisten Arbeiterinnen sehr viel weniger Überstunden als ihre männlichen Kollegen. Ferner fallen bei ihnen die saisonalen Unterschiede in der Überstundenarbeit erheblich geringer aus. Diese Befunde lassen die Deutung zu, daß Über-stundenarbeit offensichtlich in besonderer Weise gesellschaftlicher Einflußnahme unterliegt, daß Überstundenarbeit jedenfalls nicht von ökonomischen "Sachzwängen" des einzelnen Betriebes allein "diktiert" wird.

Die Eindrücke, die man beim Blick auf Anwendungsbreite und – struktur der Informations – und Kommunikationselektronik in den drei Branchen gewinnt, passen durchaus in das hier mit recht groben Strichen skizzierte Bild ökonomischer Größen. In der Tat spricht einiges dafür, daß auch aus technischer Perspektive die Bekleidungsindustrie unter den Vergleichsbranchen Nachzügler bei der Adaption Neuer Technik ist. Eine der Ursachen ist in besonderen Eigenschaften des zu verarbeitenden Materials ("Biegeschlaffheit") und daraus resultierenden Besonderheiten der technisch – organisatorischen Binnenstruktur dieses Sektors zu vermuten. Hochgradig arbeitsteilig organisiert, hat die Bekleidungsindustrie für sehr viele der Spezialfunktionen auch Spezialmaschinen eingesetzt. Diese "Atomisierung" der Tätigkeiten und Funktionen stellt sich der Möglichkeit eines umfassenden Zugriffs rechnergesteuerter Aktivitäten auf die Branche entgegen.

Auch erhielt die schon oben wiedergegebene Beobachtung ökonomischer Kennziffern, daß die Grenzen im Einsatz Neuer Technik eher zwischen der Bekleidungsindustrie auf der einen Seite und der Textil – und Druckindustrie auf der anderen verlaufen, beim Blick auf Anwendungsbreite und – potential der Mikroelektronik in der industriellen Fertigung der Untersuchungseinheiten zusätzliche Plausibilität. Beim Vergleich zwischen den beiden letztgenannten Wirtschaftszweigen stellen sich dann freilich auch erhebliche Unterschiede heraus. Sie lassen sich dahingehend ausdrücken, daß der Einsatz der Mikroelektronik sich in der Druckindustrie stärker auf einen Bereich, nämlich Satzherstellung und Reproduktion, konzentriert, während er in der Textilindustrie ohnehin geringer, dabei aber gleichmäßiger über die einzelnen Fertigungsstufen verteilt ist. Diese Differenzen können die zwischen dem drucktechnischen Kernbereich und seinen einzelnen Vorstufen bestehenden arbeits(zeit)organisatorischen Variationen möglicherweise ebenso mitbewirken wie die relative Homogenität der betrieblichen Arbeitszeitstrukturen in der Textilindustrie.

2. BETRIEBLICHE FALLBEISPIELE

Im vorangegangenen Kapitel wurden grobe Profile von der wirtschaftlichen Lage und Entwicklung, dem Technikeinsatz und einigen Arbeitszeitelementen der drei näher betrachteten Wirtschaftszweige gezeichnet. Den dabei vorge – fundenen Zusammenhängen bzw. Hinweisen auf Zusammenhänge gilt es nun in einem zweiten Schritt mit Hilfe der betrieblichen Fallbeispiele weiter nach – zuspüren. Untersuchungsleitend sind dabei unsere zentralen Fragestellungen nach den Einflußgrößen für unterschiedliche Arbeitszeitformen zum einen und den Handlungspotentialen zum anderen. Die dabei vorrangig vorgefundenen Arbeitszeitformen unterteilen wir nach solchen, die primär eine Entkoppelung von Arbeits – und Betriebsnutzungszeiten bzw. Kapitalnutzungszeiten bewirken, und solchen, bei denen eine schwankende bzw. variable Verteilung der Ar – beitszeit im Vordergrund steht. Analytisch beziehen wir uns auf das in Kapitel II entwickelte Konzept der Produktionsstrategien und konzentrieren den Blick auf ökonomisch – organisatorische und auf technisch – organisatorische Zu – sammenhänge.

2.1 Profil der Betriebe

Das Profil der untersuchten Betriebe zeigt einige Besonderheiten. Erstens verteilen sich die insgesamt 13 Untersuchungsbetriebe ungleichgewichtig im Verhältnis 6:3:4 auf die drei Wirtschaftszweige: Textil – , Bekleidungs – , Druckereigewerbe. Wenn Textilbetriebe überrepräsentiert sind, dann erscheint dies wegen der großen Heterogenität dieses Produktionsbereiches, in dem sich ein hoher Spezialisierungsgrad auf den einzelnen Produktmärkten her – ausgebildet hat, vertretbar.

Zweitens sind nicht alle Betriebsgrößenklassen erfaßt. Es fehlen Kleinbetriebe. Dieses Manko hat vorrangig mit Schwierigkeiten beim Feldzugang zu tun. Bei einem Teil der Betriebe handelt es sich um Teileinheiten von größeren Unternehmen oder gar multinationalen Konzernen. Angesichts dieser Konzen – tration auf mittlere und größere Betriebe überrascht es nicht, wenn die Unterschiede beim Technikeinsatz nicht allzu groß sind. Betriebe mit ver – gleichbaren Produktionskapazitäten haben wegen des teilweise massiven Konkurrenzdruckes keine grundlegenden Alternativen bei der Technikwahl. Kostenkalküle legen nahe, sich mehr oder minder rasch an das jeweils aktuelle Technikniveau anzupassen, wobei Umfang und Tempo vorrangig von der jeweiligen Finanzkraft abhängen.

Die untersuchten Betriebe steckten mit einer Ausnahme in keinen ernsthaften wirtschaftlichen Schwierigkeiten. Allerdings hatten die Textilbetriebe in der Vergangenheit teilweise recht erhebliche Turbulenzen mit drastischen Personaleinsparungen durchstehen müssen. Nur mit Hilfe von gewaltigen Rationalisierungsanstrengungen und einer sehr weitgehenden Erneuerung des Produktionsapparates hatten sie ihre Überlebensfähigkeit sichern können. In diese Phase fällt auch die Ausweitung der Betriebsnutzungszeiten.

Welche besonderen Merkmale die Betriebe charakterisieren, zeigt die nachfolgende Übersicht 4.

Übersicht 4: Profil der Betriebe

Betrieb Nr. 1	
Wirtschaftszweig	Textil
Beschäftigtenzahl	ca. 850
Beschäftigten – struktur	– hoher Frauenanteil: ca. 60 vH – überwiegend Angelernte – 70 vH stabile Beschäftigung; Rest: variable Puffer
Arbeitszeit – struktur	– 1 – Schicht bis 3 – Schicht – Samstagsarbeit – bedarfsorientierte Überstunden – arbeit
Absatz – orientierung	– bei Großaufträgen als Termin – geschäfte ; ansonsten breite Streuung
Kapitalintensität	– große Spannweite; bis zu mehrere Mill. DM je Arbeitsplatz
IuK – Technikeinsatz	– Steuerung, teilweise Regelung von Einzelaggregaten – Erfassung von Prozeßdaten in standardisierten Teilprozessen – Trend zur Verknüpfung von Kosystemen auf einzelnen Stufen (Verriegelung)
Arbeits – organisation	– ein – und mehrstellige Einzel – und Gruppenarbeit in Abhängig – keit vom technischen Autonomiegrad – Vorhalten einer Personalreserve – Versuch der Personaleinsparung durch Einführung nächtlichen Bereit – schaftsdienstes vorerst gescheitert

Fortsetzung Übersicht 4

	Betrieb Nr. 2
Wirtschaftszweig	Textil
Beschäftigtenzahl	ca. 360
Beschäftigten – struktur	– hoher Frauenanteil: ca. 60 vH – überwiegend Angelernte
Arbeitszeit – struktur	– 1 – Schicht bis 3 – Schicht – bedarfsabhängige Überstunden – arbeit
Absatz – orientierung	– teilweise Großabnehmer mit Terminaufträgen
Kapitalintensität	– große Spannweite; bis zu mehrere Mill. DM je Arbeitsplatz
IuK – Technikeinsatz	– Steuerung, teilweise Regelung von Einzelaggregaten – Erfassung von Prozeßdaten in standardisierten Teilprozessen – Trend zur Verknüpfung von Kosystemen auf einzelnen Stufen (Verriegelung)
Arbeits – organisation	– ein – und mehrstellige Einzel – und Gruppenarbeit in Abhängigkeit vom technischen Autonomiegrad – Vorhalten einer Personalreserve

Fortsetzung Übersicht 4

Betrieb Nr. 3	
Wirtschaftszweig	Textil
Beschäftigtenzahl	ca. 1050
Beschäftigten-struktur	– extrem niedrige Frauenquote – hoher Anteil angelernter Arbeitskräfte
Arbeitszeit-struktur	– 1-Schicht biş vollkontinuierlich – regelmäßige Überstundenarbeit – sehr starre Urlaubsregelungen
Absatz-orientierung	– hoher Exportanteil – sehr starke Marktstellung
Kapitalintensität	– große Spannweite; bis zu mehrere Mill. DM je Arbeitsplatz
IuK-Technikeinsatz	– Steuerung und Regelung von Einzel-aggregaten – tendenziell integrierte Erfassung von Prozeßdaten – Trend zur technisch-autonomen Kon-tinuisierung des Gesamtprozesses
Arbeits-organisation	– ein- und mehrstellige Einzel- und Gruppenarbeit in Abhängigkeit vom technischen Autonomiegrad – bürokratische Kontrolle des Prozesses – keine Personalreserven

Fortsetzung Übersicht 4

	Betrieb Nr. 4
Wirtschaftszweig	Textil
Beschäftigtenzahl	ca. 300
Beschäftigten – struktur	– ca. 20 vH weiblich – wenig Teilzeitarbeit
Arbeitszeit – struktur	– 1 – Schicht bis 3 – Schicht – Samstagsarbeit
Absatz – orientierung	– hoher Exportanteil: ca. 60 vH – Großabnehmer
Kapitalintensität	– große Spannweite; bis zu mehrere Mill. DM je Arbeitsplatz
IuK – Technikeinsatz	– Steuerung, teilweise Regelung von Einzelaggregaten – Erfassung von Prozeßdaten in standardisierten Teilprozessen – Tendenz zur Verknüpfung von Ko – systemen auf einzelnen Stufen (Verriegelung)
Arbeits – organisation	– ein – und mehrstellige Einzel – und Gruppenarbeit in Abhängigkeit vom technischen Autonomiegrad – Vorhalten einer Personalreserve

Fortsetzung Übersicht 4

Betrieb Nr. 5	
Wirtschaftszweig	Textil
Beschäftigtenzahl	ca. 350
Beschäftigten – struktur	– etwa ein Drittel weiblich – keine Teilzeitarbeit im gewerblichen Bereich
Arbeitszeit – struktur	– 1 – Schicht bis 4 – Schicht – Tendenz zur Einführung von Sonntags – arbeit (an Gewerbeaufsicht bisher gescheitert)
Absatz – orientierung	– ausschließlich Vorprodukte zur Weiterverarbeitung im Hauptbetrieb
Kapitalintensität	– große Spannweite, bis zu mehrere Mill. DM je Arbeitsplatz
IuK – Technikeinsatz	– Steuerung, teilweise Regelung von Einzelaggregaten – Erfassung von Betriebsdaten an Einzelaggregaten – Trend zur integrierten Erfassung von Prozeßdaten in standardisierten Teil – prozessen
Arbeits – organisation	– monotone Detailarbeit in mehrstelliger Einzelarbeit und Maschinenabhängigkeit

Fortsetzung Übersicht 4

Betrieb Nr. 6	
Wirtschaftszweig	Textil
Beschäftigtenzahl	ca. 820
Beschäftigten–struktur	– hoher Anteil an Facharbeitern – 50 vH–Anteil an Frauen im gewerblichen Bereich
Arbeitszeit–struktur	– 1–Schicht bis 4–Schicht
Absatz–orientierung	– 60 vH Export
Kapitalintensität	– große Spannweite; bis zu mehrere Mill. DM je Arbeitsplatz
IuK–Technikeinsatz	– Steuerung, Regelung von Einzelaggregaten – Erfassung von Prozeßdaten in standardisierten Teilprozessen – Trend zur Verknüpfung von Kosystemen auf einzelnen Produktionsstufen (Verriegelung)
Arbeits–organisation	– ein– und mehrstellige Einzel– und Gruppenarbeit in Abhängigkeit vom technischen Autonomiegrad – Vorhalten einer Personalreserve – Versuch der Geschäftsführung, die Mehrstellenzahl in einem Bereich durch Einsatz von rollschuhfahrenden Arbeitskräften (sic!) zu erhöhen, an Berufsgenossenschaft gescheitert

Fortsetzung Übersicht 4

	Betrieb Nr. 7
Wirtschaftszweig	Bekleidung
Beschäftigtenzahl	ca. 170
Beschäftigten – struktur	– etwa 20 vH Teilzeitbeschäftigte – im Kernprozeß vorwiegend Qualifizierte
Arbeitszeit – struktur	– Teilzeitarbeit: ca. 17 vH – ausschließlich 1 – Schicht – z.T. bedarfsabhängige Überstunden – arbeit in begrenzten Bereichen
Absatz – orientierung	– Großkunden – hoher Anteil Lagerproduktion
Kapitalintensität	– überwiegend sehr niedrig – an einzelnen Arbeitsplätzen im Bereich von Teilautomaten etwas höher
IuK – Technikeinsatz	– Steuerung, teilweise Regelung von Einzelaggregaten
Arbeits – organisation	– einstellige Einzelarbeitsplätze in Abhängigkeit von vor – und nachge – lagerten Arbeitsschritten

Fortsetzung Übersicht 4

	Betrieb Nr. 8
Wirtschaftszweig	Bekleidung
Beschäftigtenzahl	ca. 620
Beschäftigten–struktur	– hoher Frauenanteil – hoher Anteil gelernter Arbeitnehmer – ca. 25 vH Teilzeitarbeit
Arbeitszeit–struktur	– 1 – Schicht – versetzte Arbeitszeiten – Pausendurchlauf in kleinem Teilbereich – Freizeitausgleich für saisonale Über–stundenarbeit – Urlaubssperren in Teilbereich
Absatz–orientierung	– 30 vH Export
Kapitalintensität	– überwiegend sehr niedrig
IuK–Technikeinsatz	– Steuerung, teilweise Regelung von Einzelaggregaten – "Automateninseln"
Arbeits–organisation	– ein– und mehrstellige Einzel– und Gruppenarbeit in Abhängigkeit von vor– und nachgelagerten Arbeits–schritten – Kleingruppenarbeit auf "Automaten–inseln"

Fortsetzung Übersicht 4

	Betrieb Nr. 9
Wirtschaftszweig	Bekleidung
Beschäftigtenzahl	ca. 280
Beschäftigten – struktur	– hoher Frauenanteil – teilweise Angelernte – hoher Teilzeitanteil
Arbeitszeit – struktur	– überwiegend 1 – Schicht – 2 – Schicht im EDV – Bereich – stark absatzorientierte Urlaubs – gestaltung – saisonaler Überstundeneinsatz mit optimalem Freizeitausgleich
Absatz – orientierung	– geringe Lagerproduktion – Auftragsproduktion
Kapitalintensität	– überwiegend sehr niedrig – steigende Tendenz in Teilbereichen
IuK – Technikeinsatz	– Steuerung, teilweise Regelung von Einzelaggregaten
Arbeits – organisation	– ein – und mehrstellige Einzel – und Gruppenarbeit in Abhängigkeit von vor – und nachgelagerten Arbeits – schritten

Fortsetzung Übersicht 4

Betrieb Nr. 10	
Wirtschaftszweig	Druckerei
Beschäftigtenzahl	knapp 2000
Beschäftigten – struktur	– hoher Facharbeiteranteil
Arbeitszeit – struktur	– 1 – Schicht bis 3 – Schicht
Absatz – orientierung	– Kommissionäre des Einzelhandels
Kapitalintensität	– große Spannweite; bis zu mehrere Mill. DM je Arbeitsplatz
IuK – Technikeinsatz	– Steuerung, (teilweise) Regelung von Einzelaggregaten und Aggregatsystemen – Trend zur Verknüpfung von Kosystemen auf einzelnen Stufen ("Verriegelung") – Tendenz zur Integration der Stufen
Arbeits – organisation	– ein – und mehrstellige Einzel – und Gruppenarbeit, in erheblichem Umfang in Zwanglauffertigung – teilautonome Gruppenarbeit im Kern – prozeß

Fortsetzung Übersicht 4

Betrieb Nr. 11	
Wirtschaftszweig	Druckerei
Beschäftigtenzahl	ca. 250
Beschäftigten – struktur	– ca. Hälfte Fachkräfte – ca. 30 vH weiblich
Arbeitszeit – struktur	– 1 – Schicht bis 3 – Schicht – in einzelnen Bereichen auch Samstagsarbeit als Überstunden
Absatz – orientierung	– Akzidenzgeschäft
Kapitalintensität	– eingeschränkte Spannweite, aller – dings ohne Spitzenwerte
IuK – Technikeinsatz	– Steuerung, teilweise Regelung von Einzelaggregaten und Aggregatsystemen
Arbeits – organisation	– ein – und mehrstellige Einzel – und Gruppenarbeit, teilweise in Zwang – lauffertigung

Fortsetzung Übersicht 4

	Betrieb Nr. 12
Wirtschaftszweig	Druckerei
Beschäftigtenzahl	ca. 950
Beschäftigten–struktur	– ca. 15 vH Teilzeitkräfte – überwiegend Facharbeiter
Arbeitszeit–struktur	– 1 – Schicht bis 3 – Schicht – Wochenendarbeit
Absatz–orientierung	– Kommissionäre des Einzelhandels
Kapitalintensität	– große Spannweite; bis zu mehrere Mill. DM je Arbeitsplatz
IuK–Technikeinsatz	– Steuerung und Regelung von Einzel–aggregaten und Aggregatsystemen – Trend zur Verknüpfung von Kosystemen auf einzelnen Stufen (Verriegelung) – Tendenz zur Integration der Stufen
Arbeits–organisation	– ein – und mehrstellige Einzel – und Gruppenarbeit, in erheblichem Umfang in Zwanglauffertigung – teilautonome Gruppenarbeit im Kern–prozeß

Fortsetzung Übersicht 4

Betrieb Nr. 13	
Wirtschaftszweig	Druckerei
Beschäftigtenzahl	ca. 400
Beschäftigten – struktur	ca. 25 vH Aushilfskräfte
Arbeitszeit – struktur	– 1 – Schicht bis 3 – Schicht – variable Arbeitszeiten je nach Bedarf bei Aushilfskräften – geringe Wochenendarbeit
Absatz – orientierung	– Großkundenauftrag – Hausverlag
Kapitalintensität	– eingeschränkte Spannweite, aller – dings ohne Spitzenwerte
IuK – Technikeinsatz	– Steuerung und Regelung von Einzel – aggregaten und Aggregatsystemen – Tendenz zur Verknüpfung von Ko – systemen auf einzelnen Stufen (Verriegelung)
Arbeits – organisation	– ein – und mehrstellige Einzel – und Gruppenarbeit, in erheblichem Umfang in Zwanglauffertigung – teilautonome Gruppenarbeit im Kern – prozeß

2.2 Entkoppelung von Arbeits- und Betriebsnutzungszeiten

Arbeits- und Betriebsnutzungszeiten bzw. Kapitalnutzungszeiten lassen sich in sehr unterschiedlichen Formen voneinander entkoppeln. Die verschiedenen Varianten kann man nach der Größe ihrer Abweichung ordnen. Bezugspunkt ist dabei die tarifliche Regelarbeitszeit, von der die Betriebsnutzungszeit nach oben abweichen kann. Die Spannweite der Entkoppelung reicht von durch- laufenden Pausenzeiten bis zum vollkontinuierlichen Schichtsystem mit einer wöchentlichen maximalen Betriebsnutzungszeit von 168 Stunden. Zwischen- stufen sind: versetzte Arbeitszeiten, kombinierte Vollzeit- und Teilzeitschichten und stufenweise vom Zwei- bis zum Vier-Schicht-System ansteigende Kapitalnutzungszeiten. Ein zweites Unterscheidungsmerkmal ist die Vergütung. Während für Nacht-, Samstags-, Sonntags- und Feiertagsarbeit unter- schiedlich hohe Lohnzuschläge gezahlt werden müssen, sind die übrigen Entkoppelungsformen zuschlagfrei. In diesen Fällen gehen die Kapitalkosten einsparenden Effekte vollständig in die Verbesserung der betrieblichen Rentabilitätsposition ein.

Die vorangegangenen Ausführungen haben beträchtliche branchenmäßige Unterschiede bei der Entkoppelung von Arbeits- und Betriebsnutzungszeiten aufgezeigt und Zusammenhänge mit dem jeweiligen Kapitaleinsatz pro Ar- beitsplatz angedeutet. Bei dem Versuch, diese Zusammenhänge näher aus- zuleuchten, wird analytisch im Rahmen eines Exkurses noch einmal die Branchenebene betrachtet, da die vorliegenden Daten die Anwendung stati- stischer Verfahren gestatten. Der analytische Schwerpunkt bezieht sich jedoch auf die betrieblichen Fallbeispiele.

2.2.1 Ökonomisch-organisatorische Zusammenhänge

2.2.1.1 Exkurs: Betriebsnutzungszeit und Kapitalintensität auf Branchenebene

In der Literatur wird als zentraler Faktor für die Ausbreitung von Schichtar- beit der Grad der Kapitalintensität genannt (vgl. Vogler-Ludwig 1986, S. 220). Prozeßtechnische Erfordernisse werden demgegenüber als vergleichsweise unbedeutend eingestuft (vgl. DIW 1987, S. 160). Mit steigender Kapitalintensität wächst der Druck, die Kapitalproduktivität, d. h. die mit einem bestimmten Kapitalbetrag erstellbare Produktionsmenge, durch Ausweitung der Betriebsnutzungszeiten zu sichern oder zu verbessern. Ansonsten würde eine Verringerung der Kapitalproduktivität die Rentabilität des eingesetzten Kapitals schmälern, das Gewicht der Fixkosten würde zunehmen. Vor allem dort, wo die Kosten für die Neueinrichtung eines Arbeitsplatzes, die marginale Kapitalintensität, besonders hoch sind, wird die Dauer der Nutzungszeit der Anlagen als ein nicht unwichtiger Bestimmungsfaktor für das Investitionsverhalten angesehen (vgl. DIW 1987, S. 161).

Um den Zusammenhang zwischen Betriebsnutzungszeiten und Kapitalintensität statistisch zu überprüfen, läßt sich auf Basis der für 1984 im Rahmen der IAB/Ifo – Erhebung vorliegenden Daten ein Korrelationskoeffizient berechnen, der mit einem Wert von r = 0,67 zwar auf einen positiven Zusammenhang verweist. Er fällt aber nicht überwältigend hoch aus. Auf Basis der Daten aus der Ifo – Befragung von 1989 kommt man zu einem etwas höheren Korrelationskoeffizienten von r = 0,72. Offensichtlich sind weitere Faktoren zu berücksichtigen. Diese können sowohl im Ökonomischen (unterschiedlicher internationaler Konkurrenzdruck, Unterschiede in der Beschäftigtenstruktur, den Lohnstrukturen, den Nachfragebedingungen, der Kapazitätsauslastung usw.) wie auch im Außerökonomischen liegen und z. B. auf Unterschiede in der gewerkschaftlichen Gegenwehr zurückzuführen sein. Diese Faktoren können möglicherweise vor allem bei den "Ausreißern" eine Rolle spielen. Hierzu gehören das Nahrungs – und Genußmittelgewerbe sowie der Bereich Steine und Erden, Feinkeramik, Glasgewerbe mit unterdurchschnittlichen Betriebsnutzungszeiten trotz überdurchschnittlich hoher Kapitalintensität. Im Bereich Kunststoffherstellung und Gummiverarbeitung, wo der Zusammenhang genau umgekehrt ist, dürften vermutlich prozeßtechnische Faktoren einen großen Einfluß auf die Dauer der Betriebsnutzungszeit haben.

Bei den drei hier näher betrachteten Wirtschaftszweigen korrelieren die unterschiedlichen Nutzungszeiten relativ eng mit den Branchenunterschieden in der Kapitalintensität. Im Bekleidungsgewerbe ist sowohl die Kapitalintensität am niedrigsten als auch die Betriebsnutzungszeit am kürzesten. Umgekehrt ist der Zusammenhang im Textilgewerbe, wo sowohl die Kapitalintensität als auch die Betriebsnutzungszeit überdurchschnittlich hoch sind.

Etwas enger dürfte der Zusammenhang zwischen der Höhe des Kapitaleinsatzes und der Betriebsnutzungszeit sein, wenn man an Stelle der durchschnittlichen die marginale Kapitalintensität verwenden würde. Diese Größe gibt an, wie hoch der Kapitaleinsatz für einen neuen Arbeitsplatz ist. Da die Daten hierüber nicht lückenlos für sämtliche Wirtschaftszweige vorliegen – sie stammen aus einer Unternehmensbefragung (vgl. Ifo – Institut 1987, S. 108) – läßt sich kein entsprechender Korrelationskoeffizient berechnen. Für die drei im Vordergrund stehenden Wirtschaftszweigen zeigen sich jedoch deutliche Zusammenhänge (vgl. oben Tabelle 7). Obwohl die marginale Kapitalintensität im (zusammengefaßten) Leder – und Bekleidungsgewerbe in der ersten Hälfte der 80er Jahre enorm in die Höhe gegangen ist, beansprucht hier die Einrichtung eines neuen Arbeitsplatzes immer noch vergleichsweise wenig Kapitalaufwand. Im Unterschied hierzu ist im Textilgewerbe mehr als dreimal so viel notwendig. Unterdurchschnittlich hoch ist die marginale Kapitalintensität im Druckereibereich. Allerdings fällt die Steigerungsrate der letzten Jahre kräftiger aus als im Durchschnitt des Verarbeitenden Gewerbes.

Interessant ist in diesem Zusammenhang schließlich noch, wie sich unterschiedliche Betriebsnutzungszeiten auf den Anteil der fixen Kosten an den Gesamtkosten auswirken. In Tabelle 15 sind die verschiedenen Kostenartenanteile am Bruttoproduktionswert nach Personalkosten (Lohn – und Gehaltskosten plus Sozialkosten plus Personalverwaltungskosten), variable Kosten (Materialverbrauch, Lohnarbeiten, sonstige Dienstleistungen) und fixe Kosten (Kostensteuerung, Mieten, Pachten, Abschreibungen, Fremdkapitalzinsen) aufgeteilt (vgl. Weidinger, Hoff 1988, S. 113 ff.). Auffallend ist beim Branchenvergleich, daß die aus dem Verhältnis von fixen Kosten zu Personalkosten gebildeten Werte nicht allzu stark streuen. Angesichts der beträchtlichen Unterschiede im jeweiligen Grad der Kapitalintensität wären dementsprechend größere Unterschiede bei den Anteilen der fixen Kosten zu erwarten gewesen. Wenn dies nicht der Fall ist, dann dürfte dies wohl nicht zuletzt mit den unterschiedlichen Betriebsnutzungszeiten zusammenhängen, die sich nivellierend auf die Anteile der fixen Kosten auswirken. Auf der anderen Seite erhöhen sie wegen der Zuschläge für Nachtarbeit die Lohnkostenanteile. Entscheidend aus betrieblicher Sicht ist, wie sich der Saldo aus beiden Größen verändert.

Tabelle 15: Kostenanteile am Bruttoproduktionswert für 1984 (in vH)

Wirtschaftszweig	Variable Kosten o. Personal 1	Personal – kosten 2	fixe Kosten 3	Sp. 3 : Sp. 2 (in vH) 4	Kosten insgesamt
Druckerei, Vervielfältigung	44,7	35,4	14,6	41	94,7
Textilgewerbe	60,8	26,1	11,2	43	98,1
Bekleidungs – gewerbe	60,4	26,5	9,8	37	97,6
Verbrauchsgüter produzierendes Gewerbe	55,8	28,6	12,5	44	96,9

Quelle: Weidinger, Hoff 1988, S. 114

2.2.1.2 Nach der Höhe der Kapitalintensität gestaffelte Schichtsysteme

Auch die betrieblichen Fallbeispiele stützen die Aussage, daß die Kapitalintensität einen nicht unwesentlichen Einfluß auf die jeweilige Dauer der Betriebsnutzungszeit hat. Innerbetrieblich findet man das gleichzeitige Neben – einander von Ein –, Zwei –, Drei – und teilweise sogar Vier – Schicht – Sy – stemen; die Arbeitszeitmuster innerhalb einer Branche streuen nicht besonders breit. Größere Variationen lassen sich dagegen zwischen den Branchen feststellen und hier vor allem zwischen dem Bekleidungsgewerbe einerseits und dem Textil – und dem Druckgewerbe andererseits. In den beiden zuletzt genannten Wirtschaftszweigen sind die betrieblichen Schichtsysteme nach ei – nem sehr ähnlichen Muster gestaffelt, obwohl die technischen Produktions – weisen grundsätzlich unterschiedlich sind.

In den von uns untersuchten Betrieben beider Wirtschaftszweige existieren stets mehrere Schichtformen nebeneinander. Die Spannweite umfaßt allerdings nicht immer sämtliche Schichtformen vom Ein – bis zum Vier – Schicht – Sy – stem. Dies hängt von der jeweiligen Produktionstiefe der Betriebe und der dadurch bedingten unterschiedlichen Kapitalintensität der einzelnen Produkti –

onsstufen bzw. – abteilungen bzw. Aggregatanlagen ab. Einige Fallbeispiele sollen diese Aussagen dokumentieren.

In einer mittelgroßen Weberei (Betrieb Nr. 2) für Frottierstoffe wird innerhalb des Produktionsbereiches sowohl im Ein – als auch Zwei – sowie Drei – Schicht – System gearbeitet. Einschichtig ist die Arbeit vor allem im Nähbe – reich. Die Produktionsmittel – in diesem Fall Nähmaschinen – werden bis auf wenige Ausnahmen nur von jeweils einer Arbeitskraft genutzt. An diesen Arbeitsplätzen liegt die Kapitalintensität auf einem niedrigen Niveau; die ein – gesetzten Maschinen kosten etwa 6.000 DM das Stück, einige Spezialma – schinen etwa 15.000 DM. In einem kleinen Teilbereich der Näherei schließt sich wegen einer günstigen Nachfragesituation noch eine Teilzeitschicht der normalen Arbeitszeit an.

Im Zwei – Schicht – System arbeiten die Beschäftigten im Bereich der Handtücherproduktion. Der Kapitaleinsatz pro Arbeitsplatz liegt hier mit etwa 1 Mill. DM für eine fünf – bis sechsköpfige Arbeitsgruppe deutlich über den Durchschnittswerten der Näherei. Die eingesetzten Maschinen führen das Längs – und Quersäumen und z. T. auch das Schneiden der Produkte selbsttätig aus.

Die Drei – Schicht – Arbeit ist schließlich auf den Bereich der "großen Maschi – nen" beschränkt: Fuhrwerk, Weberei, Veredlung, Druckerei. Der Kapitaleinsatz pro Arbeitsplatz übertrifft den in der Handtücherherstellung wiederum um ein Mehrfaches. Ein Textilmaschinenführer bedient etwa 20 Webstühle, die jeweils einen Anschaffungspreis von gut 150.000 DM haben. Die Zahl der drei – schichtig Beschäftigten schwankt je nach Auslastung der Produktionskapazitäten. Bei Vollauslastung der Anlagen sind es knapp 15 vH der Belegschaft. Für die in Nachtschicht Beschäftigten ist die Arbeitszeit um eine halbe Stunde in Form einer bezahlten Pause verkürzt.

Im Prinzip ist das Drei – Schicht – System im Wechselrhythmus organisiert. Als Ausnahme hiervon arbeiten einige Arbeitskräfte ausschließlich in der Nacht – schicht. Die Motivation liegt im zusätzlichen Einkommen. Teilweise handelt es sich um ausländische Arbeitnehmer, die für eine befristete Zeit zur perma – nenten Nachtarbeit bereit sind und die gesundheitsschädigenden Risiken, die aufgrund vielfacher Erfahrungen unter der Belegschaft durchaus bekannt sind, wegen des materiellen Anreizes in Kauf nehmen. Erwähnenswert ist in diesem Zusammenhang, daß in der Weberei das technische Niveau der einzelnen Maschinen sehr unterschiedlich ist. Entsprechend streut auch die Leistungsfähigkeit der einzelnen Aggregate. Neben traditionellen Schiffchen –

schußmaschinen arbeiten Druckluftschußmaschinen. Gleichwohl gelten die gleichen Arbeits – und Betriebszeiten.

In einem ebenfalls Frottierstoffe produzierenden Betrieb (Betrieb Nr. 1) weicht die Struktur der Schichtsysteme in einigen Bereichen etwas ab. In Teilberei – chen der Näherei wird hier im Unterschied zu dem zuvor erwähnten Betrieb dreischichtig gearbeitet. Die Umstellung vom Zwei – zum Drei – Schicht – Sy – stem erfolgte, als Automaten im Zuschnittbereich eingeführt wurden. Damit hat sich gegenüber dem zuvor in reiner Handarbeit erstellten Zuschnitt schlagartig die Kapitalintensität erhöht. Im Laufe der Zeit wurde auch die sich anschlie – ßende Weiterverarbeitung bei den Näharbeiten auf das Drei – Schicht – System umgestellt. Wegen der unterschiedlichen Verarbeitungskapazitäten kam es zwischen Zuschnitt und Näherei zur Bildung von Zwischenlagern. Mit der In – stallation einer neueren Generation von Teilautomaten, die das Schneiden und Säumen von Einzelteilen übernehmen, wurde die Leistungsfähigkeit der ein – zelnen Aggregate besser aufeinander abgestimmt. Gleichzeitig kletterte der Kapitaleinsatz pro Arbeitsplatz eine weitere Stufe in die Höhe. Während bei der aktuellen Maschinengeneration zwei bis drei Millionen pro Arbeitsplatz aufzubringen sind, waren es zuvor nur eine Million DM.

Besonders signifikant wird der Zusammenhang von Kapitaleinsatz und Betriebsnutzungszeit beim Vergleich von zwei innerhalb eines Betriebes praktizierten Spinnverfahren (Betrieb Nr. 5). Während in der Rotorspinnerei vierschichtig gearbeitet wird, laufen die Anlagen in der Ringspinnerei nur zweischichtig. Diese aggregatbezogenen Unterschiede im Schichtsystem haben wir auch in einem weiteren Betrieb vorgefunden (Betrieb Nr. 6). Bei der Ro – torspinnerei rechnet man pro Spinnmaschine mit einem Stückpreis von rd. 800.000 DM, eine Ringspinnmaschine kostet dagegen etwa 80.000 bis 100.000 DM. Angesichts eines mehrstelligen Arbeitsbereiches – ein Maschinenführer bedient in den von uns untersuchten Betrieben 7 Spinn – maschinen – ergibt sich ein gewaltiger Unterschied im Kapitaleinsatz pro Arbeitsplatz.

Im Prinzip kaum anders strukturiert sind die Schichtsysteme in den unter – suchten Betrieben der Druckindustrie. Auch hier findet man gestaffelte Schichtsysteme innerhalb eines Betriebes. Ein typisches Beispiel aus einem mittleren Druckereibetrieb (Betrieb Nr. 13), der vorrangig Zeitschriften erstellt, sieht so aus:

Die Arbeitszeitstruktur reicht vom Normalarbeitstag über die Zwei – bis Drei – Schicht – Arbeit. Für einen sehr kleinen Teil der Belegschaft kommt Sonn –

tagsarbeit hinzu, die für eine montags erscheinende Zeitschrift zu leisten ist. Im Ein–Schicht–System ist die Bilderstellung mit Ausnahme des Scanner–Bereiches, in dem zweischichtig gearbeitet wird, organisiert. Auch sämtliche Handwerker arbeiten einschichtig. Das Zwei–Schicht–System gilt für den gesamten Satzbereich mit den angeschlossenen Funktionen. Hierzu gehören Fotografie, Zylinderherstellung, Buchbinderei usw. Der traditionelle Bleisatz wurde Ende der 70er Jahre auf Fotosatz umgestellt. Die herkömmlichen Reproduktionstechniken der Bildvorlagen wurden durch elektronische Bildverarbeitungssysteme ersetzt. Die beiden Vorstufen–Komponenten Satz und Reproduktion sind noch nicht technisch integriert. Dieser Schritt ist allerdings geplant. Im Drei–Schicht–Betrieb arbeiten die Bereiche Rotation und Papierlager. Als Drucktechnik werden sowohl das Hoch– als auch das Tiefdruckverfahren auf Rollen oder Bögen angewendet.

Auch wenn keine genauen Angaben über den durchschnittlichen Kapitaleinsatz pro Arbeitsplatz für die einzelnen Produktionsstufen gemacht werden können, lassen sich nach Auskunft aller Befragten deutliche Abstufungen unterscheiden. Im Kernbereich der Druckerei, der Rotation, liegt die Kapitalintensität am höchsten. Unterschiede bestehen im Druckverfahren und in den kapazitätsmäßigen Aggregatauslegungen. Die Tiefdrucktechnik erfordert höheren Kapitaleinsatz als das Hochdruckverfahren.

Welchen Einfluß die Kapitalintensität, die im Rahmen der modernen Technik meist erheblich gesteigert wird, auf die Betriebsnutzungszeiten hat, kann ferner folgendes Beispiel veranschaulichen. In einem ebenfalls mittelgroßen Druckereibetrieb (Betrieb Nr. 11), der vorrangig im Akzidenz–Geschäft tätig ist und Werbebeilagen von Zeitungen, Hauswurf–Prospekte, Kalender usw. druckt, war der Kopierbereich traditionell zweischichtig organisiert. Mit der Anschaffung einer modernen Kopiermaschine, die zu einer sprunghaften Erhöhung der Kapitalintensität geführt hat, wurde die Arbeitszeit gegen den Widerstand von Betriebsrat und Belegschaft auf das Drei–Schicht–System umgestellt. Die Ausweitung der Betriebsnutzungszeiten wird allein auf Rentabilitätskalküle zurückgeführt. Technische Gründe werden nicht gesehen. Die letztendliche Zustimmung des Betriebsrates wurde mit der Drohung erzwungen, den Kopie–Bereich völlig aus dem Betrieb auszulagern und an eine eigenständige Tochterfirma zu delegieren. Gegenüber der betrieblichen Interessenvertretung war der Betrieb strategisch im Vorteil, weil er über organisatorische Alternativen verfügte, die geplante Produktionssteigerung durch Aufsplitterung der Arbeitsaufgaben dem Einflußbereich der Interessenvertretung zu entziehen.

2.2.1.3 Absatzlage

Der beschriebene positive Zusammenhang zwischen Kapitalintensität und Dauer der Betriebsnutzungszeiten bzw. Muster der Schichtsysteme kann durch die jeweilige Kapazitätsauslastung oder Absatzlage relativiert werden. Zwei Beispiele sollen dies verdeutlichen.

In einem bereits erwähnten Textilbetrieb (Betrieb Nr. 2) wird in einem Teil-bereich der Näherei augenblicklich noch einschichtig gearbeitet. Durch die Installation eines mehrere Arbeitsschritte übernehmenden Teilautomaten, der in der Lage ist, Stoffbahnen selbsttätig einzuziehen, zuzuschneiden, zu säumen und außerdem Druckknöpfe anzunähen, hat der Kapitaleinsatz in diesem Arbeitsbereich um ein Mehrfaches zugenommen. Zugleich hat sich die Zahl der hier Beschäftigten von 35 auf 28 verringert. Die Arbeitsproduktivität ist enorm gestiegen. Die augenblicklich absetzbare Produktionsmenge entspricht der Produktionsleistung einer Arbeitsschicht. Eine mögliche Ausweitung der Betriebsnutzungszeit im Rahmen z. B. einer Teilzeitschicht, durch die sich die Kapitalstückkosten deutlich vermindern ließen, kommt aber erst bei einer entsprechenden Absatzexpansion in Frage.

Das zweite Beispiel ist ähnlich. Es stammt aus einem großen Druckereibe-trieb, der hauptsächlich Zeitschriften, Kataloge und zu einem geringen Prozentsatz Akzidenzen druckt (Betrieb Nr. 10). Im Vorstufenbereich (Satz, Montage, Bildverarbeitung, Reproduktion) hat die Geschäftsleitung erste Ab-sichten erkennen lassen, die bisherige Zwei-Schicht-Arbeit um eine weitere Schicht aufzustocken. Am Technikeinsatz hat sich nichts geändert. Anlaß geben vielmehr die expandierenden Geschäftsaktivitäten, die bei gegebener Betriebsnutzungszeit an Grenzen gestoßen sind und denen entweder durch weiteren Kapitaleinsatz oder verlängerte Betriebszeiten entsprochen werden kann.

In beiden Fällen hängt die Sicherung der Rationalisierungsvorteile von ab-satzstrategischen Momenten ab. Dieser Zusammenhang gilt natürlich ebenso für den umgekehrten Fall, wenn sich die Absatzlage verschlechtert, die Kapazitätsauslastung sinkt und eine vormals dreischichtige Produktion um eine Schichtstufe zurückgefahren wird, wie dies phasenweise in Teilbereichen der Produktion eines von uns untersuchten Textilbetriebes der Fall war (Betrieb Nr. 2). Ökonomisch dürfte diese Personalstrategie sicher günstiger sein, als Teile des Betriebes völlig stillzulegen und in anderen Teilen die dreischichtige Produktion aufrechtzuerhalten. Zwar lassen sich bei keiner der beiden

Alternativen sinkende Skalenerträge vermeiden. In beiden Fällen steigen die Kapitalstückkosten. Die zweischichtig organisierte Arbeit hat gegenüber der Drei – Schicht – Alternative aber den Vorteil, daß keine Zuschläge für Nacht – arbeit anfallen und deshalb die durchschnittlichen Lohnstückkosten niedriger sind.

2.2.1.4 Relative Verhandlungsposition am Arbeitsmarkt

Neben der Kapitalintensität und der Absatzlage kann auch die Verfügbarkeit von qualifizierten Arbeitskräften Einfluß auf die Gestaltung der Betriebsnut – zungszeiten haben. Dies jedenfalls zeigt ein Beispiel aus einem Bekleidungs – werk (Betrieb Nr. 9).

Sowohl im Bereich der Verwaltung als auch im technischen Bereich und hier speziell bei der Schnittmusterherstellung ist EDV eingeführt. Der Technikein – satz liegt also in beiden Bereichen auf einer vergleichbaren Ebene. Dabei ist der Kapitaleinsatz je Arbeitsplatz im technischen Bereich deutlich höher als in der Verwaltung. Die Preisunterschiede beruhen u. a. darauf, daß bei der im technischen Bereich eingesetzten Hardware wie auch Software die Anbieter – konkurrenz wegen des sehr speziellen Aufgabenzuschnitts geringer ist als bei den Geräten in der Verwaltung. Gleichwohl wird im technischen Bereich (bislang) nur im Ein – und nicht im Zwei – bzw. Drei – Schicht – System ge – arbeitet, wie dies in der Verwaltung der Fall ist.

Dieser überraschende Umstand wird auf folgende Faktoren zurückgeführt. Erstens arbeiten im technischen Bereich ausschließlich Frauen, die bislang nur einschichtige Arbeitszeiten gewöhnt sind und diese auch beibehalten wollen. Und zweitens – und dies ist sicherlich der ausschlaggebende Faktor – sind die Qualifikationen der am Schnittcomputer Beschäftigten am externen Ar – beitsmarkt sehr gefragt. Die Nachfrage nach diesen Qualifikationen übertrifft das Angebot. Hinzu kommt, daß die Beschäftigten ihre Qualifikationen inner – betrieblich erworben haben; der Betrieb hat hierfür Investitionen aufwenden müssen. Bei der Einführung eines Zwei – Schicht – Systems muß der Betrieb fürchten, daß ein Teil der Arbeitskräfte abwandert, möglicherweise noch nicht amortisierte Bildungsinvestitionen verloren gehen, die Anwerbung von Ersatz – arbeitskräften erhebliche Kosten (Anwerbung, Einarbeitung usw.) verursacht und schließlich keineswegs sicher ist, daß die externen Arbeitskräfte das Zwei – Schicht – System auch akzeptieren. Nach Einschätzung der Befragten

(Betriebsrat und Personalmanagement) wird die Zwei – Schicht – Arbeit auf Dauer allerdings kaum zu umgehen sein. In dem Maße, wie sich Schnitt – computer in der Bekleidungsindustrie ausbreiten und wie sich die Angebot – Nachfrage – Relationen für Arbeitskräfte auf diesem Teilmarkt verschieben, werden die Chancen der Beschäftigten, das Ein – Schicht – System zu vertei – digen, sinken.

Einen etwas anderen Weg hat man in einem anderen Bekleidungsbetrieb (Betrieb Nr. 8) im Bereich der Schnittmustererstellung, die ebenfalls in einem Schnittrechner erfolgt, eingeschlagen. Hier wird mit versetzten Arbeitszeiten gearbeitet. Die Betriebszeit umfaßt eine Spanne von 12 Stunden und liegt zwischen 7.00 und 19.00 Uhr. Gegenüber einem starren Zwei – Schicht – Sy – stem hat diese Arbeitszeitform vor allem zwei Vorzüge, die mit zu ihrer Akzeptanz bei den Beschäftigten beigetragen haben. Zum einen liegt das Zeitintervall, das als Arbeitszeit in Frage kommt, in einem sozial eher verträglichen Bereich, als dies bei zweischichtiger Arbeit der Fall ist. Vor allem in den Abendbereich fallende private Aktivitäten werden längst nicht so behindert bzw. verhindert. Zum anderen ist die Verteilung der Arbeitszeit nicht fest vorgegeben, sondern kann flexibel innerhalb der Arbeitsgruppen geregelt werden. Damit besteht für die Beschäftigten ein gewisser Spielraum, im Rahmen eines wochenweisen Wechselrhythmus' auf die jeweiligen privaten Zeitanforderungen Rücksicht zu nehmen. Und umgekehrt hat der Betrieb mit Hilfe einer einigermaßen sozialverträglichen Zeitorganisation die Nutzungszeit der maschinellen Anlagen um etwa 50 vH gegenüber der Normalarbeitszeit erweitern können, ohne dafür zusätzliche Personalkosten in Form von Zu – schlägen oder in Folge abgewanderter, weil unzufriedener Arbeitskräfte auf – wenden zu müssen.

2.2.2 Technisch – organisatorische Zusammenhänge

Sie hätten "gute technische Argumente dafür anführen" können, "daß die kleinen Wunderdinger kontinuierlich, also auch übers Wochenende, gefertigt werden müssen", berichtete 1988 die Presse (vgl. Hawranek 1988). Es ging um ein international operierendes Unternehmen mit Produktionsstätten in der Bundesrepublik, das bei den Behörden die Genehmigung zur Sonntagsarbeit bei der Chip – Fertigung beantragt hatte. Was in der Presse als "gute Gründe" akzeptiert worden ist, bezog sich darauf, daß die verwendeten Chemikalien angeblich so sensibel, die Maschinen so feinfühlig reagieren, daß

Produktionspausen übers Wochenende am Montag fast nur Ausschuß zur Folge hätten. Es dauerte wohl tatsächlich acht bis zehn Stunden, bis auf den kleinen Siliziumplättchen wieder alles stimmte.

Unter den Betrieben, die im Rahmen der vorliegenden Arbeit in näheren Augenschein genommen worden waren, befand sich eine Produktionsstätte, die im Fall einer Betriebsunterbrechung von einigen Stunden anschließend zwei oder drei Tage für das Wiederanfahren der Anlage benötigt hätte (Betrieb Nr. 3). Hatte sie also noch bessere als nur gute Gründe? Jedenfalls wurden und werden die Anlagen des Betriebes seit der Produktionsaufnahme im Jahre 1970 volle 168 h/Woche genutzt, und die gewerblichen Arbeitskräfte arbeiten nach den Regeln des vollkontinuierlichen Schichtbetriebs.

Weiter gab es im Feld einen Betrieb, dessen Geschäftsführung sich um Be - freiung vom Verbot der Sonntagsarbeit bemühte und dabei ökologisch - technische Argumente in den Vordergrund stellte (Betrieb Nr. 5). Dem Antrag wurde nicht entsprochen.

Womit man es bei allen drei genannten Fällen zu tun hat, ist, daß aus technischen Gründen die Produktion "rund um die Uhr" lief oder angestrebt worden ist.

Auf den am Beginn dieses Abschnitts genannten Fall braucht hier nicht weiter eingegangen zu werden. Die folgende Skizze umreißt zunächst die Bedingungen im vollkontinuierlichen Vier - Schicht - Betrieb. Mit dem zweiten - hier wegen des technisch argumentierten Antrags auf Befreiung vom Sonntagsarbeitsverbot interessierenden Fall - hat er nicht viel mehr als den Standort gemein.

Betrieb Nr. 3 produziert, wie schon gesagt, kontinuierlich über alle sieben Tage. Sein Produktionsprogramm umfaßt in erster Linie die Herstellung von Gewebeflächen für den Markt. Werkstoffbasis der Produktion von Gespinsten und verschiedenen anderen Rohstoffen der internen Weiterverarbeitung ist ein bei der Raffinierung von Petroleum zurückbleibendes Material. Dieses Material wird mit Hilfe verschiedener Verfahren zu Gespinsten, Folien u. ä. extrudiert. Es ist die Extrusion von Werkstoffen für die Weiterverarbeitung mittels ad - äquater physikalisch - chemischer Prozesse, die diesem Betrieb an seinem Standort inmitten einer alten Textilregion im Nordwesten der Bundesrepublik seine Sonderstellung gibt. Aufbauend auf stofflichen Umwandlungsprozessen erheischt das Fertigungsverfahren angeblich strikte Kontinuität. Würde der Prozeß unterbrochen, sind umfangreiche Reinigungs - und Rüstarbeiten an den Spritz– und Walzaggregaten unausweichlich. die jeweils zwei bis drei Tage beanspruchen würden.

Es ist dies der einzige Prozeß, der im Untersuchungsfeld aus angeblich technischen Gründen zur Entkoppelung von Betriebs– und Arbeitszeit zwingt. Es ist aber überdies ein Prozeß, an dem sich die Unbestimmtheit des scheinbar zwingenden Begriffs der technischen Notwendigkeit besonders gut illustrieren läßt. Denn die Tatsache, daß der Stillstand des Gesamtverfahrens oder verschiedener Teilprozesse mehrtägige Reinigungs– und Einrüstzeiten nach sich zöge, kann für sich allein ja nicht die Unausweichlichkeit begrün– den, den Prozeß zu kontinuisieren. Produktionszeit stünde selbst dann noch zur Verfügung, wenn sich die tarifliche Wochenarbeitszeit auf die Tage von Montag bis Freitag verteilte; jeweils eine Hälfte stünde dann für Reinigung und Rüstung der Aggregate bzw. für das eigentliche Fertigen von syntheti– schen Garnen, Geweben und Flächen zur Verfügung. Allerdings würde dann der drastische Anstieg der Kosten für Fertigungsvor– und –nacharbeiten über den Marktpreis nicht mehr hereinzuholen sein; der Betrieb müßte schließen, was die ohnehin prekäre Arbeitsmarktlage der Region zu Lasten der Lohnabhängigen noch weiter verschärfen würde. Jedenfalls sind rund 800 Beschäftigte im gewerblichen Bereich des Unternehmens, die dem Vier– Schicht–System (zum Zeitpunkt der Erhebung waren an sechs aufeinander folgenden Arbeitstagen jeweils sechs Arbeitsstunden zu leisten) unterliegen, ohne Beschäftigungsalternative. Das erklärt, warum trotz heftiger Klage aus der Belegschaft über die gesundheitlichen und sozialen Belastungen des vollkontinuierlichen Schichtsystems Verweildauer und damit auch Durch– schnittsalter der Belegschaft vergleichsweise hoch sind.

Betrieb Nr. 5, von dem schon die Rede war, liegt in derselben Region; er ist hier in erster Linie deshalb von Interesse, weil er mit vorgeschobenen technischen Gründen und mit ausdrücklichem Hinweise auf die günstigeren Produktionsbedingungen des Betriebes Nr. 3 Wettbewerbsvorteile auf dem bekanntermaßen hart umkämpften Markt für Baumwollgespinste zu erlangen hoffte und sich dabei eigenwilliger Methoden bediente.

Es ist ein Mittelbetrieb aus dem Vorstufenbereich der Textilindustrie – eine unternehmensrechtliche und nach der Absatzseite hin von einem weiterverar– beitenden Unternehmen der Gewebeherstellung abhängige Baumwollspinnerei. Vor dem regionalen Hintergrund hoher Arbeitslosigkeit, hoher Spezialisierung der Wirtschafts– und damit Berufsstruktur hin auf den Textilsektor versuchte die Geschäftsführung, die Betriebszeit pro Woche auf die vollen 168 Stunden auszudehnen.

Den Antrag auf Sondergenehmigung an die zuständige Gewerbebehörde begründete die Geschäftsführung nachdrücklich mit technischen Aspekten, obwohl an den Anlagen keine Veränderungen vorgenommen worden waren oder
ins Auge gefaßt wurden.

Um technische Gründe ins Feld führen zu können, nahm man bei gewissen
Anforderungen an die Lagerhaltungs- und Verarbeitungstemperatur sowie
-feuchtigkeit Zuflucht. Diese Anforderungen wurden mit der Notwendigkeit
des ressourcen-ökonomischen und des umweltschonenden Technikeinsatzes
argumentativ verknüpft. Aus der Sicht der Antragsteller resultierte daraus der
unausweichliche Zwang, die Betriebszeit um den Sonntag auszuweiten. Der
Begründungszusammenhang war einigermaßen unorthodox, und er ging so:

Zu den speziellen Produktionsbedingungen der Baumwollspinnerei gehöre das
Konstanthalten des Klimas in den Lager- und Verarbeitungsräumen während
aller Tage der Woche. Durch das geltende Gebot der sonntäglichen Arbeits-
ruhe in der Spinnindustrie sei der Energieaufwand zur Klimatisierung der Be-
triebsstätte an Sonn- und Feiertagen deutlich höher als werktags. Das
komme daher, daß der Ausfall der beim Spinnen anfallenden Reibungswärme
der Spinnaggregate, die an Werktagen zur Klimatisierung der Arbeitsstätte
beitrage, während der sonntäglichen Betriebsruhe einen Mehreinsatz an
Energie nach sich ziehe. Das wiederum führe zu einer eigentlich vermeid-
baren Höherbelastung der Atmosphäre mit Kohlendioxyd und Stickoxyden. Die
Erteilung einer Betriebserlaubnis für den Sonntag könne folglich dazu beitragen, die Umweltbelastungen im regionalen Umfeld zu verringern.

Parallel zu diesem von betriebsökonomischen Kalkülen angeregten, aber im
ökologischen Gewande einherkommenden Begründungsversuch der Ausweitung von sozialen Lasten entkoppelter Arbeits- und Betriebszeiten nötigte die
Geschäftsführung dem Betriebsrat unter Androhung ansonsten ökonomisch
unausweichlicher Betriebsschließung die Zustimmung zur beabsichtigen arbeitszeitorganisatorischen Veränderung zu alles in allem betriebliche Belange
begünstigenden Arbeitszeitregeln ab.

Die Betriebsleitung konnte ihr strategisches Ziel, mit Hilfe verlängerter Maschinenlaufzeiten und verstärkter Einbindung der Arbeitskräfte in die technischen Strukturen durch entsprechend ausgelegte Arbeitszeitformen den
Spinnprozeß effektiver und rentabler zu organisieren, nicht erreichen, weil die
verantwortliche Behörde die Zustimmung zur Ausweitung der Betriebszeit
verweigerte. Aber der Vorgang zeigt exemplarisch, daß die von anderer Seite

in Aussicht gestellte Entkoppelung von Betriebs- und Arbeitszeit keineswegs eine Einbahnstraße zugunsten der lohnabhängig Beschäftigten würde, wenn sie denn tatsächlich sich mit der erweiterten Anwendung der Mikroelektronik vermehrt anbieten sollte.

Es ist gewiß nicht zufällig, daß sich die Bemühungen des Managements nach dem gescheiterten Versuch der Ausweitung der Betriebszeit wieder verstärkt auf gesteigerte Kontrolle der Arbeitskräfte durch Inangriffnahme eines Betriebsdatenerfassungssystems gerichtet haben.

2.3 Variable Arbeitszeitmuster

Als variabel bezeichnet man eine Arbeitszeit, bei der die innerhalb bestimmter Zeitintervalle geleisteten Zeitportionen nicht gleichförmig aufgeteilt sind, son- dern rhythmisch oder auch unrhythmisch schwanken (können). Derartige Abweichungen von einer festen und regelmäßigen Durchschnittsarbeitszeit können entweder durch betriebsinterne oder durch exogene Einflüsse ausge- löst werden (vgl. Seifert 1987 b, S. 727 ff.).

In allen untersuchten Betrieben wurden variable Arbeitszeitformen vorgefunden. Zwischen den Branchen, den einzelnen Betrieben und sogar einzelnen Be- triebsabteilungen lassen sich deutliche Unterschiede im Ausmaß, in der Re- gelmäßigkeit und im arbeitszeitstrategischen Einsatz der einzelnen Variabili- sierungsformen beobachten. Eine vorrangige Rolle spielen: Überstundenarbeit mit fakultativem Freizeitausgleich, variable Teilzeitarbeit und variable Urlaubs- gestaltung.

2.3.1 Ökonomisch – organisatorische Zusammenhänge

2.3.1.1 Überstundenarbeit

In den beobachteten Fällen läßt sich die Überstundenarbeit im Prinzip auf zwei Aspekte zurückführen. Zum einen handelt es sich um kurzfristigen, mehr oder minder spontan anfallenden Mehrbedarf an Arbeitsleistungen. Die

Schwankungen sind eher erratisch und können durch Ausfallzeiten in Folge von Krankheit, Reparaturarbeiten an defekten Maschinen, durch das Nachholen reparaturbedingter Stillstandzeiten, kurzfristige Auftragsschwankungen usw. ausgelöst sein. Die Betriebe benötigen für einen begrenzten Zeitraum von einer bestimmten Zahl der Arbeitnehmer eine über die Normalarbeitszeit hinausgehende Arbeitsleistung, um entweder die geplante Kapazitätsauslastung halten oder diese sogar erhöhen zu können. In aller Regel handelt es sich, bezogen auf die Normalarbeitszeit, um einen hauptsächlich einseitig abweichenden Zeitbedarf. Zum anderen kann Überstundenarbeit eine organisatorische Rationalisierungsvariante sein, um einen aus marktstrategischen Gründen vorrangig beidseitig im Hinblick auf die Normalarbeitszeit schwankenden Arbeitsanfall zeit- und damit auch kostenoptimal zu bewältigen. Während die erste Variante der unilateralen Zeitabweichung eine monetäre Vergütung der Überstunden voraussetzt, funktioniert die zweite Variante der bilateralen Zeitabweichung nur, wenn zumindest ein Teil der Überstunden zeitlich kompensiert wird.

Die weiteren Erörterungen gelten vorrangig dieser zweiten Variante, die sich unter Bezugnahme auf das in Kapitel II dargelegte Untersuchungskonzept in zwei Untervarianten unterteilen läßt. Zum einen kann es sich um Produktionskonzepte mit einer eher konsumorientierten Qualitätskonkurrenz und zum anderen um eher standardisierte Güter mit Preiskonkurrenz handeln. Beispiele für den ersten Typ liefern von uns untersuchte Betriebe des Bekleidungsgewerbes, die für einen modischen Markt produzieren, der durch raschen Produktwechsel und hohe Unsicherheit über die Produktgestaltung bzw. die qualitativen Eigenschaften des Produktes gekennzeichnet ist. Stärker zum zweiten Typ tendieren die Betriebe des Textil- sowie des Druckgewerbes.

Ein für die erste Variante marktstrategischer Anforderungen typisches Arbeitszeitmuster liefert folgendes Fallbeispiel: In der Musternäherei eines größeren Bekleidungsherstellers (Betrieb Nr. 9) verursachen termingebundene Marktanforderungen regelmäßig ausgeprägte Schwankungen der Arbeitszeit, die langfristig absehbar und planbar sind und mit folgendem Absatz-Produktions-Verhältnis zusammenhängen. Der Betrieb produziert vorrangig modische Artikel für den Markt der Damenoberbekleidung. Die im mittleren bis unteren Preissegment angesiedelte Produktpalette wechselt zweimal pro Jahr. Zu feststehenden Messeterminen werden die jeweiligen Kollektionen den Einkäufern des Handels präsentiert. Die auf den Messen gebuchten Bestellungen sind eine zentrale Grundlage für die nachfolgend anlaufende Produktion.

Für die Produktion stellt sich das Problem, den jeweiligen Modetrend möglichst genau zu treffen und das Risiko einer an der Nachfrage vorbeigehen-
den Produktpalette möglichst zu vermeiden. Neben dem Preis und der Qualität der Produkte stellt die modische Beschaffenheit einen weiteren zentralen
Wettbewerbsfaktor dar, der zugleich wesentlichen Einfluß auf die zeitliche
Arbeitsorganisation hat. Speziell die Musterarbeiten stehen, wollen sie den
aktuellen Modetrend möglichst genau treffen, stets in einem harten Wettlauf
mit der Zeit. Für die Abwicklung sämtlicher Arbeitsschritte steht insgesamt ein
Zeitraum von etwa drei Monaten zur Verfügung. Die zeitlich-organisatorische
Abfolge der einzelnen Arbeitsschritte sieht dann etwa so aus: Ausgangspunkt
sind die internationalen Stoffmessen, auf denen sich die Produktmanager über
die neuen Stoffkollektionen informieren und Bestellorder treffen. Da die Stoff-
bestellungen gleichzeitig von allen Bekleidungsfirmen abgegeben werden, rollt
eine Auftragswelle auf die Textilproduzenten zu, die zu Wartezeiten und Lie-
ferengpässen führt.

Bereits vor den Stoffmessen haben die Bekleidungshersteller grobe Vorstellungen, wie die Grundlinien der nächsten Kollektionen aussehen sollen. Die
einzelnen Entwürfe stehen aber noch nicht genau fest. Sie reifen allmählich in
einem offenen, nicht nach festen Regeln ablaufenden Prozeß, bei dem ständig neue Informationen von Modejournalisten, Einkäufern, Designern usw.
zusammengeführt und verarbeitet werden. Dieser Prozeß dauert mehr oder
weniger bis zu den Messeterminen. Durch das systematische Zusammentra-
gen von Informationen und deren analytische Verarbeitung wird versucht, das
Sortiment auf den prognostizierten Modetrend abzustimmen und das Risiko
von Fehlproduktionen möglichst auszuschließen. Angesichts der kurzen
Entwicklungszeit und der ständigen Änderungen lassen sich die Messetermine
nur einhalten, weil phasenweise Überstundenarbeit geleistet wird. Überstundenarbeit erfolgt auf freiwilliger Basis. Betriebsleitung und betriebliche Interessenvertretung vereinbaren als Rahmenbedingungen maximal 1,5 Überstunden
pro Tag bzw. 8 pro Woche bzw. zwischen 20 und 30 innerhalb eines Zeit-
raums von etwa drei Monaten. Bei den Beschäftigten besteht Verständnis für
die produktions- bzw. terminbedingten Umstände der Überstundenarbeit. Zu
der weitgehend konfliktfreien Akzeptanz trägt sicherlich bei, daß bei der
Handhabung der Überstundenarbeit in einem gewissen Maße auf private
Zeitbedürfnisse und -anforderungen der Arbeitnehmer Rücksicht genommen
wird. Die Beschäftigten haben die Möglichkeit, ohne Angabe von Gründen,
den Wunsch der Geschäftsführung nach Ableistung von Überstunden abzu-
lehnen. Außerdem besteht die Möglichkeit, Überstunden durch Freizeiten
auszugleichen, dabei Zeitguthaben zu ganzen freien Tagen zusammenzufassen
und auch die Überstundenzuschläge in zeitliche Kompensationen umzuwan-

deln. Beim Abfeiern der Überstunden haben die Beschäftigten freie Wahl, den Zeitpunkt individuell zu bestimmen, sofern bestimmte Karenzzeiten eingehalten werden. Als Karenzzeit gelten produktionsschwache Phasen, die sich in einem Turnus von etwa drei Monaten mit produktionsintensiven Zeiten abwechseln. Der betriebliche Zeitbedarf verläuft in einer oszillierenden Bewegung um die Normalarbeitszeit, wobei die Abweichungen nach oben und nach unten nicht völlig symmetrisch zu sein brauchen. Bei asymmetrischen zeitlichen Schwan - kungen können die Betriebe organisationsstrategisch versuchen, über das Mischungsverhältnis von zeitlicher und monetärer Kompensation (für die zuvor geleistete Überstundenarbeit) den zeitlichen Arbeitskräfteeinsatz möglichst ge - nau mit dem betrieblichen Bedarf abzustimmen.

Eine gewisse Großzügigkeit der Betriebsleitung bei der Inanspruchnahme von freien Tagen sichert ihr die Bereitschaft, Überstunden auf freiwilliger Basis zu leisten. Der Verzicht auf den sicherlich sehr viel mehr Konflikte bescherenden Weg der Überstundenanordnung fällt allerdings nicht schwer. Die Inan - spruchnahme von freien Tagen während der produktionsschwachen Phasen kommt den betrieblichen Arbeitszeitanforderungen entgegen. Personalpolitische Alternativen, den Arbeitseinsatz an den zeitweilig verringerten Bedarf anzu - passen, werden nicht notwendig.

Für die Funktionsfähigkeit dieses variablen Arbeitszeitmodells entscheidend ist der Umstand, daß die Konfliktpotentiale zwischen den Arbeitszeitanforderungen der Betriebe und denjenigen der Beschäftigten gering bleiben. Unter den vornehmlich weiblichen Beschäftigten dominiert das Interesse an Freizeitausgleich. Nach Auskunft von Betriebsrat und Geschäftsleitung hängt dies zum einen mit den in vielen Fällen geringen finanziellen Anreizen der Überstundenarbeit (in Folge der Steuerklasse 5) und zum anderen mit den familiären Aufgabenverpflichtungen zusammen. Zusätzliche freie Tage haben einen hohen Stellenwert in der Präferenzskala vieler Beschäftigter. Welche Rolle der "stumme Zwang" der betrieblichen Anforderungen einerseits und der fehlenden beruflichen Alternativen andererseits spielt, konnte nicht in Erfahrung gebracht werden und dürfte sicherlich – wenn überhaupt – nur im Rahmen von intensiven Fallstudien mit Längsschnittcharakter zu eruieren sein.

Das für den Bereich der Musternäherei geschilderte Arbeitszeitmuster gilt in abgeschwächter Form auch für den Bereich der Serienproduktion. Dort durchläuft die Überstundenwelle etwas abgeflacht die einzelnen Produktions - stufen vom Gradieren über das Lager, in dem die Oberstoffe und Zutaten für die einzelnen Auftragspositionen zusammengestellt werden, weiter über die Näherei bis zur letzten Stufe, dem Versand. Wie stark die Überstundenwelle

ausfällt, hängt in den einzelnen Produktionsabteilungen davon ab, zu welchen Anteilen sich die Produktion auf das Lagergeschäft oder das Ordergeschäft verteilt. Je stärker die Absatzstrategie auf das Lagergeschäft orientiert
ist, desto gleichmäßiger kann in aller Regel die Produktionskapazität
ausgelastet werden.

Unter absatzstrategisch völlig anderen Vorzeichen stehen die Variabilisie-
rungsanforderungen in zwei Textilbetrieben (Betriebe Nr. 1 und Nr. 2), deren
rationelle Bewältigung ihn betrieblichen Teilbereichen ebenfalls phasenweise
enormen Überstundenbedarf (einschließlich Samstagsarbeit) auslöst. Hintergrund hierfür sind just – in – time – ähnliche Lieferbeziehungen. In beiden Betrieben geht ein nicht unerheblicher Teil der Produktion an Großabnehmer im
Einzelhandel. Nach dem in Kapitel II dargestellten Klassifikationsschema von
Produktionskonzepten ist die Produktion dem Typ der standardisierten
Produkte mit Preiskonkurrenz zuzuordnen. Einige Kunden bestellen die Ware
zentral für sämtliche Filialbetriebe. Dem Produzenten wird dabei vorgegeben,
den gesamten, aus vielen unterschiedlichen Einzelteilen bestehenden Auftrag
(z. B. Handtücher) sortiert nach unterschiedlichen Stückzahlen, Farben, Größen usw. zu einem festen Termin gleichzeitig an sämtliche Einzelfilialen aus-
zuliefern.

Bei diesen Termingeschäften, die in einem der beiden Betriebe etwa ein
Drittel der Produktion ausmachen, kann die Produktion bis zu 6 Monate
dauern. Während dieser Zeit liegt die Lagerhaltung sämtlicher zwischenzeitlich
nach und nach erstellter Einzelteile beim Produzenten. Erst wenn das
Gesamtsortiment fertiggestellt ist, können die Produkte sortiert und verpackt
werden. Durch diesen stoßweisen, in relativ kurzer Zeit zu bewältigenden
Arbeitsanfall kommt es bei Terminaufträgen im Bereich der Lagerhaltung und
des Versands zu einem stark schwankenden Arbeitsanfall. Ein Teil der Überstunden wird anschließend in weniger arbeitsintensiven Phasen in Freizeit
abgegolten. Die Beschäftigten haben die Möglichkeit, den Zeitpunkt der zusätzlichen Freizeiten zu wählen, sofern keine betrieblichen Zeitanforderungen
entgegenstehen.

2.3.1.2 Variable Teilzeitarbeit

Eine arbeitszeitstrategische Alternative zu dem zuvor geschilderten Konzept
der Überstundenarbeit bietet die variable Teilzeitarbeit. Beide Modelle finden

parallel im gleichen Betrieb (Betrieb Nr. 9) und sogar im gleichen Bereich der Musternäherei Anwendung. Die Arbeitszeit ist wie folgt geregelt. Die Teilzeit-beschäftigten arbeiten im Wechselrhythmus jeweils drei Monate 8 Stunden pro Tag und anschließend 4 Stunden pro Tag. Der Arbeitszeitrhythmus entspricht den betrieblichen Produktionsrhythmen. Ein ähnliches, allerdings nicht ganz so schematisches Arbeitszeitmodell praktiziert auch ein zweiter im Marktsegment der Damenoberbekleidung produzierender Betrieb (Betrieb Nr. 8). Die Hälfte der Musternäherinnen leistet Teilzeitarbeit, wobei die vereinbarten Stundenkontingente auf unterschiedlichem Niveau liegen. Entscheidend ist, daß sich die geleistete Arbeitszeit innerhalb eines halben Jahres zu dem verein-barten Durchschnittswert ausgleicht. Die Arbeitszeitschwankungen sind zwar regelmäßig, und die jeweiligen Zeitpunkte, wann wieviele Stunden pro Tag abzuleisten sind, stehen in etwa fest. Der Zeitrhythmus wird aber allein vom Produktionsrhythmus diktiert.

Aus betrieblicher Sicht liegen die Vorteile dieser Arbeitszeitvariante gegenüber dem Überstundenmodell auf der Hand. Überstundenzuschläge entfallen, so-lange die wöchentliche Arbeitszeit nicht über 40 Stunden hinausgeht. Die Spannweite der zeitlichen Flexibilisierung ist größer als im Überstundenmodell. Bei einer vereinbarten Teilzeitarbeit von z. B. 20 Stunden in der Woche kann die tatsächlich geleistete Arbeitszeit zeitweilig 40 Stunden oder mehr pro Woche betragen. Die durchschnittliche Produktivität der Teilzeitbeschäftigten ist höher, da es sich um hochgradig arbeitsteilige Tätigkeiten mit abnehmender Grenzproduktivität handelt. Rüstzeiten im Nähbereich spielen so gut wie keine Rolle. Dem stehen allerdings einige zusätzliche Kosten für den vergleichs-weise größeren Arbeitskräfteeinsatz (Gemeinkosten, Anlern- und Einarbei-tungskosten, Kosten für zusätzliche Produktionsmittel usw.) gegenüber. In welchem Verhältnis Betriebe ihren Variabilisierungsbedarf im Rahmen von va-riabler Überstundenarbeit oder variabler Teilzeitarbeit abdecken, ist relativ offen. Hier besteht offensichtlich Spielraum, da die Investitionen für die Ein-richtung eines Arbeitsplatzes vergleichsweise niedrig sind. Eine Rolle dürfte die Verfügbarkeit von Arbeitskräften spielen, die neben den für die berufliche Tätigkeit üblichen Qualifikationen vor allem die Bereitschaft aufbringen, die beschriebenen variablen Arbeitszeitmuster zu akzeptieren.

2.3.1.3 Urlaubsgestaltung

In der Diskussion über variable Arbeitszeitmuster nimmt die Urlaubsgestaltung eher ein Randrolle ein. Dabei ist sie in Produktionsbereichen, in denen regelmäßige und vorhersehbare Schwankungen im Arbeitsbedarf auftreten und termingebundene Lieferzeiten den Arbeitsrhythmus bestimmen, eine organisatorische Stellgröße, die für eine ökonomisch – rationelle Personaleinsatzplanung in bezug auf ihr Variabilisierungspotential häufig unterschätzt wird. Bei einer urlaubsbereinigten tariflichen Arbeitszeit von jährlich etwa 220 Arbeitstagen bietet ein Tarifurlaub von durchschnittlich fast 30 Tagen ein erhebliches Potential, das Arbeitsvolumen variabel im Laufe einer bestimmten Zeitperiode (z.B. ein Jahr) zu verteilen und Nachfragebesonderheiten zu berücksichtigen.

Urlaubsplanungen gehören zur alltäglichen Koordinierung des Personaleinsatzes. Es gilt, die Urlaubswünsche der Beschäftigten mit den Produktionsplanungen· abzustimmen. Der Regelungsmodus kann sehr unterschiedlich im Hinblick auf den Autonomiegrad der Arbeitnehmer sein. Verbreitet sind Urlaubslisten, Werksurlaube oder Urlaubsplanungen mit zeitlichen Sperrzeiten und genauer Urlaubsfestlegung der einzelnen Beschäftigten und Sperrzeiten während produktionsstarker Phasen. Eine Übereinstimmung der Urlaubswünsche der Beschäftigten mit den betrieblichen Produktionsanforderungen ist am ehesten dort zu erwarten, wo die produktionsschwachen Phasen mit Haupturlaubszeiten zusammenfallen, oder wo terminliche Vorgaben locker sind und organisatorischen Spielraum lassen, oder wo über eine Produktion auf Lager zeitliche Puffer eingerichtet werden können. Welcher Modus der Urlaubsgestaltung gefunden wird und wie groß die dispositiven Möglichkeiten für die Arbeitnehmer sind, hängt von der Marktorientierung ab, aber auch von innerbetrieblichen Organisationsstrukturen.

Wie unsere Erhebungen zeigen, ließen sich in Betrieben des Druckerei – und des Textilgewerbes mehr oder minder die betrieblichen Anforderungen und die individuellen Wünsche an die Urlaubsgestaltung auf einen Nenner bringen. Die produktionsschwachen Phasen fallen in die bevorzugten Urlaubszeiten. Entweder werden Urlaubslisten erstellt, oder es wird ein Teil des Urlaubs im Rahmen von Betriebsurlaub während der Schulferienzeit abgewickelt. Anders sieht es dagegen in Teilen des Bekleidungsgewerbes aus. Die Urlaubsgestaltung hängt stark von marktstrategischen Bedingungen ab, die sich nach zwei Typen unterscheiden lassen. Der Absatz der Waren kann zum einen eher über das Ordergeschäft und zum anderen eher über Produktion auf Lager erfolgen. Der erste Fall entspricht dem Typ der konsumorientierten

Produktion mit Qualitätskonkurrenz, während der zweite Fall dem Typ der standardisierten Produkte mit Preiskonkurrenz nahe kommt. Je nachdem, welche Strategie überwiegt, ergeben sich unterschiedliche Konsequenzen für die Urlaubsgestaltung, wie die folgenden Beispiele veranschaulichen.

Beispiel: Betriebstyp mit überwiegendem Ordergeschäft

Dem Betriebstyp mit überwiegendem Ordergeschäft lassen sich vor allem jene Betriebe zuordnen, die modische Artikel vertreiben, die von Saison zu Saison (zweimal jährlich) als von Grund auf neue Kollektion entworfen, auf dem Markt vorgestellt und auf Grundlage der Bestellungen produziert und ausgeliefert werden. Zu feststehenden Messeterminen werden Musterkollektionen offeriert. Auf Basis der dort durch den Handel getätigten Bestellungen wird ein großer Teil der Saisonproduktion hochgerechnet und im vorhinein festgelegt.

Vor allem im Bereich der Mustererstellung kann dieses Orderverfahren zu Abstimmungsproblemen beim Sommerurlaub führen, der bei den Beschäftigten mit schulpflichtigen Kindern nicht beliebig plazierbar ist. Der Hintergrund ist folgender: Im Bereich der Damenoberbekleidung startet die Runde der Präsentationsveranstaltungen ab Ende August. In den Wochen vor diesen Terminen fällt außerordentlich hoher Arbeitsbedarf bei der Mustererstellung an (Zuschnitte, Näherei, Bügelei). Auch wenn die Grundlinien, Farben und Stoffarten der Kollektion weitgehend festliegen, herrscht – wie oben bereits ausgeführt – bis zur buchstäblich letzten Sekunde immer noch Unsicherheit über das "Feintuning". Dadurch entsteht in der Musternäherei ein enormer Zeitdruck. Für die Urlaubsgestaltung kann dies, wie das Beispiel aus einem keineswegs untypischen Betrieb (Betrieb Nr. 9) zeigt, folgende Konsequenzen haben.

Die Musterei des Damenoberbekleidung herstellenden Betriebes gliedert sich in zwei Abteilungen, für die unterschiedliche Urlaubsregelungen gelten, die jährlich neu im Rahmen einer Betriebsvereinbarung ausgehandelt werden. Im Bereich der Kleiderherstellung fiel der Sommerurlaub im Jahr 1988 für die im Zuschnitt Beschäftigten auf die Zeit von etwa Mitte Mai bis in die erste Hälfte Juni, die in der Bügelei und in der Näherei Beschäftigten folgten mit einer Verzögerung von knapp zwei Wochen. Entscheidend ist der Umstand, daß für beide Gruppen der Sommerurlaub zu Ende geht, lange bevor in dem Bundesland NRW, in dem der Betrieb ansässig ist, die Schulferien starteten (vom 7.7. bis zum 20.8.). Für Arbeitnehmer mit schulpflichtigen Kindern besteht die Möglichkeit, jedes 2. Jahr bezahlten Urlaub in den Schulferien zu erhalten oder sich dem Betriebsurlaub außerhalb der Schulferienzeit anzuschließen und zusätzlich noch zwei Wochen unbezahlten Urlaub in den Schulferien zu bekommen.

Der zweite Bereich der Musterei, in dem Röcke und Blusen hergestellt werden, funktioniert nach einem anderen Regelungsprinzip. Grundsätzlich gilt für den Sommerurlaub eine individuelle Urlaubsplanung, wobei eine Mindeststärke der Belegschaft gesichert sein muß. Für die beiden Monate Juni und Juli galten keine Sperrzeiten für die Urlaubsgestaltung. Die in diesem Bereich Beschäftigten hatten also die Möglichkeit, immerhin die Hälfte der Schulferien als Urlaubszeit zu nutzen.

In beiden Bereichen ist der Raum für individuelle Urlaubsgestaltungen beträchtlich eingeschränkt, wobei deutliche Abstufungen in den Dispositionsmöglichkeiten bestehen. Diese unterschiedlichen Regelungen werden auf folgende organisatorischen bzw. qualifikatorischen Umstände zurückgeführt. In der Musternäherei Kleid arbeiten angelernte Näherinnen, die keine breite Qualifizierung besitzen. Deshalb ist hier der Arbeitsablauf sehr viel arbeitsteiliger organisiert als in der Musternäherei Rock/Bluse, in der ausschließlich qualifizierte Näherinnen tätig sind, die jeweils komplette Teile fertigen. Aufgrund des hier ganzheitlich organisierten Aufgabenzuschnitts fällt die Urlaubsplanung einfacher. Es ist ziemlich beliebig, welche Näherinnen zu welchem Zeitpunkt in Urlaub gehen, da die Substitutionsmöglichkeiten zwischen den Arbeitskräften weitaus größer sind als bei jenen Näherinnen, die jeweils nur auf das Anfertigen bestimmter Einzelteile spezialisiert sind.

Beispiel: Betriebstyp mit überwiegender Lagerproduktion

Im Betriebstyp mit überwiegender Lagerproduktion herrschen andere Bedingungen für die Inanspruchnahme des Jahresurlaubs. So treten in einem anderen, vorrangig auf Lagerverkauf produzierenden Betrieb (Betrieb Nr. 7), der Herrenoberhemden herstellt, Abstimmungsprobleme bei der Urlaubsterminierung nur in abgeschwächter Form auf. Für den gesamten technischen Betrieb wird ein vierwöchiger Betriebsurlaub während der Schulferienzeit durchgeführt. Ausschlaggebend für diese familienfreundlichere Feriengestaltung ist die im Vergleich zu dem zuvor geschilderten Betrieb grundsätzlich unterschiedlich orientierte Marketingstrategie. Sie besteht darin, möglichst kurzfristig während der gesamten Saison eingehende Nachfrageanforderungen von vorrangig größeren Abnehmern zu bedienen. Hier ist der modische Aktualitätsgrad nicht ausschlaggebend. Aufgrund dieser absatzstrategischen Konstellation ist es nicht nur möglich, sondern sogar erforderlich, relativ große Produktmengen ständig auf Lager zu halten. Die größere Unabhängigkeit von festen Präsentations- und Bestellterminen ermöglicht eine relativ kontinuierlich über das Jahr verteilte Produktion. Wegen der geringeren saisonalen Schwankungen im Arbeitsanfall können sich die Urlaubsansprüche der Beschäftigten leichter durchsetzen.

2.3.2 Technisch-organisatorische Zusammenhänge

Auf die häufigsten technisch bedingten Ursachen für eine Variabilisierung der Arbeitszeit wurde bereits oben hingewiesen: Reparaturarbeiten an defekten Maschinen und das Nachholen reparaturbedingter Stillstandzeiten.

Gegenüber diesen unregelmäßig, nicht in großem Umfang anfallenden Überstunden im Gefolge maschinenbedingter Ausfallzeiten, die für die Dauer des Maschinenstillstandes bisweilen auch mit einer Unterauslastung der Maschinenbediener (Verkürzung der Stundenzahl an den defekten Aggregaten) verbunden sein kann, fallen die Schwankungen im Kontext größerer technischer Umstellungen der Produktionsmittelbasis hinsichtlich der Länge der Variabilisierungsphase wie auch in bezug auf die Anzahl der von ihr Betroffenen viel stärker ins Gewicht.

2.3.2.1 Überstundenarbeit

Auf empirisch-betrieblicher Ebene wurden im Zuge dieser Untersuchung Überstunden als die dominante Folge von technischen Änderungen herausgearbeitet. Dabei konnten Unterschiede in der Verwendungsform von Mehrarbeit festgestellt werden: Überstunden für die Anpassung bzw. die Qualifizierung in bezug auf den absehbaren neuen tochnisch-organisatorischen Zustand und Mehrarbeit aufgrund der Beteiligung bei der Einführung, Implementation und schrittweisen Verbesserung einer technischen Neuerung.

Im Untersuchungsfeld wurde kurz vor Beginn dieser Studie in einem Druckbetrieb der Sportpresse (Betrieb Nr. 13) der Satz- und Reproduktionsbereich auf EDV-Basis umgestellt; in einem Druckbetrieb der Zeitschriftenpresse

(Betrieb Nr. 10) wurde eine neue Rotationsmaschine einschließlich ihrer Peri- pherik installiert.

Im erstgenannten Fall wurden die von der technischen Umstellung im Vor- stufenbereich Betroffenen mit "weichen" Qualifizierungsmaßnahmen auf die veränderten Bedingungen vorbereitet. Die Maßnahmen waren zwar innerhalb der üblichen Arbeitszeiten angesetzt, sie gingen aber aufgrund des Beschäf- tigteninteresses doch oft über den normalen Zeitrahmen hinaus. Daß es zu einer allmählichen Heranführung der Arbeitskräfte an die neuen Produktions- mittel und zu einer Beteiligung der Beschäftigten an der Planung der tech- nisch-organisatorischen Umgestaltung gekommen ist, hat – wie auf be- trieblicher Ebene von Beteiligten zu erfahren war – vor allem mit der grundsätzlichen offensiven Haltung des Betriebsrates gegenüber möglichen Tendenzen zur Dequalifizierung im Zuge von technischen Neuerungen zu tun.

Umfangreiche Erweiterungsinvestitionen im zweitgenannten Druckbetrieb (Betrieb Nr. 10) – es ging dort um die Installation von 6 PrintRoll-Doppel- aufrollstationen für die Entsorgung je einer Tiefdruckrotation mit sechs Aus- lagen, einer Direktschneidelinie mit Hochleistungsrotationsschneider und PrintRoll-Doppelabrollstationen für sechs verschiedene Druckbogen und je einer einrolligen PrintRoll-Abrollstation für den Umschlag sowie einer ange- schlossenen Einsteckmaschine mit angebautem Kreuzleger – führten für die Dauer eines Jahres im Gefolge intensiver Beteiligung betrieblicher Experten zu erheblicher Mehrarbeit.

2.3.2.2 Nachtarbeit

Eine andere Form technisch möglicher Variabilisierung, nämlich der störfallbedingte Zugriff auf Bereitschaftspersonal, wurde in einem Betrieb der Frottée-Herstellung (Betrieb Nr. 1) von der Geschäftsführung ins Auge ge- faßt. Um die Nachtarbeit einzuschränken bzw. um in den Nachtstunden die Anlagen ohne Bedienungspersonal vor Ort nutzen zu können, wurde die In- stallation von Meßfühlern an den Stühlen in Aussicht genommen. Die Signalabgabeanlage sollte in der Pförtnerloge installiert werden. Für den Fall eines Maschinenstillstands oder anderer Störungen hätte der Pförtner für den Bereitschaftsdienst eingeteiltes Personal in dessen Wohnung telefonisch be- nachrichtigen können. Der Vorteil für die Arbeitgeberseite hätte darin bestan- den, die Lohnkosten für fast alle bislang in der Nachtschicht tätigen Männer einzusparen. Diesen Einsparungen hätten zum einen die notwendigen Investitionen für die Meß- und Signalanlage einschließlich der Übertra-gungswege in die Pförtnerloge oder gar in die Wohnung eines ständigen Bereitschaftsdienstes und zum anderen die wohl unvermeidbar höheren Pro-duktionsausfälle durch Stuhlstillstände gegenüber gestanden.

Daß dieses Konzept schließlich nicht realisiert werden konnte, hat nicht etwa damit zu tun, daß die Geschäftsführung von der Absicht zurückgetreten wäre. Es scheiterte ganz schlicht am Widerstand des Betriebsrates, der sich formal darauf zurückzog, daß dem Pförtner ein untragbar hohes Maß an Verantwortung und Belastung aufgebürdet würde. Tatsächlich ging es jedoch darum, den in ständiger Nachtschicht beschäftigten Männern die von ihnen bevorzugte Arbeitszeitlage einschließlich der Nachtzuschläge zu erhalten.

2.3.2.3 Wochenendarbeit

Zu einer vergleichbaren Situation kam es in einem Betrieb des Zeitungsdrucks (Betrieb Nr. 12). Dort wurde durch Einführung eines rechnergestützten Satz-systems, durch Vorverlegung des Annahmeschlusses von Anzeigen und durch Minderung der Produktqualität (Streichung des Korrekturlesens) regelmäßige Sonntagsarbeit im Annoncensatz verzichtbar. Allerdings ist im Falle eines er-heblichen Anschwellens des Anzeigenvolumens Sonntagsarbeit nach wie vor notwendig.

Die drastische Reduzierung der sonntäglichen Arbeit im hier in Rede ste-henden Bereich bringt der Kapitalseite erhebliche Einsparungen bei den Per-sonalkosten, den betroffenen Arbeitskräften hingegen Lohneinbußen durch Wegfall des Antrittsgeldes und der Sonntagszuschläge. Letzteres veranlaßte den Betriebsrat auf Anregung aus der Belegschaft, den Einkommensverlust infolge eingeschränkten und unregelmäßigen Einsatzes an Sonntagen zumin-dest teilweise dadurch abzuwenden, daß er die Geschäftsführung zur Beibe-haltung einer auf vier Stunden verkürzten Sonntagsschicht im Anzeigenbereich bewegte. Nach Auskunft der Betriebsräte drängt die Geschäftsführung seit einiger Zeit darauf, den ständigen sonntäglichen Vier-Stunden-Betrieb im Anzeigensatz zugunsten einer streng am schwankenden Anzeigenaufkommen ausgerichteten Variabilisierung des Arbeitskräfteeinsatzes aufzugeben.

2.3.2.4 Betriebsurlaub

Als eine Sonderform teilweise technisch – organisatorisch begründeter
Variabilisierung läßt sich der von Jahr zu Jahr mit den Sommerferien der
nordrhein – westfälischen Schulen sich verschiebende Betriebsurlaub begreifen,
wie er in einem ausschließlich chemische Gespinste und Flächen
herstellenden und weiterverarbeitenden Textilunternehmen (Betrieb Nr. 3) zu
beobachten war. Der Betriebsurlaub stellt insofern einen Spezialfall variabler
Arbeitszeitgestaltung aus technisch – organisatorischen Gründen dar, als bei
gegebener Belegschaftsstärke die vom Produktionsprozeß geforderte Summe
an Arbeitsleistungen auf nur 47 Wochen verteilt ist und die Produktion jährlich
im von der Dauer der Schulferien begrenzten Intervall für vier Wochen
unterbrochen wird (die noch verbleibenden Urlaubsansprüche werden durch
eine Produktionsunterbrechung zwischen Weihnachten und Neujahr abge –
golten). Diese Unterbrechung der Produktion hat – zumindest vordergründig
– technisch – organisatorische, aber auch ökonomische Gründe. Was den
technischen Aspekt angeht, wurde bereits gesagt, daß die Produkteigen –
schaften und Prozeßmerkmale eine Kontinuisierung des Herstellungsverfahrens
erfordern und bei einem Stillstand mehrtägige Säuberungs – und Rüstzeiten
anfallen würden. Doch wie in den meisten in der Literatur behandelten Fällen
von vermeintlich "technischen Zwängen" für eine voll kontinuierliche Produktion
sind die technischen Gesichtspunkte der Zwanglaufproduktion, die beliebige
Fertigungspausen nicht gerade nahelegen, von Kostenkalkülen überlagert.
Würden die Urlaubsansprüche übers gesamte Jahr verteilt abgegolten, müßte
das Unternehmen, wollte es die Produktion aufrechterhalten, den
Personalbestand nicht unerheblich aufstocken, um eine gegenseitige Ur –
laubsvertretung zu gewährleisten. Das Vorhalten einer Personalreserve ent –
spricht aber ganz und gar nicht der unternehmerischen Strategie einer mög –
lichst kostenoptimalen Arbeitskräftenutzung.

Damit ist die wirtschaftliche Seite, die einen (begrenzt) variablen Betriebsur –
laub ökonomisch rationaler als die übers Jahr verteilte Gewährleistung der
Urlaubsansprüche erscheinen läßt, angesprochen: Arbeits(zeit)organisatorisch
zielt das Unternehmen ab auf Personalkostenersparnis durch Beschränkung
auf das für den reibungslosen Prozeßablauf unabdingbare Minimum an
Arbeitskräften und gleichzeitig auf Skalenerträge durch deren hochgradig
spezialisierten Einsatz. Die im Verhältnis zu den produktionstechnischen
Erfordernissen äußerst knapp bemessene Menge der Arbeitskräfte und ihre
Verteilung auf eng begrenzte Tätigkeitsfelder vertragen sich schwerlich mit

einem Urlaubssystem, das individuelle Präferenzen hinsichtlich der Lage des Erholungsurlaubs bei Aufrechterhaltung der Produktion zuläßt, was gegensei - tige Vertretungsfähigkeit der Beschäftigten in quantitativer und qualitativer Hinsicht voraussetzt. So gesehen geht es im hier diskutierten betrieblichen Fallbeispiel für technisch - organisatorisch verursachte variable Urlaubsgestal - tung in Form eines innerhalb bestimmter Grenzen variierenden Betriebsurlaubs also nicht allein um Unvermeidlichkeiten der installierten Technik, sondern überdies um vorgängige wirtschaftliche, technische und soziale Entscheidungen der beteiligten Akteure über die Gestalt des Arbeits - und Produktionsprozesses. Die unternehmerische Strategie, den individuellen Urlaubsansprüchen der Arbeitskräfte nur in Form eines kollektiv verbindlichen Urlaubszeitgebotes unter der Randbedingung beweglicher Schul - Sommerferien zu genügen und abweichenden Bedürfnissen die Realisierung zu verweigern, ergibt sich allerdings nicht nur aus dem angerissenen personalwirtschaftlichen Konzept der Mengenminimierung und Spezialisierung. Daß die Strategie der zeitlichen Vereinheitlichung der Inanspruchnahme des Tarifurlaubs gegen die teilweise ganz anders aussehenden Vorstellungen der Beschäftigten überhaupt durchgesetzt werden kann, hat auch mit der relativ schwachen Ver - handlungsmacht der betrieblichen Vertretung von Beschäftigteninteressen gegenüber der Kapitalseite infolge hoher Arbeitslosigkeit und fehlender Beschäftigungsalternativen auf dem regionalen Arbeitsmarkt für Textilberufe wie auch für andere Berufe zu tun.

2.3.2.5 Teilzeitarbeit

Gegenüber einseitig technisch - organisatorisch argumentierenden Deutungs - versuchen variabler Arbeitszeitmuster ist, wie das zuletzt skizzierte und diskutierte Fallbeispiel der angeblich produkt - /prozeßbestimmten Zwangsläu - figkeit variabler Urlaubsgestaltung verdeutlicht, Distanz geboten. Das gilt auch für entsprechende Erklärungen der variablen Teilzeitarbeit, die neben Über - stundenarbeit und Urlaubsgestaltung zu den zentralen Stellgrößen der Arbeitszeitvariabilisierung gehört. Was vordergründig als technisch induzierte variable Teilzeitarbeit erscheint, z.B. als rhythmische oder unrhythmische Schwankung des Stundenvolumens im Umfeld produkttechnischer Variationen, erweist sich bei näherem Hinsehen als wirtschaftlich kalkulierte Strategie der Personalanpassung in bezug auf wechselnde Auslastungsgrade des Produktionsapparates. Das läßt sich am Beispiel einer Zeitungsdruckerei (Betrieb Nr. 13) veranschaulichen, die die periodisch oder aperiodisch auftretenden Lastgradunterschiede der Kapazitätsnutzung unter anderem mittels variabler Teilzeitarbeit abfängt. Arbeitsvertraglich wird eine Mindestbeschäftigungszeit von 83 Stunden/Monat garantiert. Deren Verteilung auf den Bezugszeitraum wird scheinbar von technischen Engpässen etwa bei der Entsorgung der Rollenoffsetdruckmaschine bei periodischer oder auch nicht geplanter Spitzenauslastung bestimmt. Im Bedarfsfall wird eine über die garantierte Mindeststundensumme hinausgehende Leistungserbringung erwartet, wobei die Mehrarbeit, sofern es individuell gewünscht wird und betriebliche Belange nicht entgegenstehen, in der folgenden Periode durch Freizeitausgleich kompensiert werden kann. Freilich folgt diese Variabilisierung der Teilzeitarbeit keineswegs unumgänglichen technischen Sachzwängen. Es gibt sie zwar, diese technischen Engpässe, aber auch im hier herangezoge- nen Beispiel sind sie wiederum das Resultat vorgängiger Entscheidungen über die ökonomisch und sozial zweckmäßige technisch-organisatorische Struktur und Dimension des betrieblichen Produktionsprozesses und seiner Teile. Würde die Kapazität eines jeden für die Zeitungsproduktion notwendigen Betriebsmittels auf die technische Maximalkapazität des leistungsfähigsten Aggregates (im vorliegenden Fall ist es die Druckmaschine) hin ausgelegt, bedeutet eine nur teilweise Nutzung oder ein Stillstand von Maschinen Zins- verlust. Um dieses Risiko gering zu halten, werden vielfach Mechanisierungs- lücken in Kauf genommen, die zwar die wirtschaftliche Ausbringung einer bestimmten Zeitungsmenge pro Zeiteinheit ermöglichen, bei steigender Auflage oder größerem Umfang aber der Auffüllung durch Teilzeitarbeit bedürfen. Was bei flüchtigem Hinsehen als eine von technischen Kapazitätsengpässen in der Zeitungsdruckerei abhängige Variation der Teilzeitarbeit in der Weiterverar- beitung daherkommt, entpuppt sich bei verschärftem Blick als Bemühen, die Brachzeiten zugunsten der Nutzungszeiten gering zu halten, also die wirt- schaftlichen Kapazitäten anzupassen.

2.4 Zusammenfassende Bewertung

Grob schematisierend lassen sich die hier diskutierten Formen flexibler Arbeitszeitgestaltung mit jeweils unterschiedlichen Einflußgrößen in Verbindung bringen. Unter *ökonomischem Blickwinkel* ist bei allen Varianten einer Entkoppelung von Arbeits- und Betriebszeiten die Höhe der Kapitalintensität die dominante Einflußgröße. Dagegen sind bei variablen Arbeitszeitmustern eher marktstrategische Aspekte ausschlaggebend.

Zunächst läßt sich für die drei näher untersuchten Wirtschaftszweige korrelationsanalytisch ein positiver Zusammenhang zwischen der Dauer der Betriebsnutzungszeiten und der Höhe der Kapitalintensität nachweisen. Dieser Befund wird durch die betrieblichen Einzelfallstudien untermauert. Sie zeigen, daß die Dauer der Betriebsnutzungszeit innerhalb eines Betriebes zwischen einzelnen Produktionsabteilungen sehr differenziert gestaffelt sein kann, wobei die einzelnen Stufen eng mit der jeweiligen Kapitalausstattung der Arbeitsplätze korrespondieren. Allerdings ist der Einfluß der Kapitalintensität nicht ungebrochen. Andere Faktoren wie die jeweilige Absatzlage oder die relative Verhandlungsposition einzelner Arbeitnehmergruppen können modifizierenden Einfluß haben.

Bei den variablen Arbeitszeitformen, der Überstundenarbeit, der Teilzeitarbeit und der Urlaubsgestaltung, lassen sich zwischen den Branchen, zwischen einzelnen Betrieben und sogar zwischen einzelnen Betriebsteilen deutliche Unterschiede sowohl im Ausmaß als auch im Einsatzmuster erkennen. Generell ist festzuhalten, daß variable Arbeitszeitmuster in erster Linie auf marktstrategische Aspekte zurückzuführen und weniger oder gar nicht mit der Kapitalausstattung der Arbeitsplätze in Verbindung zu bringen sind. Wie die Beispiele aus dem Bekleidungsgewerbe zeigen, unterliegt eine Produktionsorientierung auf Märkte mit eher konsumorientierter Qualitätskonkurrenz in sehr viel stärkerem Maße einer schwankenden Nachfrage, als dies bei standardisierten Gütern mit Preiskonkurrenz der Fall ist. Dieses Bild kann sich aber ändern, wie Beispiele aus dem Textilbereich belegen, wenn die Absatzorientierung durch die Nachfragemacht einflußreicher Großabnehmer unter just-in-time-ähnliche Bedingungen gerät. Angesichts derartiger Beziehungen zwischen Produzenten und Abnehmern kann sich ein zeitlich eher geglätteter Produktionsablauf in einen schwankenden Rhythmus verwandeln.

Erweitert man die ökonomische Betrachtung und fragt nach *prozeßabhängigen Einflüssen*, die Strategien der Entkoppelung von Arbeitszeit- und Betriebszeit oder der Variabilisierung von Arbeitszeit nahelegen oder auch erschweren, dann zeigt sich, daß im empirischen Untersuchungsfeld dieser Studie "harte" technische Gründe für die jeweils betrieblich vorgefundene Arbeitszeitorganisation nur ausnahmsweise eine entscheidende Rolle spielen.

Von quasi-technischen Zwängen einer Entkoppelung kann nur in einem einzigen Fall, bei dem es um die Herstellung von Gespinsten, Geweben und Folien aus Abfallprodukten der Petroleumraffinierung geht, gesprochen werden. Der betriebliche Produktionsprozeß erfolgt dort aufgrund der physikalisch-

chemischen Eigenschaften der Vorprodukte und ihres Verhaltens bei der Extrusion im kontinuierlichen Schichtbetrieb an allen sieben Tagen der Woche.
Der technische Gesichtspunkt wird freilich vom ökonomischen Aspekt insoweit
überlagert, als jede Unterbrechung des Extrusionsprozesses mit einem mehr-
tägigen Reinigungs- und Einrichtungsaufwand an den Extrudern mit entsprechenden Kosten verbunden wäre und deshalb vermieden wird.

In keinem weiteren Betriebsfall des Untersuchungsspektrums lassen sich für
die verschiedenen Entkoppelungsformen "zwingende" technische Gründe geltend machen. Wenn dennoch z.B. in einem vollstufigen Textilbetrieb das
Nebeneinander von einem Zwei-Schicht-System in der Spinnerei und einem
Drei-Schicht-System in der Weberei mit dem Zurückbleiben der Webtechnik
hinter den Fortschritten der Spinntechnik begründet, der Unterschied also auf
"technische Engpässe" bei ersterer zurückgeführt wird, dann ist das irrefüh-
rend. Denn solche "Engpässe" könnten durch eine prozeßbezogene
Strukturierung und Dimensionierung der aufeinander bezogenen Teilprozesse
"erweitert" werden. Kann man etwa an einer Spinnstraße mit 1.600 Spindeln
im Zwei-Schicht-System den Tagesbedarf an Garn für – sagen wir: 300
Webstühle, die im Drei-Schicht-System genutzt werden, herstellen, so be-
dürfte es ja nur einer Vermehrung der Webmaschinen und der
Textilmaschinenführer/Weberei, um in der Gewebefertigung ebenfalls zweischichtig produzieren zu können. Daß die Textilindustrie in erheblichem
Umfang auf Schicht-, Nacht- und Samstagsarbeit beruht und der unternehmerische Druck in Richtung auf Ausweitung der Maschinenlaufzeiten auf
168 Stunden/Woche zunimmt, hat so gut wie gar nichts mit technischen,
aber sehr viel mit betriebswirtschaftlichen Kalkülen und sozioökonomischen
Rahmenbedingungen der Textilproduktion zu tun. Technisch weitgehend ausgereift und scharfem internationalen Wettbewerb ausgesetzt, liegt für sie in
der weitergehenden Entkoppelung von Arbeits- und Betriebszeit sowie in der
Ausweitung der Kontrolle der arbeits- und produktionsrelevanten Geschehnisabläufe etwa durch Einsatz von Betriebsdatenerfassungssystemen noch eine
gewisse Produktivitätsreserve.

Ist ein solches Betriebsdatenerfassungssystem erst einmal installiert, kann es
zur räumlichen Entkoppelung oder wenigstens zur Auflockerung der Mikro-
standortbindungen von Produktionsmitteln und Arbeitskräften kommen. Ein
unternehmerischer Vorstoß zur Einrichtung "mannarmer" Nachtschichten mit
einem im Störfall vom Wohnort durch Vernetzung mit dem Betriebsdatenerfassungssystem kurzfristig abrufbaren Leistungsbereitschaftsdienst,
der das praktizierte System ständiger Nachtarbeit einer festen Personengruppe
mit dem Ziel der Lohnkostenersparnis ablösen sollte, ist vorerst am Wi-

derstand der Belegschaft gescheitert. Für den festen Kreis der ausschließlich nachts arbeitenden Beschäftigten hätte das neue System den Verlust des Arbeitsplatzes, die Weiterbeschäftigung in ständiger Nachtschicht bei Aufgabenreduktion oder die Weiterbeschäftigung im Wechsel von Früh-- und Spätschicht bedeutet – was in vielerlei Hinsicht ihren Interessen zuwider gelaufen wäre (Stichwort: Einkommensverluste infolge Arbeitslosigkeit, Abgruppierung bzw. Fortfall der Nachtzuschläge, von sozialen Problemen der Umverteilung von familialen/lebensgemeinschaftlichen Aufgaben usw. einmal abgesehen). Während es im vorliegenden Fall keinen einzigen zwingenden technischen Grund für arbeitsintensive Nachtschichten gibt, diese vielmehr bisher auf offenbar miteinander kompatiblen ökonomischen Interessen der beiden Parteien des internen Arbeitsmarktes beruhen, deuten sich mit dem offenbar von der Leistungsfähigkeit der mikroelektronischen Betriebsdatener- fassungssysteme inspirierten unternehmerischen Vorstoß ernste Zweifel an der Rentabilität des praktizierten Konzepts der umfangreichen nächtlichen Nutzung von Arbeitskräften und Betriebsmitteln an.

Nun scheinen die Ergebnisse eines Vergleichs der Arbeitszeitformen in Betrieben der Textil- und der Druckindustrie einerseits und der Beklei- dungsindustrie andererseits in ein einfaches Kontrastbild des Verhältnisses von Arbeitszeit- und Technikentwicklung zu passen: fortschreitende, flexibel inte- grierte Technik = heterogene Arbeitszeitstrukturen; stagnierende, hochspezia- lisierte Technik = homogene Arbeitszeitmuster –, das aber nur zu ertragen ist, wenn man sich weigert, von ihm betrogen zu werden. So ist das im Vergleich mit Betrieben anderer Branchenzugehörigkeit niedrigere technische Niveau bekleidungsindustrieller Produktionsstätten zwar mit dem Problem der Biegeschlaffheit der textilen Rohstoffe verknüpft, doch ist weder das traditio- nelle Vorherrschen des Normalarbeitstages noch die neuerdings verstärkte Tendenz zur Entkoppelung von Arbeits- und Betriebszeit in diesem Wirt- schaftszweig auf die Anwendung stagnierender bzw. fortschreitender Technik zurückzuführen, sondern auf die mit steigender Kapitalintensität zunehmenden Amortisationsrisiken für die in den Betriebsmitteln gebundenen Kapitalbeträge, die immer der Gefahr ausgesetzt sind, durch technischen Fortschritt entwertet zu werden.

Nicht viel anders als beim Verhältnis von zeitlicher Entkoppelung und Tech- nikniveau sieht es mit der Beziehung zwischen Produktionsmittelstandards und variablen Arbeitszeitformen (Überstunden, extern vorgehaltene Abrufbereitschaft, Betriebsurlaub und Teilzeitarbeit) aus.

Die theoretisch begründete Auffassung, daß das Postulat eines direkten funktionalen Zusammenhangs von Produktivkraftentwicklung und Arbeitszeitorganisierung nur in seltenen Fällen zutrifft und als Aussage mit generellem Geltungsanspruch eine Fiktion, eine Fabel von und für Technizisten ist, konnte auch im Hinblick auf die arbeitsbezogenen Variabilisierungsvarianten mit empirischem Material angereichert werden.

Überstunden, die im Kontext von Programmen zur Qualifizierung für den Umgang mit technischen Neuerungen vom Bedienungspersonal oder im Zusammenhang eines Umbaus, Einfügens und Erweiterns der Betriebsmittel durch interne, fertigungserfahrene Fachkräfte geleistet werden; extern vorgehaltene Leistungsbereitschaft, die bei automatisch ablaufenden Prozessen mit vergleichsweise geringer Störanfälligkeit kurzfristig abrufbar ist; Betriebsurlaub im Rahmen der jährlichen Wechsellagen der Großen Schulferien von Produktionsstätten mit Zwanglauffertigung – jede dieser Spielarten bietet sich dem ersten Blick dar als Lösung scheinbar technischer oder technisch induzierter Probleme, was freilich schärferem Hinsehen nicht standhält.

Das bedeutet nicht, das Bestehen von Verbindungen zwischen bestimmten Formen variabler Arbeitszeit und Technikeinsatz überhaupt zu bestreiten. Doch die aufgefundenen Konjunktionen werden gewöhnlich nicht von technikimmanenten Triebkräften regiert. Sie ergeben sich fast immer aus einer Konnexion von Regeln technischer Effizienz, betriebswirtschaftlicher Berechnungen und marktökonomischer Überlegungen. Damit ist gesagt, daß es keinen inneren Zusammenhang, keine einseitige Abhängigkeit von zeitlicher und technischer Struktur gibt, daß das eine nicht logisch aus dem anderen folgt, sondern ökonomische Rationalitätskriterien stets als intervenierende Variable auf den Plan treten. Technische Neuerungen und Arbeitszeitvariabilisierungen unterbleiben, wenn sie sich unter Kostengesichtspunkten nicht rechtfertigen lassen. Was aber unter Kostenaspekten als technisch und arbeitszeitorganisatorisch rational anzusehen ist, ist ein Problem, das ganz unterschiedliche Lösungen zuläßt. Das ist eine Binsenweisheit. Aber auch Binsenweisheiten haben bisweilen eine aufklärerische Funktion, allemal dann, wenn ihre Aussageelemente partialanalytischer Beliebigkeit zum Opfer zu fallen drohen.

3. SOZIALVERTRÄGLICHKEIT EINZELNER ARBEITSZEITFORMEN

In Teil II haben wir Kriterien entwickelt, die geeignet erscheinen, die verschiedenen Dimensionen des politischen Gestaltungszieles der Sozialverträglichkeit zu erfassen. In diesem Teil der Untersuchung soll nun versucht werden, diese Kriterien auf von der Normalarbeitszeit abweichende Arbeitszeitformen, die wir in den drei untersuchten Wirtschaftszweigen vorgefunden haben, zu beziehen und nach dem Grad der Sozialverträglichkeit zu bewerten.
Näher erörtert werden nun folgende Arbeitszeitformen:

- Wochenendarbeit
- Schichtarbeit im Zwei- und Drei-Schicht-System
- versetzte Arbeitszeiten
- variable Arbeitszeiten: Urlaubsgestaltung, variable Teilzeitarbeit, variable
  Überstundenmuster.

Dabei beziehen wir uns auf die Kriterien: Beschäftigungssicherung und
-steigerung, Einkommen, gesundheitliche Belastungen, lebensgemeinschaftliche
Beziehungen, soziale Teilhabe, Autonomiegrad.

3.1 Wochenendarbeit

Zu den besonders kontroversen Fragen in der arbeitszeitpolitischen Auseinandersetzung gehört die Wochenendarbeit. Aus außerbetrieblichen Lebenszu-
sammenhängen abgeleitete Arbeitszeit- und Freizeitansprüche prallen auf
Arbeitszeitanforderungen, die betriebliche Rentabilitätsaspekte zur alleinigen
Richtschnur der Gestaltung zu erheben versuchen. In zugespitzter Form betrifft dies die Sonntagsarbeit.

Was das erste Kriterium, den Aspekt der Beschäftigungssicherung und
-steigerung, angeht, so lassen sich zunächst einmal die ökonomischen Vorteile der Wochenendarbeit kaum bestreiten. Hierdurch erhöht sich die Nutzungszeit der Sachanlagen. Gleichzeitig lassen sich die Investitionsauf-
wendungen senken. Man kann der wirtschaftlichen Veralterung der Anlagen
zuvorkommen. Insgesamt lassen sich Einsparungen bei den Kapitalstückkosten erzielen. Allerdings sind die gesamtwirtschaftlichen Beschäf-

tigungseffekte einer Betriebszeitausweitung ungewiß (vgl. Stille 1988, S. 684). Sehr viel gesicherter dürfte dagegen sein, daß sowohl die für Sonntagsarbeit geleisteten monetären Zuschläge als auch deren Umwandlung in Freizeitausgleich den Arbeitsmarkt positiv beeinflussen können. Für Geldzuschläge läßt sich im Rahmen nachfrageorientierter Überlegungen die Wirkungskette entwickeln, daß die im Vergleich zur Normalarbeitszeit höheren Einkommen zusätzliche Güternachfrage, damit eine ausgeweitete Produktion und letztlich eine vermehrte Arbeitsnachfrage stimulieren. In Freizeitausgleich umgewandelte Geldzuschläge, wie z.B. im Rahmen der für das Textilgewerbe vereinbarten "optimierten Schichtsysteme" (vgl. Gewerkschaft TextilBekleidung 1988), verkürzen die individuelle Arbeitszeit und verteilen das betriebliche Arbeitsvolumen auf eine größere Zahl von Beschäftigten. Arbeitnehmer, die regelmäßig auch samstags arbeiten, erhalten einen Schicht bzw. Optimierungsausgleich von 3 Stunden pro Woche, wenn die Betriebsnutzungszeit 140 Stunden oder mehr beträgt. Dies entspricht einer Verkürzung der Wochenarbeitszeit um 7,6 vH und dürfte, vor allem, da es sich um Schichtsysteme handelt, einen spürbaren Beschäftigungseffekt in etwa der gleichen Größenordnung auslösen.

Überträgt man dieses Prinzip der zeitlichen Kompensation auf die Sonntagsarbeit, dann erhält man wegen der durchschnittlich höheren monetären Zuschläge weitaus größere Werte für den Freizeitausgleich. Rechnet man die Zuschläge für Sonntagsarbeit, die innerhalb der Gesamtwirtschaft erheblich streuen und sich zwischen 25 vH (für Angestellte im Bereich des öffentlichen Dienstes, der Bundesbahn und der Bundespost) und 120 vH (für Arbeiter und Angestellte des Einzelhandels in NRW) bewegen, auf Freizeitzuschläge um, dann ergeben sich Verkürzungen der wöchentlichen Arbeitszeit zwischen 2 und gut 9,5 Stunden.

Eine radikale Umwandlung der monetären Zuschläge in Freizeitausgleich würde beträchtliche beschäftigungspolitische Wirkungen auslösen. Nach den Angaben des ISOInstituts (vgl. Groß u.a. 1989, S. 48) arbeiteten 1989 etwa 10 vH der Beschäftigten regelmäßig sonntags. Dies sind insgesamt knapp 2,4 Mio Arbeitnehmer. Unterstellt man einmal für die Sonntagsarbeit einen Zuschlag von 75 vH (wie in zahlreichen Tarifbereichen der Fall), dann würde dessen vollständige Umwandlung in Freizeit rechnerisch einem zusätzlichen Beschäftigungseffekt von etwa 180.000 entsprechen.

Da nach dem derzeitigen Stand der tariflichen Vereinbarungen der Samstag in den meisten Tarifbereichen zuschlagfrei ist, obwohl er außerhalb der Normalarbeitszeit liegt (vgl. WSITarifarchiv 1987, S. 98 ff.), läßt sich das Prinzip des Freizeitausgleichs für Zuschläge nur in einigen Bereichen auch für die Samstagsarbeit übertragen. Einen Ansatz für zukünftige Tarifpolitik stellen die beschriebenen Regelungen im Bereich der Textilindustrie dar. Angesichts von mehr als 7 Millionen Beschäftigten, die z.Z. regelmäßig an Samstagen erwerbstätig sind, würden Freizeitzuschläge von z.B. drei Stunden pro Woche einen Beschäftigungseffekt von etwa 420.000 auslösen.

Bei der Wochenendarbeit besteht zwischen dem Kriterium der Beschäftigungswirksamkeit und dem der Einkommensmaximierung eine Art "trade-off". Je größer der Anteil der Zuschläge ist, die als Freizeitausgleich gewährt werden, desto größer kann der Beschäftigungseffekt ausfallen. Im gleichen Ausmaß entfallen umgekehrt ansonsten mögliche Einkommenssteigerungen. Angesichts der relativ starken sektoralen und gruppenspezifischen Lohnspreizungen wird der Verzicht auf die monetären Zuschläge zugunsten von vermehrter Freizeit die jeweiligen Einkommensbudgets unterschiedlich treffen und nicht überall auf die gleiche Akzeptanzbereitschaft stoßen. So sind in der Textilindustrie, einem Wirtschaftszweig mit einem deutlich unterdurchschnittlichen Lohnniveau, die Zuschläge für Nachtarbeit ein wichtiger Anreiz für zahlreiche Arbeitnehmer, die sozialen Einschränkungen und gesundheitlichen Risiken dieser Arbeitszeitform in Kauf zu nehmen.

Die positiven Beschäftigungseffekte, die aufgrund des für Wochenendarbeit gewährten Freizeitausgleichs ausgelöst werden, haben allerdings zur Folge, daß Wochenendarbeit auf mehr Personen verteilt wird, wenn der Freizeitausgleich auch das Wochenende einbezieht. Dadurch verringern sich die Belastungen der bereits Wochenendarbeit leistenden Beschäftigten, und zusätzliche Belastungen entstehen bei denjenigen Arbeitnehmern, für die diese Arbeitszeitform neu hinzukommt. Selbst wenn die Zahl der Arbeitsplätze, an denen Wochenendarbeit geleistet wird, konstant bleibt, führt die Politik des Freizeitausgleichs zu deren gesellschaftlicher Verbreiterung. Es besteht die Gefahr, daß der Ausnahmecharakter mehr und mehr zugunsten von Normalität verloren geht.

Restriktiv kann sich Wochenendarbeit auf die Chancen, am Erwerbsleben teilzuhaben, auswirken. Speziell Arbeitnehmer mit versorgungsbedürftigen Kindern dürften in erhebliche Schwierigkeiten bei der Versorgung und Betreuung von Kindern geraten, wenn sie Tätigkeiten mit regelmäßiger Wochenendarbeit aufnehmen. Am Wochenende und vor allem am Sonntag sind Schulen und Kindergärten bekanntlich geschlossen. Eltern(teile) mit versorgungsabhängigen Kindern stehen vor der schwierigen Alternative, entweder die Familie zu vernachlässigen oder das Tätigkeitsfeld zu wechseln. Je stärker der Ausnahmecharakter der Samstags- und Sonntagsarbeit verloren geht, desto geringer werden die Chancen, eine Beschäftigung zu finden, die auf die Normalarbeitszeit zwischen Montag und Freitag beschränkt ist. Das Spektrum der Tätigkeiten mit Normalarbeitszeit nimmt ab, die Wahlmöglich- keiten der Beschäftigung schrumpfen. Zeitliche Engpässe im Bereich der sozialen und qualifikatorischen Dienste ließen sich natürlich durch eine ent- sprechende Synchronisierung der Arbeitszeiten beheben. Welche pädagogi- schen Folgen eine dem Muster der industriellen Kapitalnutzungszeiten ange- paßte Struktur der Kindergarten- und Schulzeiten mit sich bringen würde, kann hier nicht weiter erörtert werden.

Nicht zu vernachlässigen sind ferner die indirekten Wirkungen von Wochenendarbeit im Produktionsbereich. Industrielle Fertigung ist auf ein be- stimmtes Maß an zeitlicher Koppelung bei den vor- und nachgelagerten Produktionsbereichen wie auch an Synchronität bei der produktionsnahen In- frastruktur angewiesen. Geht man davon aus, daß sich die derzeitig bei vielen Großbetrieben beobachtbaren Tendenzen, die Reduktion der eigenen Ferti- gungstiefe zum strategischen Ziel zu erklären, fortsetzen und möglicherweise noch verstärken werden, dann wird der zukünftige Grad der arbeitsteiligen Verflechtung noch enger werden, was vor allem bei einer Produktion nach just-in-time-Prinzipien die Notwendigkeit erhöht, die zeitlichen Kooperati- onsbezüge genauer zu synchronisieren (vgl. Semlinger 1989). Es ist nicht auszuschließen, daß Teile der vor- und nachgelagerten Bereiche unter Druck geraten, ebenfalls ihre Betriebsnutzungszeiten auszudehnen und gleich- zuschalten. Ähnliche Anforderungen dürften auf die Verkehrs- und Versor- gungsinfrastruktur zukommen. Möglicherweise geraten sogar Teile der verbraucherbezogenen Dienstleistungen in den arbeitszeitlichen Sog einer sich in den Wochenendbereich ausdehnenden Produktionszeit.

Besonders stark kollidiert die Wochenendarbeit mit den Kriterien der sozialen Teilhabe und der Pflege partnerschaftlicher Beziehungen. Wegen der kom- plementären zeitlichen Strukturierung von Produktion und anderen gesell- schaftlichen wie familiären Aktivitäten kann Wochenendarbeit erhebliche Frik- tionen verursachen. Die Teilhabe an regelmäßigen terminlich feststehenden Veranstaltungen wird unmöglich oder behindert. Noch gravierender erscheint das Problem, daß die Chancen, kollektiv wahrnehmbare zeitliche Bezugs- punkte zu finden, gegen Null tendieren. Sicherlich mag dieser Gesichtspunkt nicht für alle Beschäftigungsgruppen die gleiche Bedeutung besitzen. Für Eltern mit schulpflichtigen Kindern ist der Sonntag in aller Regel der einzige Tag in der Woche, der gemeinsames Gestalten, Erleben und Zusammensein gestattet. Freie Tage während der Woche sind kein Ersatz. Für Arbeitnehmer mit einem anderen familialen Status und mit spezifischen, weniger stark auf Wochenendaktivitäten fixierten Freizeitorientierungen mögen Freizeitblöcke, die nicht den Sonntag einschließen, kaum weniger attraktiv sein. Ansonsten wäre kaum zu erklären, warum immerhin gut 30 vH der regelmäßig Sonntagsarbeit leistenden Arbeitnehmer diese Arbeitszeitform beibehalten wollen (vgl. Groß u.a. 1987, S. 86).

Im Hinblick auf das Kriterium der Gesundheit ist Wochenendarbeit zunächst einmal nicht belastender als eine auf die Tage von Montag bis Freitag ver-teilte Normalarbeitszeit, sofern die Arbeitszeit in den Tagesbereich fällt. Aller-dings können Beeinträchtigungen entstehen, wenn die Wochenendarbeit zu ständigen Friktionen mit den privaten Zeitanforderungen führt, alternative Arbeitszeiten nicht in Sicht sind und dadurch die Arbeitszufriedenheit dauerhaft beeinträchtigt wird.

Generell dürfte unstrittig sein, daß Wochenendarbeit, gemessen an den Kriterien der gesundheitlichen Belastungen, der sozialen und der partner-schaftlichen Teilhabe, schlechter abschneidet als Normalarbeitszeit. Dabei hängt die Höhe der Belastungen natürlich auch von der Häufigkeit der Wochenendarbeit und in gewissem Maße auch davon ab, zu welchen Teilen und in welchem Muster sich die Gesamtzeit einer Woche auf Arbeits- und Nicht-Arbeitszeit verteilt. Für die Sozialverträglichkeitsprüfung lassen sich keine Grenzwerte angeben, sondern nur Wenn/Dann-Aussagen nach dem Muster treffen, daß der Grad der Sozialverträglichkeit in dem Maße steigt, wie die Häufigkeit der Wochenendarbeit abnimmt.

Ein weiterer entscheidender Faktor für den Grad der Sozialverträglichkeit von Wochenendarbeit ist neben der Frage, wie häufig diese Arbeitszeiten zu leisten sind, die Frage der Dispositionsmöglichkeiten (Kriterium: Autono-miegrad). Belastungen treten ja gerade deshalb auf, weil entweder in Er-mangelung von alternativen Beschäftigungsmöglichkeiten Wochenendarbeit als das im Vergleich zur Beschäftigungslosigkeit "kleinere Übel" akzeptiert wird, oder weil es an Dispositionsmöglichkeiten mangelt, Quantität und Verteilung der Wochenendarbeit nach individuellen Gesichtspunkten zu regeln. Meistens ist die Samstagsarbeit, wie z.B. in vielen Betrieben der Textilindustrie, in feste Schichtsysteme integriert. Nur in Einzelfällen kann vom Schichtplan abgewi-chen werden. So gut wie ausgeschlossen ist es, die Zahl der pro Jahr zu leistenden Samstagsschichten je nach individuellen Bedürfnissen zu variieren.

Wägt man die verschiedenen hier diskutierten Kriterien ab, dann läßt sich resümierend festhalten, daß Wochenendarbeit und speziell Sonntagsarbeit als hochgradig sozial unverträglich einzustufen sind. Dabei darf man die Augen aber nicht vor gruppenspezifisch sehr unterschiedlicher Betroffenheit verschließen. Wegen der teilweise attraktiven Einkommens- bzw. Freizeitzuschläge oder wegen einer sehr speziellen Verwendungsstruktur der nicht-arbeitsgebundenen Zeit kann Wochenendarbeit für einzelne Gruppen von Beschäftigten durchaus eine keineswegs unattraktive Alternative zur Normalarbeitszeit sein, die von den Betroffenen selbst auch nicht unbedingt als sozial unverträglich empfunden wird. Für die Samstagsarbeit dürfte dies wegen der meist fehlenden Zuschläge nur in sehr eingeschränkter Weise zutreffen, es sei denn, es handelt sich um strikt zuschlagpflichtige Überstundenarbeit.

Vor diesem Hintergrund wird in der arbeitszeitpolitischen Diskussion gefordert, die Wochenendarbeit freizugeben und nach dem Freiwilligkeitskriterium zu regeln. Unter Verweis auf das Pareto-Kriterium werden Wohlfahrtsgewinne in Aussicht gestellt.

Derartige Vorschläge können nur auf den ersten Blick eine gewisse Überzeugungskraft ausstrahlen. Überprüft man ihre Realisierbarkeit, dann offenbaren sich schnell die "Pferdefüße". In einer Situation verschärfter Anbieterkonkurrenz auf dem Arbeitsmarkt hätte die Freigabe der Wochenendarbeit gravierende negative Folgen für all diejenigen, für die derartige Arbeitszeiten unvereinbar mit den privaten Zeitanforderungen sind. Um aber im Wettbewerb um eine insgesamt zu knappe Nachfrage nach Arbeitskräften mithalten zu können, wären sie gezwungen, auch ungünstige und für sie sozial unverträgliche Arbeitszeiten zu akzeptieren. Die möglichen Wohlfahrtssteigerungen bei einigen würden dann mit Wohlfahrtseinbußen anderer einhergehen. Das Pareto-Kriterium wäre nicht erfüllt.

3.2 Schichtarbeit

Für das erste Kriterium (Beschäftigungssicherung) gelten prinzipiell die gleichen Zusammenhänge wie bei der Wochenendarbeit. Zu positiven Beschäftigungseffekten kann es kommen, wenn die Ausdehnung der Betriebsnutzungszeiten zu Kostensenkungen führt, die in entsprechend niedrigeren Güterpreisen weitergegeben werden. Welche Faktoren diesen Funktionsmechanismus behindern oder blockieren können, wurde bereits oben ausgeführt. Beschäftigungspolitisch vielversprechender ist dagegen der zuvor im Zusammenhang mit der Wochenendarbeit diskutierte Weg, die monetären Zuschläge für Nachtarbeit in Freizeitausgleich umzuwandeln. Nach vorsichtigen Schätzungen würde hierdurch gesamtwirtschaftlich eine zusätzliche Beschäftigungsnachfrage von etwa 250.000 ausgelöst werden. Bei dieser Schätzung wird davon ausgegangen, daß etwa 2 vH oder 0,48 Mio der Arbeitnehmer nur nachts arbeiten und weitere 1,2 Mio Arbeitnehmer regelmäßig Nachtarbeit im Rahmen von Wechsel – Schicht – Systemen leisten (vgl. Groß u.a. 1989, S. 74). Die Zuschläge sowohl für ständige Nachtschicht als auch für Nacht – schicht im Rahmen von Wechselschicht sind in den einzelnen Tarifbereichen unterschiedlich hoch. Als Richtwerte kann man die in der Textilindustrie ge – zahlten Zuschläge ansetzen, die 25 vH für Wechselschicht und 30 vH für ständige Nachtschicht betragen.

Dieses Prinzip der zeitlichen Kompensation läßt sich beschäftigungswirksam jedoch nur bei Schichtsystemen anwenden, die in den Nachtbereich hineinfallen. Bei zweischichtiger Arbeit, verteilt auf eine Früh – und eine Spätschicht, sehen nur wenige Tarifbereiche, wie z.B. in der Metallindustrie in Nordwürttemberg – Nordbaden, Zuschläge vor. Obwohl es sich um eine von der Normalarbeitszeit abweichende Arbeitszeitform handelt, findet das Zu – schlagsprinzip so gut wie keine Anwendung. Allerdings findet man verschie – dene Betriebsvereinbarungen, z.B. im Bereich der Chemieindustrie, die Zwei – Schicht – Arbeit mit einem Zuschlag von 5 vH entlohnen.

Ebenso wie bei der Wochenendarbeit gilt auch bei der zuschlagpflichtigen Schichtarbeit eine Art "trade – off" zwischen dem Kriterium der Beschäfti – gungssicherung und dem Kriterium der Einkommenserzielung. Vor allem bei vergleichsweise niedrigen Grundlöhnen haben die Zuschläge für Nachtarbeit einen hohen Stellenwert für das verfügbare Einkommen und den Lebens – standard und stellen deshalb einen je nach Einkommenslage und Haushalts – typ bedeutsamen Anreiz dar, derartige Arbeitszeiten anzunehmen.

Beim dritten Prüfkriterium – gesundheitliche Belastungen – landet die Schichtarbeit auf einem sehr ungünstigen Platz auf der Sozialverträglichkeits – skala. Unstrittig sind die hohen Risiken dauerhafter gesundheitlicher Schädi – gungen vor allem infolge der dem Biorhythmus zuwiderlaufenden Nachtarbeit, sei es im Rahmen von Wechselschicht oder im Rahmen permanenter Nacht – arbeit. Sicherlich sind sie beim Zwei – Schicht – System deutlich geringer an – zusetzen, aber immer noch höher als bei einschichtiger Normalarbeitszeit.

Noch weiter in den negativen Bereich auf der Sozialverträglichkeitsskala gerät die Schichtarbeit, wenn die beiden weiteren Kriterien, lebensgemeinschaftliche

Beziehungen und soziale Teilhabe, in die Bewertung einbezogen werden. Die drei negativ wirkenden Kriterien können sich kumulativ verstärken und zusätzliche indirekte Wirkungen auslösen, die dann auch den Grad der Sozialverträglichkeit weiter verschlechtern.

Richtet man den Blick nicht auf die aktuellen Einkommensvorteile, sondern auf die langfristige Einkommensentwicklung, oder genauer: auf das Lebenseinkommen, dann kann dauerhafte Schichtarbeit trotz der Zuschläge unter Einkommensaspekten ungünstiger abschneiden als die Alternative Normalarbeitszeit. Zum einen können die kurzfristigen Einkommensvorteile durch spätere Einkommensverluste in Folge von schichtarbeitsbedingter Leistungsminderung oder eines eingeschränkten beruflichen Tätigkeitsspektrums aufgezehrt werden. Zum anderen hindert die Schichtarbeit eines Familienmitglieds andere Familienmitglieder, berufliche Tätigkeiten aufzunehmen, ohne gleichzeitig die häuslichen Versorgungspflichten zu vernachlässigen. Dadurch kann das Familieneinkommen trotz Nachtarbeitszuschlägen geringer ausfallen als bei der ansonsten von mehreren Familienmitgliedern möglichen Normalarbeitszeit.

Analog zur Wochenendarbeit hängt auch bei der Schichtarbeit der Grad der Sozialverträglichkeit von der Häufigkeit und der Dauer der einzelnen Schichten ab. Insofern können zeitliche Kompensationen die Belastungen bzw. Einschränkungen vermindern helfen.

An der insgesamt negativen Bewertung der Schichtarbeit und speziell der Nachtarbeit vermag das Kriterium Autonomiegrad im Grundsatz nichts zu ändern. In aller Regel sind die Möglichkeiten, individuelle Zeitansprüche bei Schichtarbeit zu berücksichtigen, ziemlich gering. Meistens handelt es sich um starre Schichtpläne, die Beginn und Ende der Arbeitszeit auf feste Zeitpunkte legen. Wahlmöglichkeiten bestehen allenfalls zwischen der Alternative der dauerhaften Nachtarbeit oder einem WechselSchichtRhythmus sowie in beschränktem Maße die Lage einzelner Schichten zu tauschen.

3.3 Versetzte Arbeitszeiten

Im Vergleich zur Wochenend und zur Schichtarbeit ist bei versetzten Arbeitszeiten der Grad der Entkoppelung kleiner. Arbeits und Betriebszeiten fallen weniger stark auseinander. Diese vor allem an Einzelarbeitsplätzen mit moderner Technik aufkommende Arbeitszeitform ist, gemessen an der Dauer der Betriebsnutzungszeit, zwischen dem Ein- und Zwei-Schicht-System angesiedelt. Meistens kommen Gleitzeitregelungen ergänzend hinzu, so daß sich Elemente der zeitlichen Entkoppelung mit Elementen der individuellen Arbeitszeitvariabilisierung mischen.

Gegenüber einschichtiger Normalarbeitszeit lassen sich durch versetzte Arbeitszeiten Kapitalkosten einsparen, für die kein Äquivalent in Form von Zuschlägen an die Beschäftigten gezahlt wird. Insofern sind versetzte Arbeitszeiten einkommensmäßig neutral. Im Hinblick auf das Beschäftigungskriterium gilt im Prinzip ein analoger Zusammenhang wie bei den anderen Entkoppelungsformen. Da aber weder geldliche Zuschläge noch Freizeitausgleich geleistet werden, ergeben sich auch keine Impulse für zusätzlichen Arbeitskräftebedarf.

Die drei weiteren Kriterien: Gesundheit, lebensgemeinschaftliche Beziehungen und soziale Teilhabe, bewegen sich bei versetzten Arbeitszeiten auf der Sozialverträglichkeitsskala in die gleiche Richtung. Sie führen zu einem Belastungsgrad, der zwischen denen von zwei- und einschichtiger Arbeit liegt. Die Lage der Arbeitszeit erstreckt sich über größere Intervalle der Tageszeit, sie reicht bis in den für familiale, soziale und individuelle Freizeitgestaltung aktiven Abendbereich hinein und hat einen wechselnden Rhythmus. Dadurch kann der Grad der Sozialverträglichkeit unterschiedliche Werte annehmen. Dies hängt in starkem Maße davon ab, inwieweit das Kriterium der Autonomie erfüllt wird. Letztlich sind hier nur Einzelfallbewertungen möglich. Allgemeine Aussagen über die Sozialverträglichkeit lassen sich lediglich in der Wenn/Dann-Form machen. Es gilt der Zusammenhang, je selbständiger die Arbeitnehmer Lage und Dauer der Arbeitszeit bestimmen können, desto besser dürfte es gelingen, die Nachteile der versetzten Arbeitszeit auszugleichen oder gar überzukompensieren. Eine alleinige Verfügung über die Arbeitszeit dürfte allerdings in der betrieblichen Praxis ausgeschlossen sein. Allenfalls ist eine teilautonome Arbeitszeitgestaltung möglich, da bei versetzten Arbeitszeiten die betrieblich vorgegebenen Rahmenzeiten auf jeden Fall auszufüllen sind. Es liegt dann an den zu einem gemeinsamen Arbeitszeit-Team zusammengeschlossenen Beschäftigten, inwieweit sich die aus dem außerbetrieblichen Lebenszusammenhang gestellten Zeitanforderungen berücksichtigen lassen oder nicht.

Wie aber sind versetzte Arbeitszeiten in bezug auf eine gleichmäßig anfallende Normalarbeitszeit zu bewerten? Es lassen sich zwei Extremfälle denken. Die ungünstigste Situation liegt vor, wenn die einzelnen Arbeitszeitpräferenzen innerhalb des Arbeitszeit-Teams stark konkurrieren. Arbeitszeit- und Freizeitanforderungen lassen sich dann nur teilweise abstimmen. Es kommt zu innerbetrieblichen Koordinationskonflikten und zu Zeitfriktionen, die belastender wirken können als eine fest vorgegebene Normalarbeitszeit, die nicht ständig neu ausgehandelt werden muß. Der andere Idealfall tritt ein, wenn sich die Arbeitszeitpräferenzen der Gruppenmitglieder komplementär aufeinander beziehen. Es ist sicherlich nur im Einzelfall zu entscheiden, ob eine variable, nach individuellen Zeitanforderungen gestaltete Arbeitszeit die gegenüber der Normalarbeitszeit bestehenden Nachteile der Abendarbeit und der ungleichen Verteilung bzw. der wechselnden Lage aufwiegen kann.

3.4 Variable Arbeitszeiten

Es empfiehlt sich, die hier thematisierten Formen variabler Arbeitszeitgestaltung: Urlaubsregelungen, variable Teilzeitarbeit und Überstundenarbeit, im Kontext zu diskutieren, da man von weitgehend übereinstimmenden Funktionsprinzipien und deshalb auch vergleichbaren Wirkungsmustern im Hinblick auf den Grad der Sozialverträglichkeit ausgehen kann.

Variable Arbeitszeitformen beeinflussen das erste Kriterium der Beschäftigungssicherung und – steigerung eher negativ. Verringerte Leerzeiten, kürzere Durchlaufzeiten und kürzere Reaktionszeiten auf wechselnde Marktanforderungen bringen dem einzelnen Betrieb zwar Wettbewerbsvorteile, die durch Nachahmeffekte aber bald ausgeglichen werden. Was bleibt, ist eine mögliche Verbesserung der Konkurrenzsituation auf den Auslandsmärkten. Demgegenüber sind die arbeitssparenden Effekte in Folge verringerter Leerzeiten in Rechnung zu stellen. Inwieweit diese auf den Arbeitseinsatz negativen Wirkungen durch die gleichzeitigen Produktivitätssteigerungen auf lange Sicht ausgeglichen werden können, ist unsicher.

Aus beschäftigungspolitischer Sicht bieten vor allem Überstunden ein enormes Potential für zusätzliche Beschäftigung, wenn das Prinzip der zeitlichen Kompensation zur Anwendung käme. Es läßt sich sowohl auf die zusätzlichen, über die Normalarbeitszeit hinausgehenden Zeiteinheiten als auch auf die dafür gezahlten monetären Zuschläge beziehen. Rechnet man das (im Jahr 1989) gesamtwirtschaftlich geleistete Volumen der definitiven Überstunden in Vollzeitbeschäftigte um, dann entspricht dies einem Beschäftigungsäquivalent von rd. 900.000. Hinzu kommt ein weiterer Beschäftigungseffekt von knapp 200.000 für die Umwandlung der monetären Zuschläge in Freizeitguthaben.

Das beschäftigungspolitische Kriterium kann allerdings in Konkurrenz zum Einkommenskriterium geraten. Dies gilt aber nur für die zuschlagpflichtige Überstundenarbeit und nicht für variable Teilzeitarbeit oder Urlaubsregelungen, die beide zuschlagfrei sind. Die eingeschränkte freie Wahl der Arbeitnehmer, ihren Urlaub zu bestimmen, wird weder monetär noch zeitlich durch einen Ausgleich vergütet. Wenn die Arbeitnehmer bei der Überstundenarbeit frei nach ihren jeweiligen Zeit – Einkommen – Präferenzen entscheiden könnten, dann würden sie auf etwa 30 vH der Überstunden verzichten und einen weiteren Anteil in Freizeitausgleich umwandeln wollen (vgl. Brinkmann u.a. 1986, S. 39 f.). Frauen sind hierzu eher bereit als Männer. Mit steigender Qualifikation und hierarchischer Position wächst das Interesse an Freizeitaus – gleich. Gering ist es bei verheirateten Beschäftigten mit einem nicht er – werbstätigen Partner. Diese Befunde legen nahe, daß die Einkommenshöhe allein nicht ausschlaggebend ist für die Präferenzen Freizeit oder Einkommen, sondern meist in Verbindung mit den jeweiligen Versorgungsverpflichtungen zu sehen ist.

Diese Zusammenhänge verweisen auf die weiteren Kriterien der gesundheitli – chen Belastungen, der sozialen Teilhabe und der lebensgemeinschaftlichen Beziehungen. Wie verschiedene Untersuchungen zeigen, kann Überstunden – arbeit zu Konflikten sowohl mit den familialen als auch sozialen Zeitanforderungen führen sowie gesundheitliche Schädigungen verursachen (vgl. Brinkmann u.a. 1986; Groß u.a. 1987). Bei der Sozial – verträglichkeitsprüfung besonders negativ zu Buche schlagen rigide Urlaubs – regelungen, die freie Wahlmöglichkeiten grundsätzlich ausschließen und auch nicht mit dem Rhythmus der Schulferien synchronisiert sind, sondern sich allein nach produktions – bzw. absatzbedingten Zeitvorgaben richten. Sie machen eine gemeinsame familiäre Urlaubsgestaltung unmöglich, wenn Kinder im schulpflichtigen Alter sind, oder aber die Elternteile müssen unter diesen Bedingungen auf entsprechende Beschäftigungsverhältnisse verzichten.

Bedeutsam für den Grad der Sozialverträglichkeit ist bei variablen Arbeitszei – ten das Kriterium der Autonomie. Ob variable Arbeitszeitformen unter Sozialverträglichkeitsaspekten einer gleichförmigen Normalarbeitszeit vorzuzie – hen sind oder nicht, hängt davon ab, auf welcher Stufe der Kontrollskala sich die Mitwirkung der Arbeitnehmer bewegt. Da wohl nur in Ausnahmefällen betrieblich vorgegebene Schwankungen der Arbeitszeit mit den privaten Zeitrhythmen im Einklang stehen, wandert der Grad der Sozialverträglichkeit erst in den im Vergleich zur Normalarbeitszeit positiven Bereich, wenn die

Verfügungsrechte über die Zeitgestaltung überwiegend in den Händen der Arbeitnehmer liegen.

3.5 Zusammenfassende Bewertung

Bei den voranstehenden Erörterungen handelt es sich um den Versuch, das Konzept der sozialverträglichen Arbeitszeitgestaltung auf einzelne Arbeitszeit-formen zu beziehen, diese zu bewerten und aufzuzeigen, wo Zielkonflikte und wo gleichgerichtete Wirkungszusammenhänge bestehen. Nicht für jeden Fall lassen sich eindeutige und zugleich verallgemeinerbare Aussagen treffen. Dies kann nicht überraschen. Angesichts der in der betrieblichen Wirklichkeit teil-weise sehr vielschichtigen Arbeitszeitbedingungen kommt man deshalb bei einigen Arbeitszeitformen bei der Beurteilung nicht umhin, einzelfallbezogene Informationen einzubeziehen.

Gleichwohl kann man als eindeutige Ergebnisse festhalten, daß Nacht- und Wochenendarbeit auf der Sozialverträglichkeitsskala deutlich ungünstiger ran-gieren als die Normalarbeitszeit. Nur der Einkommensindikator fällt besser aus als bei Normalarbeitszeit, alle übrigen Indikatoren schneiden dagegen deutlich schlechter ab. Etwas moderater ist die Bewertung von zweischichtigen Arbeitszeitsystemen. Da in aller Regel weder monetäre noch zeitliche Kompensationen geleistet werden, erzielt aber keiner der Indikatoren eine bessere Beurteilung als die Normalarbeitszeit.

Ebenfalls ungünstiger unter dem Gesichtspunkt der Sozialverträglichkeit sind variable Arbeitszeitformen zu beurteilen, bei denen die Entscheidungsautono-mie ausschließlich oder weitgehend beim Betrieb liegt. Demgegenüber bietet eine gleichmäßige Normalarbeitszeit für den Arbeitnehmer einen gewissen Schutzraum, da der beliebige betriebliche Zugriff auf die Zeitgestaltung aus-geschlossen ist.

Schwierig zu beurteilen sind variable Arbeitszeiten mit teilweiser Gestaltungs-autonomie der Beschäftigten. Hierzu bedarf es jeweils sehr spezifischer Informationen über die jeweilige Regelungspraxis, über die Zeitanforderungen der Betriebe und die der Beschäftigten.

In der arbeitszeitpolitischen Diskussion bislang viel zu wenig beachtet ist der Umstand geblieben, daß in den monetären Kompensationen, die für ungünstig gelegene und deshalb belastende Arbeitszeiten gezahlt werden, ein nicht unerhebliches Potential zur Verbesserung der Sozialverträglichkeit steckt. Eine Umwandlung der monetären Zuschläge in zeitliche Kompensationen würde vor allem erhebliche Beschäftigungseffekte auslösen und gleichzeitig auch bei den übrigen Kriterien zu wesentlichen Verbesserungen führen. Eine konsequente Umsetzung des Prinzips der zeitlichen Kompensation für sämtliche geldlichen Zuschläge würde eine zusätzliche Nachfrage nach mindestens 1,5 Millionen Arbeitskräften stimulieren. Zielkonflikte ergeben sich allein gegenüber dem Einkommenskriterium.

4. GESTALTUNGSMÖGLICHKEITEN FÜR EINE SOZIALVERTRÄGLICHE ARBEITSZEIT

4.1 Ökonomisch – organisatorische Ansatzpunkte

Die Ausgangsfrage lautet: Wie läßt sich bei gegebener Technik die Arbeitszeit so organisieren, daß der Grad der Sozialverträglichkeit gesteigert werden kann? Im Prinzip kommen folgende Gestaltungsalternativen in Frage.

(1) Wohl am weitesten reicht die Variante, eine weitere Ausbreitung von Arbeitszeiten, deren Sozialverträglichkeitsgrad deutlich unter dem Niveau der Normalarbeitszeit liegt, nicht nur zu blockieren, sondern das bestehende Ausmaß zu verringern. Unter dem Gesichtspunkt der Sozialverträglichkeit konsequent wäre es, die Nacht und Sonntagszeit zu betrieblichen Ruhezonen zu erklären und als Ausnahmen lediglich technische und unabdingbare Versorgungsgründe zuzulassen. Ökonomische Gründe würden dagegen nicht anerkannt. Bei einem solchen Vorschlag wären einige Folgeprobleme zu vergegenwärtigen und abzuwägen.

Das Gesamtvolumen ungünstiger und sozial wenig verträglicher Arbeitszeiten würde sich verringern, deutlich weniger Arbeitnehmer wären folgenschweren Belastungen und Einschränkungen ausgesetzt. Dem würde allerdings gegenüberstehen, daß überall dort, wo bereits aus ökonomischen Gründen nachts oder sonntags gearbeitet wird, mit höheren Kapitalstückkosten, einer verschlechterten Ertragslage und einem massiven Druck auf das Lohnniveau bzw. das Beschäftigungsniveau zu rechnen wäre. Andererseits muß man kostensenkende Wirkungen berücksichtigen. Zum einen sind dies Einsparungen bei gesellschaftlichen Folgekosten aufgrund der geringeren gesundheitlichen Beeinträchtigungen usw. Zum anderen ist ein höherer Grad der Arbeitszufriedenheit mit entsprechenden Produktivitätssteigerungen zu erwarten.

Deklariert man ökonomische Gesichtspunkte als gesellschaftlich nicht ak-zeptable Gründe für Nacht- und Sonntagsarbeit, dann stellt sich die Frage, inwieweit es berechtigt ist, den expandierenden Dienstleistungs- und Freizeitsektor auszuklammern, in dem die Lage der Arbeitszeit zu einem großen Teil komplementär zur Normalarbeitszeit auf den Abend- und Nacht- sowie Wochenendbereich fällt. Antworten, die die Verbesserung von Dienstleistungen an Wochenenden als Erhöhung der Lebensqualität und als Wohlstandszuwachs verstehen und diese Ar-beitszeiten deshalb als gesellschaftlich akzeptabel einstufen, die industrielle Wochenendproduktion dagegen günstigenfalls als eine Erhöhung des Verteilungsspielraums qualifizieren und letztlich ablehnen (vgl. Rinderspacher 1988, S. 1031), machen sich die Beurteilung entschieden zu leicht. So bleiben die zu ungünstigen Zeiten im Dienstleistungsbereich beschäftigten Arbeitnehmer von den gesundheitlichen und sozialen Bela-stungen ebenso wenig verschont wie die im Produktionsbereich Be-schäftigten. Für die Menschen, die den tertiären Sektor in Anspruch neh-men, haben die dort angebotenen Dienstleistungen ohne Zweifel eine wichtige sozialökonomische Funktion. Sie dienen der körperlichen und geistigen Regeneration ebenso wie sie dazu beitragen, den kulturellen und sozialen Wohlstand einer Gesellschaft zu entwickeln und zu mehren. Kurzum: Ohne deren abendliches und sonntägliches Arbeitsangebot wäre die Gesellschaft ein ganzes Stück ärmer. Dies entbindet aber nicht von dem Bemühen, im Dienstleistungs- und Freizeitsektor mit der gleichen Intensität wie im industriellen Bereich nach Wegen für eine möglichst sozial verträglich gestaltete Arbeitszeit zu suchen. Wenn der Grad der Sozialverträglichkeit von Arbeitszeiten gesteigert werden soll, dann müssen für diejenigen Tätigkeiten, auf die man aus gesellschaftlichen Gründen weder zu Nacht- noch zu Wochenendzeiten verzichten will, besondere zusätzliche (zeitliche) Kompensationen angeboten werden.

(2) Eine zweite, weniger radikale Möglichkeit könnte sein, den Preis für sozial wenig verträgliche Arbeitszeiten drastisch heraufzusetzen. Diese Überlegung orientiert sich am bisherigen tariflichen Regelungsprinzip, das Nacht- und Wochenendarbeit ebenso wie Überstunden oder Rufbereitschaften mit monetären Zuschlägen verteuert.

Allerdings erstreckt sich das Zuschlagsprinzip nicht auf sämtliche von der Normalarbeitszeit abweichende und hinsichtlich der Sozialverträglichkeit als ungünstiger zu bewertende Arbeitszeitvarianten. Zuschlagfrei sind einige in jüngster Zeit rasch sich ausbreitende Arbeitszeitformen, wie z.B. variable Teilzeitarbeit, Bandbreitenmodelle, versetzte Arbeitszeiten oder Zwei – Schicht – Systeme; große Regelungslücken bestehen bei der Samstags – arbeit. Da diese verschiedenen Formen flexibler Arbeitszeitgestaltung im Vergleich zur Normalarbeitszeit einerseits kapital – und/oder arbeitsparende Wirkungen haben und sie andererseits für die Beschäftigten den Nutzen der arbeitsfreien Zeit einschränken sowie höhere gesundheitliche und soziale Belastungen hervorrufen können, erscheint es gerechtfertigt, hier ebenfalls das Zuschlagsprinzip anzuwenden.

Welche Wirkungen sich mit diesem Ansatz erzielen lassen, hängt sicherlich von der Höhe der Zuschläge ab. Generell gilt, je höher die Zuschläge sind, desto geringer fallen die ökonomischen Vorteile langer Betriebsnut – zungszeiten oder variabler Arbeitszeitformen aus. Auf der anderen Seite muß man allerdings sehen, daß mit steigender Höhe der Zuschläge un – günstige und sozial belastende Arbeitszeitformen aus Einkommensgründen an Attraktivität bei den Beschäftigten gewinnen. Unter diesen Vorzeichen dürfte der gesellschaftliche Widerstand gegen derartige Arbeitszeitformen mit der steigenden Höhe der monetären Zuschläge schwinden.

Problematisch an diesem Ansatz ist ferner, daß er belastungsindifferent ist. Die "monetäre Vergütung" von Belastungen ändert nichts an den Bela – stungen und den hieraus sich ergebenden langfristigen individuellen und gesellschaftlichen Folgen. Allerdings könnte ein hoher Preis die Suche der Betriebe stimulieren, sozial unverträgliche Arbeitszeiten durch veränderten Technikeinsatz und/oder organisatorische Innovationen abzubauen.

(3) Ein dritter Ansatz besteht darin, die individuelle Dauer und/oder Häufigkeit sozial unverträglicher Arbeitszeiten zu verringern. Diese Lösungsvariante basiert auf der Überlegung, daß die gesundheitlichen und sozialen Belastungen bzw. Einschränkungen für den einzelnen um so geringer sind, je kürzer bzw. seltener er ungünstigen Arbeitszeiten ausgesetzt ist. Mögliche Regelungsvarianten sind:

– Die Zahl der Nachtschichten oder Wochenenden für die betroffenen Arbeitnehmer zu begrenzen (Höchstgrenzen);

- Höchstaltersgrenzen für Arbeiten zu ungünstigen Arbeitszeiten;

- Befreiung bestimmter Personengruppen von bestimmten Arbeitszeiten. Z.B. Verbot von Nacht- und Sonntagsarbeit für Elternteile mit erzie- hungsbedürftigen Kindern oder für Arbeitnehmer mit gesundheitlichen Einschränkungen;

- Rechtsansprüche, die sicherstellen, bei veränderten sozialen oder fami- lialen Bedingungen aus ungünstigen Arbeitszeiten zur Normalarbeitszeit zurückkehren zu können;

- Freizeitausgleich für alle Arbeitszeitformen, die bei der Sozialverträglich- keitsprüfung ungünstiger abschneiden als die Normalarbeitszeit. Das Prinzip der zeitlichen Kompensation sollte sich auch auf die monetären Zuschläge erstrecken.

Derartige belastungsmindernde Regelungen haben jedoch folgende Kehr- seite. Die individuelle Verringerung ungünstiger Arbeitszeiten mindert zwar den Grad der Belastungen beim einzelnen Arbeitnehmer. Gleichzeitig weitet sich automatisch der Kreis der Arbeitnehmer aus, der zu ungünstigen Arbeitszeiten arbeiten muß. Dieser Mechanismus gilt zumindest so lange, wie das Gesamtvolumen dieser Arbeitszeitformen unverändert bleibt.

Der gleiche Effekt tritt übrigens auch bei einer generellen Arbeitszeitver- kürzung ein, wenn nicht gleichzeitig auch die Betriebsnutzungszeiten ver- ringert werden. Bleiben sie jedoch unverändert, dann muß eine größere Zahl an Arbeitnehmern die durch Arbeitszeitverkürzungen ausfallende Zahl an Arbeitsstunden auch zu sozial wenig verträglichen Zeitabschnitten aus- füllen.

Ferner könnte sich das Verbot bestimmter Arbeitszeiten für einzelne Be- schäftigtengruppen als beschäftigungspolitischer Bumerang erweisen, da diese nicht mehr zeituniversell einsetzbar sind. Diese Einschränkung könnte den Zugang zum Arbeitsmarkt, zu betrieblichen Karriereleitern usw. erschweren.

(4) Schließlich läßt sich der Grad der Sozialverträglichkeit durch erweiterte arbeitszeitliche Dispositionsmöglichkeiten der Arbeitnehmer steigern. Kollektivvertragliche Regelungen sollten den Rahmen schaffen, der den Beschäftigten größere Möglichkeiten gibt, die sozialen und familialen Zeit- anforderungen besser mit dem Arbeitszeitrhythmus abstimmen zu können.

Hierzu gehören erweiterte Rechte, auf Beginn, Ende und Dauer der tägli‐
chen Arbeitszeit Einfluß nehmen zu können.

4.2 Technisch‐organisatorische Ansatzpunkte

(1) Wenn auch die Frage nach dem von wirtschaftlichen, technischen, politi‐
schen und kulturellen Entscheidungen und Orientierungen abhängigen
Arbeitsaufwand im Verhältnis zur Arbeitszeit weithin offen für Deutungen
bleibt, ist festzuhalten, daß Konstruktion und Anwendung von Technik
funktionale und soziale Implikate in bezug auf die Arbeitszeitorganisation
haben. Nach den Ergebnissen unserer theoretischen Analyse und empiri‐
schen Fallbeobachtungen ist das Handeln von Ingenieuren, technischen
Leitern usw. bei Planung, Entwicklung und Implementation einer neuen Art
der Herstellung oder einer neuen Art von Gebrauchsgut stets funktional
ausgerichtet und sozial nur insoweit reflektiert, als lediglich die Kosten für
die Erstellung und die Rentabilität bei der Anwendung der technischen
Produkte als harte Anforderungskriterien für Instrumentierung und Nutzung
gelten. Wird die Bedienbarkeit des Arbeitsmittels allenfalls noch als
"weiches" Entwicklungskriterium akzeptiert, bleiben soziale Ge‐
staltungskriterien, wie z.B. die Offenheit eines technisch‐organisatorischen
Systems für alternative Arbeitszeitmodelle oder für Kombinationen ver‐
schiedener Arbeitszeitformen – kurz: für offene Zeitstrukturen – , zumeist
ausgeblendet.

Damit soll nicht etwa der Prädominanz des Technischen (oder Ökonomi‐
schen) über den arbeitszeitorganisatorischen Handlungsspielraum das Wort
geredet werden. Doch wird man über sozialverträgliche Arbeitszeitformen
nicht reden können, wenn man von den materiellen, von den technischen
und technologischen Grundlagen abstrahiert.

(2) Traditionell werden soziale Ansprüche der Arbeitskräfte in bezug auf die
Gestaltung der Arbeitsbedingungen auf der Kostenseite der Wirtschaftlich‐
keitsrechnung einer Produkt‐/Produktionsentwicklung verbucht, weil in
ihnen kein marktgängiges Nutzenäquivalent gesehen wird (vgl. Sach‐
verständigenkommission Arbeit und Technik Bremen 1988, S. 72). Neu‐
erdings sind Tendenzen erkennbar, in erweiterten Wirtschaft‐
lichkeitskategorien zu denken, d.h., neben monetären Aufwands‐ und
Ertragsgrößen auch sozialökonomische Nutzen‐ und Kostenfaktoren zu

berücksichtigen. Hier wird unterstellt, daß mittel – und langfristig diese Tendenzen im Zuge zunehmender Politisierung des Verhältnisses von Arbeit und Technik und des Gestaltungsgedankens stärker als bisher bei der betrieblichen Konzipierung von technisch – organisatorischen Produktionssystemen zum Tragen kommen. Gilt nach heute noch vorherrschender Sicht ein Prozeß erst dann als "beherrscht", wenn er technisch autonom, d.h. ohne menschliche Eingriffe, abgewickelt werden kann (wenn menschliche Arbeitskraft als "Fehlerquelle" vollständig ausgeschaltet ist), so ist vorstellbar, daß die Bewältigung neuer Markt- und Produktionsanforderungen (Stichworte: Kundennähe, rasche Änderungen der Nachfrage, flexibel – spezialisierte Fertigung) die Restitution menschlicher Arbeit als strategisches Flexibilitätspotential begünstigt und sich aus ihrer wieder zunehmenden Bedeutung "für die Aufrechterhaltung des Produktionsprozesses auch Zugriffsmöglichkeiten auf die technischen und organisatorischen Arbeitsabläufe eröffnen" (Frerichs u.a. 1987, S. 45).

(3) Selbst wenn man das unter (2) Gesagte für völlig unrealistisch hält, kann man nicht daran vorbei, daß im Rahmen ähnlicher sozioökonomischer Strukturen von Betrieben die Zeit – und Kostenkalküle zu ganz unterschiedlichen technisch – arbeitszeitorganisatorischen Lösungen führen. Sie sind anscheinend nicht zuletzt davon abhängig, wie stark die Beschäftigten/die Betriebsräte Einfluß nehmen (können) und von welchen Leitbildern industrieller Beziehungen betriebliche Leitungskader und Leistungsträger ausgehen. Das bedeutet, daß unter bestimmten Bedingungen dem Ziel sozialverträglicher Arbeitszeitgestaltung durch entsprechenden Zuschnitt des technisch – organisatorischen Systems Raum gegeben wird bzw. gegeben werden kann.

(4) Dieses Ziel ist hinsichtlich seiner technisch – organisatorischen Anforderungen nur erst in Umrissen operationalisierbar. Das soll in der Weise versucht werden, daß zwei wesentliche, entgegengesetzte Typen von Produktionskonzepten nach Problembereichen strukturiert werden (vgl. Sachverständigenkommission Arbeit und Technik Bremen 1988, S. 127 ff.). Aus dem Spektrum der Produktionskonzepte werden die Einzel – und Kleinserienfertigung einerseits und die Großserienfertigung andererseits herausgegriffen. Im Bereich der Einzelfertigung hat sich bis heute ein auf die Werkstatt gestütztes, wenig arbeitsteiliges Produktionskonzept mit Fertigungsinseln als Kern gehalten. In der Großserienfertigung ist der Prozeßablauf nach dem Fließsystem organisiert, die lediglich eine starre Automatisierung ermöglicht.

Aufgrund seiner hohen Produktivitätserfolge und wegen effektiver Nachfrage nach Massengütern hatte und hat die Großserienfertigung einen
hohen Anteil am Wachstum des Produktionsvolumens in der
Bundesrepublik. Die Werkstattfertigung war bisher wegen der Vielfalt der
Teile und Produkte einer durchgreifenden Technisierung weniger zugänglich. Hinzu kommt, daß die Produktion von Massengütern die Herstellung
von Spezialmaschinen für die Großserienfertigung voraussetzt.

(5) Vor dem Hintergrund stagnierender Absatzmöglichkeiten aufgrund von
Sättigungsgrenzen für Güter des Massenbedarfs und daraus resultierenden
Verdrängungswettbewerbs werden technische Entwicklungen in Richtung
auf komplexe Produkte höherer Qualität mit dem Ziel größerer Kundennähe und Terminflexibilität und entsprechende produktionstechnische Entwicklungen stimuliert. Um den Produktionsprozeß den Marktanforderungen
anzupassen, werden die kostspieligen und zeitaufwendigen Fertigungen mit
Hilfe mikroelektronisch gestützter Steuer- und Regelsysteme flexibel automatisiert.

Zwischen den beiden Produktionskonzepten ergibt sich in der Zielrichtung
eine Parallele, indem beide flexibel-spezialisierte Produktionsstrategien
verfolgen. Trotz dieser groben strategischen Übereinstimmung ist auf der
Ebene der technisch-organisatorischen Lösungen eine große Varianten-
vielfalt vorzufinden: Die Arbeitssituation ist einerseits gekennzeichnet durch
eine mit zunehmender Integration ebenfalls zunehmende Arbeitsteilung mit
der Folge starrer, aufeinander bezogener Prozeßschritte und entsprechend
geringen Handlungsspielräumen für die sachliche und zeitliche Ausgestaltung der Arbeitsbedingungen. Andererseits wird in der rechnergestützten
Vernetzung die Neukonzipierung der Produktionsabläufe unter
"ganzheitlichen" Gesichtspunkten gesehen: Abbau von Arbeitsteilung,
berufliche und zeitliche Autonomie in Fertigung und Verwaltung
(Logistikinseln).

(6) Werden die rechnergestützten Fertigungskonzepte mit Arbeitszeitsituationen
verknüpft, ergibt sich ein Kreuzschema (vgl. Übersicht 5). Auf diese Weise
lassen sich vier technisch-organisatorische Produktionskonzepte unterscheiden.

Das Feld 1 repräsentiert den eher arbeitsorientierten, das Feld 4 den eher
technikorientierten Produktionstyp. Mit dem arbeitsorientierten Produktionskonzept (Feld 1) wird nicht die technische Lösung zum Ausgangspunkt
für die Organisation des Prozesses genommen, sondern die Ansprüche

der Arbeitskräfte bilden den Bezugspunkt der technisch – organisatorischen Gestaltung.

Übersicht 5: Einfache Klassifikation alternativer Produktionskonzepte

Fertigungs–/Produktionstechnik: Zentralisierungsgrad

		dezentral	zentral
niedrig		1	3
hoch		2	4

(Vertikale Achsenbeschriftung: Arbeitsorganisation: Grad der Arbeitsteilung)

Quelle: Sachverständigenkommission Arbeit und Technik Bremen 1988 (mod.)

Mit dem technikorientierten Produktionskonzept (Feld 4) wird hingegen versucht, die Fertigungseinrichtungen teilweise flexibel und vollständig zu automatisieren. Auf diese Weise soll erreicht werden, daß die Nutzungszeit ohne zusätzlichen Personalaufwand verlängert wird und damit die Stück – kosten gesenkt werden. Sogenannte "Geistergeschichten" sollen einen Betrieb ermöglichen, der weitgehend unabhängig macht von permanenten menschlichen Eingriffen. Für die in der Fertigung Arbeitenden hat dieses Konzept zur Folge, daß sie sog. Restarbeiten, die (noch) nicht auf ein höheres technisches Niveau gehoben werden können, zu erfüllen haben. Die arbeits(zeit)organisatorischen Maßnahmen zielen deshalb darauf ab, den reibungslosen Fertigungsablauf sicherzustellen, den Prozeß entspre – chend zu überwachen bzw. die entsprechende Restarbeit bereitzustellen.

LITERATURVERZEICHNIS

ALEMANN, U. v., SCHATZ, H., VIEFHUES, D. (1985). Sozialverträgliche Technikgestaltung. Entwurf eines politischen Programms. In: Fricke, W. u.a. (Hg.). Jahrbuch Arbeit und Technik in Nordrhein – Westfalen 1985. Bonn, S. 349 – 367.

ALEMANN, U. v., BÖCKLER, M., LIESENFELD, J. (1986). Sozialverträgliche Technikgestaltung. Aktuelle Ansätze sozialer Gestaltung von neuen Technologien am Beispiel von NRW. In: Bartölke, K., Bünnig, J., Fricke, W., Hobbensiefken, G., Höfkes, U., Ridder, H. – G.. (Hg.). Möglichkeiten der Gestaltung von Arbeit und Technik in Theorie und Praxis, Bonn, S. 120 – 132.

ALTMANN, N., BECHTLE, G. (1971). Betriebliche Herrschaftsstruktur und industrielle Gesellschaft. Ein Ansatz zur Analyse. München.

ALTMANN, N., DEIß, M., DÖHL, V., SAUER, D. (1986). Ein "neuer Rationalisierungstyp". Neue Anforderungen an die Industriesoziologie. In: Soziale Welt, H. 2/3, S. 189 – 207.

BÄCKER, G., SEIFERT, H. (1982). Arbeitszeitpolitische Kontroverse: Individuelle Flexibilität oder tarifvertragliches Regelsystem. In: Offe, C., Hinrichs, K., Wiesenthal, H. Arbeitszeitpolitik. Formen und Folgen einer Neuverteilung der Arbeitszeit. Frankfurt/M., New York.

BAILLOD, H. (1986). Arbeitszeit. Humanisierung der Arbeit durch Arbeitszeitgestaltung. Stuttgart.

BALLA, B. (1982). Technik – Gesellschaft – Knappheit. Theoretische Perspektiven einer Techniksoziologie. In: Jokisch, R. (Hg.). Techniksoziologie. Frankfurt/M., S. 82 – 111.

BARTÖLKE, K., BÜNNIG, F., FRICKE, W:, HOBBENSIEFKEN, G., HÖFKES, U., RIDDER, H. – G.. (Hg.) (1986). Möglichkeiten der Gestaltung von Arbeit und Technik in Theorie und Praxis. Bonn.

BECKER, G.H. (1965). A Theory of Allocation of Time. In: The Economic Journal, Vol. 75, S. 493 – 517.

BECKER, G., BRACKERT, H., BRAUNER, S., TÜMMLER, A. (1977). Zum kulturellen Bild und zur realen Situation der Frau im Mittelalter und in der frühen Neuzeit. In: Becker, G., Bovenschen, S., Brackert, H., Brauner, S., Brenner, I., Morgenthal, G., Schneller, K., Tümmler, A. (Hg.). Aus der Zeit der Verzweiflung. Zur Genese und Aktualität des Hexenbildes. Frankfurt/M., S. 11 – 128.

BECKER – SCHMIDT, R. (1986). Technologiepolitik der Arbeitgeber. Auf de Weg zu einer höheren Stufe der Entfremdung? In: Bartölke, K., Bünni J., Fricke, W., Hobbensiefken, G., Höfkes, U., Ridder, H. – G.. (Hg Möglichkeiten der Gestaltung von Arbeit und Technik in Theorie ui Praxis. Bonn, S. 70 – 79.

BELL, D. (1979). Die nachindustrielle Gesellschaft. Reinbek bei Hamburg.

BENZ – OVERHAGE, K. (1986). Gewerkschaftliche Technologiepolitik in d Bundesrepublik Deutschland zwischen reaktiver Strategie und neu(Perspektiven (Thesen). In: Bartölke, K., Bünnig, J., Fricke, V Hobbensiefken, G., Höfkes, U., Ridder, H. – G.. (Hg.). Möglichkeiten d Gestaltung von Arbeit und Technik in Theorie und Praxis. Bon S. 89 – 97.

BERGER, J., OFFE, C. (1980). Die Entwicklungsdynamik des Dienst leistungssektors. In: Leviathan, 8. Jg., Nr. 1, S. 41 – 75.

BERNAL, J.D. (^{3}1970). Wissenschaft. Science in History. IV Bde. Reinbek b Hamburg.

BLOCH, E. (^{2}1967). Das Prinzip Hoffnung. III Bde. Frankfurt/M., Bd. II.

BRAUDEL, F. (1986). Sozialgeschichte des 15. – 18. Jahrhunderts. Aufbruc zur Weltwirtschaft. München.

BRINKMANN, CH., GÜRTLER, J., KOHLER, H., REYHER, L RUDAT, R., SPITZNAGEL, E., TERIET, B. (1986). Überstunden. Ent wicklung, Strukturen und Bestimmungsgrößen. BeitrAB 98. Nürnberg.

BRINKMANN, CH., KOHLER, H., REYHER, L. (1986). Teilzeitarbeit un Arbeitsvolumen. In: MittAB, Nr. 3.

BRÖDNER, P. (1987). Ein anthropozentrischer Entwicklungspfad für die eu ropäische Industrie. In: Berufsbildung. Zeitschrift des Europäischen Zen trums für die Förderung der Berufsbildung, Nr. 1. Berlin, S. 33 – 42.

BUNDESREGIERUNG (Hg.) (1983). Bericht der Bundesregierung zur Planun für die Weiterentwicklung des Programms "Humanisierung des Arbeits lebens". BT – Drucksache 10/16 v. 16.04.

DICKE, H., HEITGER, B. (1977). Beschäftigungschancen in der Bundes republik Deutschland. Internationaler versus Binnensektor. In: Die Welt wirtschaft, H. I, S. 97 – 198.

DIECKMANN, A., ERNST, G., NACHREIHNER, G. (1983). Schichtarbeit un Familie. In: DGB (Hg.). AFA Informationen, Nr. 5.

DIW (1987). Produktionsvolumen und – potential, Produktionsfaktoren de Bergbaus und des verarbeitenden Gewerbes in der BRD. Statistisch Kennziffern. 29. Folge. Berlin.

DIW (1988). Exportgetriebener Strukturwandel bei schwachem Wachstum. Strukturberichterstattung 1987. Beiträge zur Strukturforschung. Heft 103.

DÖHRN, R. (1986). Zeit zum Konsumieren oder Konsum für den Zeitvertreib? In: RWI – Mitteilungen, Nr. 1.

DOLATA, U. (1988). Stolpersteine auf dem Weg zur automatisierten Fabrik. In: WSI – Mitteilungen, H. 11, S. 648 – 656.

DÜLL, K. (1975). Industriesoziologie in Frankreich – Eine historische Analyse zu den Themen Technik, Industriearbeit, Arbeiterklasse. Frankfurt/M., Köln.

DÜLL, K. (1985). Gesellschaftliche Modernisierungspolitik durch neue "Produktionskonzepte"? In: WSI – Mitteilungen, H. 3, S. 141 – 145.

DÜLL, K., SAUER, D., SCHNELLER, I., ALTMANN, N. (1976). Öffentliche Dienstleistungen und technischer Fortschritt. Eine Untersuchung der gesellschaftlichen Bedingungen und Auswirkungen in der Deutschen Bundespost. II Bde. Frankfurt/M., München.

DUPONT, G., SELLIN, B. (1987). Fabrik der Zukunft und Zukunft der Arbeit. In: Berufsbildung. Zeitschrift des Europäischen Zentrums für die Förde - rung der Berufsbildung, Nr. 1. Berlin, S. 1 – 2.

EDELING, C. (1972). Monotonie der Arbeit. In: Der Arbeitgeber, 24. Jg., Nr. 12, S. 463.

EGLE, F., KARR, W., LEUPOLDT, R. (1980). Strukturmerkmale der Arbeitslo - sen für Ströme und Bestände sowie Analyse der Vermittlungstätigkeit. In: MittAB, Nr. 1.

ELIAS, N. (⁸1981). Über den Prozeß der Zivilisation. Soziogenetische und psychogenetische Untersuchungen. II Bde. Frankfurt/M.

EVANS, A.W. (1972). On the Theory of the Valuation and Allocation of Time. In: Scottish Journal of Political Economy, Vol. 19, S. 1 – 17.

FISCHER, W. (1972). Ökonomische und soziologische Aspekte der frühen Industrialisierung. Stand und Aufgaben der Forschung. In: Ders. Wirtschaft und Gesellschaft im Zeitalter der Industrialisierung. Göttingen, S. 15 – 27.

FRERICHS, J., GROSS, H., PEKRUHL, U. (1987). Betriebliche Arbeitszeitpolitik und Interessenvertretung. Lernprozesse bei der Umsetzung der Arbeitszeitverkürzung in der Druckindustrie. Bonn.

FRICKE, W., KRAHN, K., PETER, G. (1985). Arbeit und Technik als politische Gestaltungsaufgabe. Ein Gutachten aus sozialwissenschaftlicher Sicht. Hgg. vom Senator für Bildung, Wissenschaft und Kunst der Freien und Hansestadt Bremen. Bonn.

FRIEDRICH, H. (1987). Bereich der Druckweiterverarbeitung im "Erneuerungsstrudel". In: Der Polygraph, 40. Jg., Nr. 11, S. 950–954.

FÜRSTENBERG, F., GLANZ, A., STEININGER, S. (1987). Gesundheitliche Beschwerden durch soziale Beanspruchung bei Wechselschichtarbeit? Ergebnisse einer Befragung von Schichtarbeitern im 2–Schicht–Betrieb. In: Zentralblatt für Arbeitsmedizin. S. 213–220.

FÜRSTENBERG, F., STEININGER, S., GLANZ, A. (1984). Soziale Beanspruchung bei Wechselschichtarbeit im 2–Schicht–Betrieb. In: Zeitschrift für Arbeitswissenschaft.

GAT 1 (1986). Neue Zuschneidetechnologien in der Bekleidungsindustrie. Bearbeitet von Baumgarten, W., Lemke, J., im Auftrag der Gesellschaft für Arbeitsorganisation und Technik mbH, Berlin (GAT). Düsseldorf.

GAT 2 (unveröffentlichte Maschinenschrift). Nähtechnologien und deren Entwicklungen unter besonderer Berücksichtigung der Frage nach den Arbeitsbedingungen. Bearbeitet von Adler, U., Mayer, H., im Auftrag der Gesellschaft für Arbeitsorganisation und Technik mbH, Berlin (GAT). Auszugsweise abgedruckt in: Pollen, T., Sattler, K. (1986). Computer rücken vor. Neue Technologien in der Bekleidungsindustrie. = Informationen für Vertrauensleute der Gewerkschaft Textil–Bekleidung, 29. Jg., Nr. 5.

GAT 3 (1986). Neue Transporttechnologien in der Bekleidungsindustrie. Bearbeitet von Braczyk, H.–J., Gebbert, Chr., Knesebeck, J.–H., im Auftrag der Gesellschaft für Arbeitsorganisation und Technik mbH, Berlin (GAT). Düsseldorf.

GEORG, W., KIßLER, L., SATTEL, U. (Hg.) (1985). Arbeit und Wissenschaft: Arbeitswissenschaft? Eine Einführung. Bonn.

GERSTENBERGER, W., SCHEDL, H., VOGLER–LUDWIG, K. (1988). Investitionen, Beschäftigung und Produktivität. Ifo–Studien zur Strukturforschung 10. München.

GEWERKSCHAFT TEXTIL–BEKLEIDUNG ([4]1984). Beiträge zur Humanisierung des Arbeitslebens in den Betrieben der Textil– und Bekleidungsindustrie. Eine Auswahl von Artikeln aus den Jahrgängen 1977–1984 der Zeitung "textil–bekleidung". 4. ergänzte Auflage. Hgg. vom Hauptvorstand. Düsseldorf.

GEWERKSCHAFT TEXTIL–BEKLEIDUNG (1988). Tarifliche Rahmenregelung über die Optimierung der Maschinenlaufzeiten (Verlängerung der Maschinenlaufzeit) in der Textilindustrie. Kommentar. Hgg. vom Hauptvorstand. Düsseldorf (vervielfältigte Maschinenschrift).

GIEDION, S. (1987 (1982)). Die Herrschaft der Mechanisierung. Ein Beitrag zur anonymen Geschichte. Frankfurt/M.

GIERSCH, H. (1980). Europas künftige industrielle Strukturen. In: Technik und Gesellschaft: Fortschritt für den Menschen? = Ausgewählte Beiträge aus den IBM – Nachrichten, H. 3. Hgg. von der IBM Deutschland. Stuttgart, S. 55 – 64.

GROSS, H., PEKRUHL, U., THOBEN, C. (1987). Arbeitszeitstrukturen im Wandel. In: Minister für Arbeit, Gesundheit und Soziales des Landes NRW (Hg.). Arbeitszeit 87. Düsseldorf.

GROSS, H., THOBEN, C., BAUER, F. (1989). Arbeitszeit `89. In: Minister für Arbeit, Gesundheit und Soziales des Landes NRW (Hg.). Düsseldorf.

GRUMBACH, J., HENNIG, K. – P. (1987). Kriterien zur Auswahl und Bewertung neuer Technologien für Nordrhein – Westfalen aus gewerkschaftlicher Sicht. In: Fricke, W. u.a. (Hg.). Jahrbuch Arbeit und Technik in Nordrhein – Westfalen 1987. Bonn, S. 375 – 386.

GUNN, TH. G. (1982). Konstruktion und Fertigung. In: Spektrum der Wissenschaft, Nr. 11, S. 76 – 98.

HABERMAS, J. (1971). Technik und Wissenschaft als "Ideologie". Frankfurt/M.

HAEFNER, K. (1982). Die neue Bildungskrise. Herausforderung der Informationstechnik an Bildung und Ausbildung. Basel, Boston, Stuttgart.

HARTMANN, M. (1985). Dequalifizierung oder Requalifizierung der Arbeit? – Über das Theorem der reellen Subsumtion. In: Leviathan, 13. Jg., H. 2, S. 271 – 290.

HAUSEN, K. (1978): Technischer Fortschritt und Frauenarbeit im 19. Jahrhundert. Zur Sozialgeschichte der Nähmaschine. In: Geschichte und Gesellschaft, 4. Jg., Nr. 2, S. 148 – 169.

HEINRICH, H.J. (1984). Die katastrophale Moderne. Endzeitstimmung, Aussteigen, Ethnologie, Alltagsmagie. Frankfurt/M.

HAWRANEK, D. (1988). Du mußt dein Leben drum rum basteln. In: Der Spiegel, 42. Jg., Nr. 40, S. 28 – 29.

HEINZ, W.R. (1987). Die Zukunft der Arbeit. Ende oder Krise der Arbeitsgesellschaft? In: Berufsbildung. Zeitschrift des Europäischen Zentrums für die Förderung der Berufsbildung, Nr. 1, Berlin, S. 15 – 21.

HEINZE, R.R., HINRICHS, K., HOHN, H. – W., OFFE, C., OLK, TH. (1979). Arbeitszeitflexibilisierung als beschäftigungspolitisches Instrument – Wirkungen und Grenzen neuer Arbeitszeitpolitik. In: MittAB, Nr. 3, S. 276 – 288.

HELD, M., SCHANZ, W. (1986). Kriterienliste zur gesellschaftlichen Diskussion der zukünftigen Arbeitszeitgestaltung. In: epd Dokumentation, Arbeitszeitpolitik. Wer setzt das Maß für die "Arbeitszeit nach Maß". Frankfurt, S. 39 – 47.

HELL GMBH (1987). Bilder, Texte, Daten, Computer. Hell – Technik 1979/80 bis 86/87. In: Der Polygraph, 40. Jg., Nr. 11, S. 1087 – 1103.

HINRICHS, K. (1988). Motive und Interessen im Arbeitszeitkonflikt. Frankfurt/M., New York.

HOBBENSIEFKEN, G. (1980). Berufsforschung. Einführung in traditionelle und moderne Theorien. Opladen.

HOBBENSIEFKEN, G. (1986). Zur Methode der Antizipation von Kern/Schumann. In: Bartölke, K., Bünnig, J., Fricke, W., Hobbensiefken, G., Höfkes U., Ridder, H. – G.. (Hg.). Möglichkeiten der Gestaltung von Arbeit und Technik in Theorie und Praxis. Bonn, S. 61 – 69.

HORN, M. (1984). Grundlagen zu einer Theorie der Zeitbudgetpolitik. Diss. Passau.

HÜGLE, H.E. (1987). Entwicklungslinien in der Druckindustrie. In: Der Poly – graph, 40. Jg., Nr. 11, S. 902 – 904.

HWWA INSTITUT FÜR WIRTSCHAFTSFORSCHUNG (1987). Analyse der strukturellen Entwicklung der deutschen Wirtschaft. Strukturbericht 1987. Hamburg.

IFO – INSTITUT (1987). Ifo Strukturberichterstattung 1987. München.

IFO – INSTITUT (1988). Innovation, Wachstum und Beschäftigung. Projekt im Rahmen der META – Studie II: Arbeitsmarktwirkungen moderner Tech – nologien. München.

IFS – INSTITUT FÜR STADTFORSCHUNG UND STRUKTURPOLITIK (1988). Wirkungen des Einsatzes computergestützter Techniken in In – dustriebetrieben. Gutachten im Rahmen der META – Studie II: Arbeits – marktwirkungen moderner Technologien. Berlin.

INSTITUT FÜR SOZIALWISSENSCHAFTLICHE FORSCHUNG (1967). Typologie der Arbeitsformen II. München (unveröffentlichte Maschinenschrift).

ISG INSTITUT FÜR SOZIALFORSCHUNG UND GESELLSCHAFTSPOLITIK (1988). Arbeitsmarktwirkungen moderner Technologien. Be – stimmungsgründe betrieblicher Faktorsubstitution. META – Studie II. Köln.

JOACHIM, P. (1986). Sozioökonomische Determinanten regionaler Innovati – onsbedingungen. Zwischenbericht zum DFG – Forschungsprojekt He. 737/14. Bonn (unveröffentlichte Maschinenschrift).

JOACHIM, P. (1989). Technik, Qualifikation und Arbeitsorganisation. Einführung in sozialwissenschaftliche Untersuchungs – , Erklärungs – und Prognose – konzepte und Überblick ihrer Ergebnisse. Drucklegung in Vorbereitung.

JOACHIM, P., LASCHET, W., WEIMER, K.–H. (1977). Technischer Fortschritt und Beschäftigung. Diskussion der neueren Literatur über Ursachen und Beschäftigungsfolgen des technischen Fortschritts. Vorstudie im Auftrag des BMFT. II Teile. Bonn (unveröffentlichte Maschinenschrift).

KASTNER, M. (1987). Gesundheitliche Konsequenzen einer Ar–beitszeitflexibilisierung. In: Marr, R. (Hg.). Arbeitszeitmanagement. Berlin, S. 213–231.

KERN, H., SCHUMANN, M. (1972). Der soziale Prozeß bei technischen Um–stellungen. Frankfurt/M.

KERN, H., SCHUMANN, M. (1982). Rationalisierung und Arbeiterverhalten. Gedanken zu einer Folgestudie zu "Industriearbeit und Arbeiterbewußtsein". In: Jokisch, R. (Hg.). Techniksoziologie. Frankfurt/M., S. 368–393.

KERN, H., SCHUMANN, M. (1984). Das Ende der Arbeitsteilung? Rationali–sierung in der industriellen Produktion. München.

KOCH, P.A., SATLOW, G. (Hg.) (1966). Großes Textil–Lexikon. Stuttgart.

KÖPPINGER, P. (1985). Zeitsouveränität: Argumente für eine Politik der offensiven Mitgestaltung. Die Flexibilisierung von Arbeitszeiten aus der Sicht der Christlich–Demokratischen Arbeitnehmerschaft. In: Schmid, Th. (Hg.). Das Ende der starren Zeit. Vorschläge zur flexiblen Arbeitszeit. Berlin, S. 40–50.

KOHLÖFFEL, K. (1988). Arbeitszeitmanagement als Instrument der Unter–nehmensplanung. Frankfurt/M. u.a.

KOMMISSION ZUKUNFTSPERSPEKTIVEN (1983). Zukunftsperspektiven ge–sellschaftlicher Entwicklungen. Bericht erstellt im Auftrag der Landesre–gierung von Baden–Württemberg. Stuttgart.

KÜLP, B. (1977). Die Theorie der Freizeitnachfrage. In: Wirtschaftswissen–schaftliches Studium, Nr. 1.

KUMMER, W. (1987). Stand und Entwicklungstendenzen im Satz– und Kommunikationsbereich. In: Der Polygraph, 40. Jg., Nr. 11, S. 866–867.

KURZ–SCHERF, I. (1987). Zeit(t)räume per Tarifvertrag. Oder: Die Renaissance der betriebsnahen Tarifpolitik. In: WSI–Mitteilungen, H. 8.

LAKATOS, I. (1970). Falsification and the Methodology of Scientific Research Programmes. In: Ders., Musgrave, A. (Hg.). Criticism and the Growth of Knowledge. Cambridge, S. 91–195.

LANDENBERGER, M. (1986). Arbeitszeitpräferenzen der Erwerbsbevölkerung. In: Buttler, G., Oettle, K., Winterstein, H. (Hg.). Flexible Arbeitszeit gegen starre Sozialsysteme. Baden–Baden, S. 137–157.

LANDESAMT FÜR DATENVERARBEITUNG UND STATISTIK NORDRHEIN –
WESTFALEN (1982 ff.). Bergbau und Verarbeitendes Gewerbe in
Nordrhein – Westfalen. Statistische Berichte. E I 1/S 1 – J/82 ff.

LANGE, H. (1988). Die soziale Gestaltung der Technik als forschungspoliti –
sches Problem. In: Rauner, F. (Hg.). "Gestalten" – Eine neue gesell –
schaftliche Praxis. Bonn, S. 25 – 33.

LINDE, H. (1982). Soziale Implikationen technischer Geräte, ihrer Entstehung
und Verwendung. In: Jokisch, R. (Hg.). Techniksoziologie. Frankfurt/M., S.
1 – 31.

LUTZ, B. (1969). Produktionsprozeß und Berufsqualifikation. In: Adorno, Th.
W. (Hg.). Spätkapitalismus oder Industriegesellschaft? = Verhandlungen
des 16. Deutschen Soziologentages. Stuttgart, S. 250 – 270.

LUTZ, B. (1988). Zum Verhältnis von Analyse und Gestaltung in der sozial –
wissenschaftlichen Technikforschung. In: Rauner, F. (Hg.). "Gestalten" –
Eine neue gesellschaftliche Praxis. Bonn, S. 15 – 23.

LUTZ, B., DÜLL, K., KAMMERER, G., KREUZ, D. (1970). Rationalisierung und
Mechanisierung im öffentlichen Dienst. Ein Gutachten für die Gewerkschaft
ÖTV. München.

LUTZ, B., SCHMIDT, G. (^{2}1977). Industriesoziologie. In: König, R. (Hg.).
Handbuch der empirischen Sozialforschung. Taschenbuchausgabe,
Bd. 8. Stuttgart, S. 101 – 262.

LUTZ, B., SCHULTZ – WILD, R. (1986). Aufklärung als Gestaltung – Zur Rolle
der Sozialwissenschaften bei technisch – organisatorischen Innovations –
vorhaben. In: WSI – Mitteilungen, H. 10.

McDERMENT, W. (1987). Der menschliche Faktor in der Fabrik von morgen.
In: Berufsbildung. Zeitschrift des Europäischen Zentrums für die Förde –
rung der Berufsbildung, Nr. 1. Berlin, S. 22 – 26.

MERGNER, U., OSTERLAND, M., PELTHE, K. unter Mitarbeit von GÖRRES,
H. – J. (1975). Arbeitsbedingungen im Wandel. Eine Literaturstudie zur
Entwicklung von Belastungen und Qualifikationsanforderungen in der
Bundesrepublik Deutschland. = Schriften der Kommission für wirtschaft –
lichen und sozialen Wandel, Bd. 70. Göttingen.

MERTENS, D. (1979). Neue Arbeitszeitpolitik und Arbeitsmarkt. In: MittAB,
Nr. 3, S. 263 – 269.

MILDE, H. (1975). Konsumzeit, Arbeitszeit und Suchzeit in der Theorie des
Haushalts. In: Jahrbücher für Nationalökonomie und Statistik, Bd. 188, S.
481 – 493.

MÜHLMANN, W. E. (1972). Kultur. In: Bernsdorf, W. (Hg.). Wörterbuch der
Soziologie. III. Bde. Bd. II. Frankfurt/M., S. 479 – 482.

MÜLLER, D. (1987). Hohe Auflagen bei steigendem Aktualitätsbedürfnis und Qualitätsanspruch – kein Problem für die Tiefdrucktechnik. In: Der Polygraph, 40. Jg., Nr. 11, S. 946 – 948.

MÜLLER – HAGEN, D. (1971). Zeitgemäß führen. In: Der Arbeitgeber, 23. Jg., Nr. 6, S. 262 – 263.

MÜLLER MARTINI (1987). Mit Rotationsgeschwindigkeit – ohne Zwischenlagerung – durch den Weiterverarbeitungssaal. Pressemitteilung der Fa. Müller Martini vom 19.1.

MÜNSTERMANN, J., PREISER, K. (1978). Schichtarbeit in der Bundesrepublik Deutschland. Forschungsbericht des Bundesministers für Arbeit und Sozialordnung. Bonn.

MUHRMANN, K. (1988). Brauchen wir längere Maschinenlaufzeiten? In: Wirtschaftsdienst, Nr. 10.

NASCHOLD, F. (1988). Fragen der soziotechnischen Entwicklung und der Sozialwissenschaften in der Bundesrepublik. In: Fricke, W., Jäger, W. (Hg.). Sozialwissenschaften und Industrielle Demokratie. Bonn, S. 135 – 148.

NEIFER, E. (1986). Die Auswirkungen des technischen Fortschritts auf das Beschäftigungssystem. In: Bundesvereinigung der Deutschen Arbeitgeberverbände (Hg.). Leistung und Lohn, Nr. 175 – 176. Bergisch – Gladbach.

NEIFER, E. (1988). Arbeitszeit im Umbruch. Führt die technische Entwicklung zu neuen Arbeitszeitstrukturen? In: Blick durch die Wirtschaft vom 3.6.

NEUNDÖRFER, K. (1985). Drittes Welttextilabkommen – was kommt danach? In: Ders., Stahr, E. – H. (Hg). Die Zukunft des Welttextilhandels. = Schriften zur Textilpolitik, H. 1. Frankfurt/M., S. 9 – 13.

NUSSBAUM, B. (1984). Das Ende unserer Zukunft. Revolutionäre Technologien drängen die europäische Wirtschaft ins Abseits. München.

OLK, TH., HOHN, H. – W., HINRICHS, K., HEINTZE, R.G. (1979). Lohnarbeit und Arbeitszeit. Arbeitsmarktpolitik zwischen Requalifizierung der Zeit und kapitalistischem Zeitregime. In: Leviathan, 7. Jg., Nr. 2.

OSTNER, I. (1978). Beruf und Hausarbeit. Die Arbeit der Frau in unserer Gesellschaft. Frankfurt/M., New York.

OTT, A.E. (1966). Der Zeitbegriff in der Wirtschaftstheorie. In: Schneider, E. (Hg.). Wirtschaftskreislauf und Wirtschaftswachstum. Tübingen, S. 131 – 141.

OTT, E. (1987). Arbeitswissenschaft – Arbeitszeitflexibilisierung – Normalarbeitszeitstandard. In: Zeitschrift für Arbeitswissenschaft, Nr. 3.

PARACONE, C. (1987). Wie verändert sich die Fabrik? Technologische Erneuerung in Europa mit "variabler Geometrie". In: Berufsbildung. Zeitschrift des Europäischen Zentrums für die Förderung der Berufsbildung, Nr. 1. Berlin, S. 27 – 32.

PETER, G. (1986). Gestaltung von Arbeit und Technik über staatliche Technologiepolitik? Thesen aufgrund der Erfahrungen mit dem Humanisierungsprogramm. In: Bartölke, K., Bünnig, J., Fricke, W., Hobbensiefken, G., Höfkes, U., Ridder, H. – G.. (Hg.). Möglichkeiten der Gestaltung von Arbeit und Technik in Theorie und Praxis. Bonn, S. 115 – 119.

PIORE, M.J. (1980 a). Dualism as a Response to Flux and Uncertainty. In: Berger, S., Piore, M. J. (Hg.). Dualism and Discontinuity in Industrial Societies. Cambridge/Mass., S. 23 – 54.

PIORE, M. J. (1980 b). The Technological Foundations of Dualism and Discontinuity. In: Berger, S., Piore, M. J. (Hg.). Dualism an Discontinuity in Industrial Societies. Cambridge/Mass., S. 55 – 81.

PIORE, M. J., SABEL, CH. F. (1985). Das Ende der Massenproduktion. Studie über die Requalifizierung der Arbeit und die Rückkehr der Ökonomie in die Gesellschaft. Berlin.

POLLEN, H., SATTLER, K. (1986). Computer rücken vor. Neue Technologien in der Bekleidungsindustrie. = Informationen für Vertrauensleute der Gewerkschaft Textil – Bekleidung, 29. Jg., Nr. 5.

POLLEN, H., SATTLER, K. (^{2}1987). Die Maschine treibt dich. Daten, Hintergründe und Folgen der Rationalisierung in der Textilindustrie. 2. aktualisierte Auflage. = Informationen für Vertrauensleute der Gewerkschaft Textil – Bekleidung, 30. Jg., Nr. 2.

PROJEKTGEMEINSCHAFT AWFI ARBEITSWISSENSCHAFTLICHES FOR – SCHUNGSINSTITUT GMBH, BERLIN, u.a. (1987). Betriebliche Humanisierungsforschung in der Bekleidungsindustrie. = Schriftenreihe "Humanisierung des Arbeitslebens", Bd. 88. Frankfurt/M., New York.

PROJEKTGEMEINSCHAFT IFO – INSTITUT u.a. (1983). Neue Arbeitsstrukturen in der Bekleidungsindustrie. = Schriftenreihe "Humanisierung des Arbeitslebens", Bd. 39, Frankfurt/M., New York.

PROSA (Projekt Schichtarbeit) (1981). Gesamtergebnis der Problemanalyse. Langfassung. Hannover.

PRUSS, H. (1983). Schichtsysteme bei der Gambro Dialysatoren KG. Hechingen. In: Personal, H. 8, S. 327 – 328.

RAMMERT, W. (1982). Soziotechnische Evolution: Sozialstruktureller Wandel und Strategien der Technisierung. Analytische Perspektiven einer Soziologie der Technik. In: Jokisch, R. (Hg.). Techniksoziologie. Frankfurt/M., S. 32 – 81.

RAMMERT, W. (1986). Akteure und Technologieentwicklung – oder wie ließe sich A. Touraines Aussage von der "Rückkehr des Akteurs" für die techniksoziologische Forschung nutzen? In: Bartölke, K., Bünnig, J., Fricke, W., Hobbensiefken, G., Höfkes, U., Ridder, H.-G.. (Hg.). Mög – lichkeiten der Gestaltung von Arbeit und Technik in Theorie und Praxis, Bonn, S. 27-36.

RAUNER, F. (1988). Aspekte einer humanökologisch orientierten Technikge – staltung. In: Ders. (Hg.). "Gestalten" – Eine neue gesellschaftliche Praxis, Bonn, S. 38-39.

REISTER, H. (1980). Profite gegen Bleisatz. Die Entwicklung in der Druckin – dustrie und die Politik der IG Druck. = Schriftenreihe Gewerkschaftspo – litische Studien, Bd. 16. Berlin.

REYHER, L., SPITZNAGEL, E., STRECK, W.R., TERIET, B., VOGLER – LUDWIG, K. (1985). Arbeitszeitverkürzung – Betriebsverlängerung. Ifo – Schnelldienst 14.

RIDDER, H.-G.. (1986). Neue Technologien und die Gestaltung von Arbeit. In: Bartölke, K., Bünnig, J., Fricke, W., Hobbensiefken, G., Höfkes, U., Ridder, H.-G.. (Hg.). Möglichkeiten der Gestaltung von Arbeit und Technik in Theorie und Praxis. Bonn, S. 13-23.

RINDERSPACHER, J.P. (1987). Am Ende der Woche. Die soziale und kul – turelle Bedeutung des Wochenendes. Bonn.

RINDERSPACHER, J.P. (1988). Warum auch nicht mal sonntags arbeiten? In: Die Neue Gesellschaft/Frankfurter Hefte, Nr. 11, S. 1020-1032.

RÖDIGER, K.-H. (1988). Gestaltungspotential und Optionscharakter. In: Rauner, F. (Hg.). "Gestalten" – Eine neue gesellschaftliche Praxis. Bonn, S. 71-81.

ROSENTHAL, K. (1986). Thesen zur Strukturlogik und zum Ge – staltungshorizont von Technik. In: Bartölke, K., Bünnig, J., Fricke, W., Hobbensiefken, G., Höfkes, U., Ridder, U.-G. (Hg.). Möglichkeiten der Gestaltung von Arbeit und Technik in Theorie und Praxis. Bonn, S. 45-47.

RUMPF, H., REMPP, H., WIESINGER, M. (1976). Technologische Entwicklung. III Bde. = Schriften der Kommission für wirtschaftlichen und sozialen Wandel. Bd. 109/1-3. Göttingen.

SABEL, CH. F. (1982). Works and Politics. The Division of Labor in Industry. Cambridge/Mass.

SACHVERSTÄNDIGENKOMMISSION ARBEIT UND TECHNIK BREMEN (1988). Arbeit und Technik. Ein Forschungs- und Entwicklungsprogramm. = Endbericht der Bremer Sachverständigenkommission "Arbeit und Technik" des Senators für Bildung, Wissenschaft und Kunst der Freien und Hansestadt Bremen. Bonn.

SAUER, D. (1986). Neue Technologien und betriebliche Ratio - nalisierungsstrategien - Zur Frage des politischen Gestaltungsspielraums. In: Bartölke, K., Bünnig, J., Fricke, W., Hobbensiefken, G., Höfkes, U., Ridder, H.-G.. (Hg.). Möglichkeiten der Gestaltung von Arbeit und Technik in Theorie und Praxis, Bonn, S. 37-44.

SEIFERT, E. K. (1986). Arbeit am Scheideweg - aber an welchem? Zum theoretischen Hintergrund gegenwärtiger industriesoziologischer Analysen des Zusammenhangs von technologischer Entwicklung und Arbeitsorga - nisation. In: Bartölke, K., Bünnig, J., Fricke, W., Hobbensiefken, G., Höfkes, U., Ridder, H.-G.. (Hg.). Möglichkeiten der Gestaltung von Arbeit und Technik in Theorie und Praxis. Bonn, S. 80-87.

SEIFERT, H. (1985). Trendwende in der tariflichen Arbeitszeitpolitik? In: WSI - Mitteilungen, H. 2, S. 73-80.

SEIFERT, H. (1987 a). Was hat die 38,5-Stunden-Woche gebracht? In: Sozialer Fortschritt, H. 5, S. 102-107.

SEIFERT, H. (1987 b). Variable Arbeitszeitgestaltung. In: WSI-Mitteilungen, H. 12, S. 727-735.

SEMLINGER, K. (1989). Fremdleistungsbezug als Flexibilitätsreservoir. Unter - nehmenspolitische und arbeitspolitische Risiken in der Zuliefererindustrie. In: WSI-Mitteilungen, H. 9, S. 517-524.

SEXL, R., RAAB, I., STRERUWITZ, E. unter Mitarbeit von BETHGE, K. (1980). Der Weg zur modernen Physik. Eine Einführung in die Physik. III Bde. Frankfurt/M., Berlin, München.

SIEMENS AG (1984). Chancen mit Chips. Zwischenbilanz einer Basistechno - logie. Berlin, München.

SIEMENS AG (o.J. (1985)). Zum Thema Mikroelektronik. Wirtschaft - Arbeitswelt - Anwendung. o.O.

SORGE, A., HARTMANN, G., WARNER, M., NICHOLAS, I. (1982). Mikroelek - tronik und Arbeit in der Industrie. Frankfurt/M.

SORGE, A., STREECK, W. (1986). Industrial Relations and Technical Change: The Case for an Extended Perspective. Berlin. (Vervielfältigte Maschi - nenschrift).

SPECHT, D. (1988 a). Industrialisierung. In: Bundeszentrale für politische Bildung (Hg.). Informationen zur politischen Bildung, Nr. 218. München, S. 3 – 5.

SPECHT, D. (1988 b). Die Bedeutung des Rechners für die Fertigung. In: Bundeszentrale für politische Bildung (Hg.). Informationen zur politischen Bildung, Nr. 218. München, S. 5 – 7.

SPECHT, D. (1988 c). Rechnereinsatz und Automatisierung. In: Bundeszentrale für politische Bildung (Hg.). Informationen zur politischen Bildung, Nr. 218, München, S. 7 – 9.

SCHILLINGER, W. (1987). Qualität wird zur Routine. In: Der Polygraph, 40. Jg., Nr. 11, S. 930 – 934.

SCHMID, TH. (1985). Die Umrüstung des Tankers. Argumente für die Neugestaltung des industriell – sozialen Komplexes. In: Ders. (Hg.). Das Ende der starren Zeit. Vorschläge zur flexiblen Arbeitszeit. Berlin, S. 143 – 159.

SCHMIDT, K. – D., GUNDLACH (1987). Investitionen, Produktivität und Beschäftigung. Eine empirische Analyse für die Bundesrepublik Deutschland. Kiel.

SCHOLZ, K. (1974). Technologie und Innovation in der industriellen Produktion. Theoretischer Ansatz und empirische Analyse am Beispiel der Mikroelektronik. = Schriften der Kommission für wirtschaftlichen und sozialen Wandel, Bd. 21. Göttingen.

SCHORNSTEIN, H. (1987). Satzherstellung: Schnittstelle der Druckindustrie zu den Informationstechniken. In: Der Polygraph, 40. Jg., Nr. 11, S. 922 – 925.

SCHUCHARDT, W. (1985). Innovatorische Handlungspotentiale abhängig Beschäftigter zur Veränderung und Gestaltung ihrer Arbeitsbedingungen gemäß ihren Zielen und Interessen – ein Problemüberblick. In: Fricke, W., dies. (Hg.). Innovatorische Qualifikationen – eine Chance gewerkschaftlicher Arbeitspolitik. Erfahrungen aus den Niederlanden, Italien, Schweden und der Bundesrepublik. Bonn, S. 9 – 21.

SCHUDLICH, E. (1986). Vom Konsens zum Konflikt. Arbeitszeiten und Arbeitszeitpolitik in der Bundesrepublik Deutschland. In: WSI – Mitteilungen, H. 7, S. 491 – 498.

SCHUDLICH, E. (1987). Die Abkehr vom Normalarbeitstag. Frankfurt/M., New York.

SCHUMANN, M. (1986). Industriearbeit im Umbruch. In: Bartölke, K., Bünnig, J., Fricke, W., Hobbensiefken, G., Höfkes, U., Ridder, H. – G.. (Hg.). Möglichkeiten der Gestaltung von Arbeit und Technik in Theorie und Praxis. Bonn, S. 51 – 60.

SCHUMPETER, J.A. (1912). Theorie der wirtschaftlichen Entwicklung. Eine Untersuchung über Unternehmergewinn, Kapital, Kredit, Zins und den Konjunkturzyklus. München, Leipzig.

SCHUMPETER, J.A. (1939). Business Cycles. New York.

SCHUMPETER, J.A. (1942). Socialism, Capitalism and Democracy. New York.

SCHWABL, A. (1985). Künstliche Intelligenz und Expertensysteme: Eine Terminologie und ihre Folgen. In: Die Neue Gesellschaft/Frankfurter Hefte, 32. Jg., Nr. 1, S. 24 – 28.

STATISTISCHES BUNDESAMT (1988). Fachserie 18. Volkswirtschaftliche Gesamtrechnungen. Reihe 1.3: Konten und Standardtabellen.

STATISTISCHES BUNDESAMT (1990). Wirtschaft und Statistik. Heft 7.

STAUDT, E. (1982). Entkoppelung im Mensch – Maschinen – System durch neue Technologien als Grundlage einer Flexibilisierung von Arbeitsverhältnissen. Angewandte Informationsforschung. Bd. 4. Mikroelektronik und Dezentralisierung. Berlin.

STAUDT, E. (1986). Technische Entwicklung und soziale Innovationen. Dezentralisierung und Individualisierung. In: Ders. Das Management von Innovationen. Frankfurt, S. 412 – 433.

STEFFENS, H., SPECHT, H. (1988). Einführung. In: Bundeszentrale für politische Bildung (Hg.). Informationen zur politischen Bildung, Nr. 218, S. 1 – 2.

STILLE, F. (1988). Arbeitszeit und Betriebszeit im Verarbeitenden Gewerbe: Trends, Probleme und Strategien. In: DIW – Wochenbericht, Nr. 51 – 52.

TERIET, B. (1976). Neue Strukturen der Arbeitszeitverteilung. Göttingen.

TERIET, B. (1977). Die Wiedergewinnung der Zeitsouveränität. In: Technologie und Politik, Bd. 8. Reinbek bei Hamburg, S., 75 – 111.

TERIET, B. (1983). Arbeitszeitflexibilisierung – Eine Perspektive ohne Ende. In: Beilage zum Parlament. B. 6.

THIENEN, V. v. (1988). Die Sozialverträglichkeit der Sozialverträglichkeits-Prüfung. In: Rauner, F. (Hg.). "Gestalten" – Eine neue gesellschaftliche Praxis. Bonn, S. 157 – 175.

ULLMANN, D. (1987). Die wirtschaftliche Entwicklung in der Druckindustrie. In: Der Polygraph, 40. Jg., Nr. 11, S. 989 – 901.

VOGLER – LUDWIG, K. (1986). Arbeitszeitverkürzung – Betriebszeitverlängerung. Zu den Entkoppelungsmöglichkeiten von Arbeits – und

Betriebszeitsystemen. In: Fuhrmaniak, K., Weihe, U. (Hg.). Flexibilisierung der Arbeitszeit. München, S. 215 – 232.

VOGLER – LUDWIG, K. (1990). Betriebszeit der Produktionsanlagen. In: ifo – schnelldienst, Heft 1 – 2.

WEIDINGER, M., HOFF, A. (1988). Tendenzen der Betriebszeit – und Arbeitszeitentwicklung. In: Henckel, D. (Hg.). Arbeitszeit, Betriebszeit, Freizeit. Auswirkungen auf die Raumentwicklung. Stuttgart u.a., S. 93 – 133.

WEINGART, P. (1982). Strukturen technologischen Wandels. Zu einer soziologischen Analyse der Technik. In: Jokisch, R. (Hg.). Techniksoziologie. Frankfurt/M., S. 112 – 141.

WEIβBACH, H. – J. (1984). Gruppenarbeit oder Transferstraβe? Zum Verhältnis von neuen Technologien, Arbeitsorganisation und Qualifikation in der Bekleidungsindustrie. = Beiträge aus der Forschung, hgg. von der Sozialforschungsstelle Dortmund, Bd. 7. Dortmund. (Vervielfältigte Maschinenschrift).

WEITPERT, H. (1987). Rückblick bedeutet Rechenschaft. In: Der Polygraph, 40. Jg., Nr. 11, S. 883 – 887.

WEIZENBAUM, J. (1978). Die Macht der Computer und die Ohnmacht der Vernunft. Frankfurt/M.

WEIZENBAUM, J. (1984). Kurs auf den Eisberg. Zürich.

WIEBE, G. (1987). Synonym für Fortschritt – die Imprinta. In: Der Polygraph, 40. Jg., Nr. 11, S. 864 – 866.

WELLMANN, B. (1970). Milton Friedmans Verführungskünste. In: Der Arbeit – geber, 22. Jg., Nr. 18, S. 751.

WELZMÜLLER, R. (1988). Flexibilisierung der Lohnstruktur: Eine wirtschafts – und arbeitsmarktpolitische Sackgasse. In: WSI – Mitteilungen, H. 10, S. 579 – 590.

WIESENTHAL, H. (1985). Themenraub und falsche Allgemeinheiten. In: Schmid, Th. (Hg.). Das Ende der starren Zeit. Vorschläge zur flexiblen Arbeitszeit. Berlin, S. 9 – 24.

WIESENTHAL, H. (1986). Kriterien für eine sozialverträgliche Arbeitszeitgestal – tung. In: epd Dokumentation, Arbeitszeitpolitik. Wer setzt das Maβ für die "Arbeitszeit nach Maβ"? Frankfurt, S. 33 – 38.

WIESENTHAL, H., HEIDENESCHER, M. (1988). Ist Sozialverträglichkeit gleich Betroffenenpartizipation? AfS – Diskussions – und Arbeitspapiere. Bielefeld.

WIESENTHAL, H., OFFE, C., HINRICHS, K., ENGFER, U. (1983). Arbeitszeit – flexibilisierung und gesellschaftliche Interessenvertretung. In: WSI – Mittei – lungen, H. 10, S. 585 – 595.

WOBBE, W. (1987). Technologie, Arbeit und Beschäftigung – neue Entwick – lungen des gesellschaftlichen Strukturwandels. In: Berufsbildung. Zeitschrift des Europäischen Zentrums für die Förderung der Berufsbildung, Nr. 1. Berlin, S. 3 – 7.

WOLF – GRAAF, A. (1983). Die verborgene Geschichte der Frauenarbeit. Eine Bildchronik. Weinheim, Basel.

WSI – TARIFARCHIV (1987). Elemente qualitativer Tarifpolitik Nr. 8: Zulagen und Zuschläge für gesundheitlich belastende Arbeitsbedingungen. Düsseldorf.

ZAPF, H. (1987). Über Qualität im Fotosatz. In: Der Polygraph, 40. Jg., Nr. 11, S. 1052 – 1053.

ZEITVOGEL, W. (1987). Vom gegossenen Buchstaben zur Schnittstelle. In: Der Polygraph, 40. Jg., Nr. 11, S. 1079 – 1084.

MIX
Papier aus verantwortungsvollen Quellen
Paper from responsible sources
FSC® C105338

FSC
www.fsc.org

If you have any concerns about our products,
you can contact us on
ProductSafety@springernature.com

In case Publisher is established outside the EU,
the EU authorized representative is:
Springer Nature Customer Service Center GmbH
Europaplatz 3, 69115 Heidelberg, Germany

Printed by Libri Plureos GmbH
in Hamburg, Germany